亲子关系自助指南

我们如此亲密而独立

李艳红 著

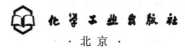

化学工业出版社

·北京·

内容简介

《亲子关系自助指南——我们如此亲密而独立》是一本陪伴家长探索积极养育之道、助力家长构建和谐亲子关系的书。

作者在和青少年家庭工作的过程中发现，如果孩子没有符合父母预期的行为，就经常被有些家长定义为"问题行为"。而这些家长期待找到一把解决亲子互动问题的"万能钥匙"，结果必然失望而归。只有家长愿意看见孩子"问题行为"背后的心理需求，理解不同阶段孩子的成长规律，了解一些心理学常识并应用于家庭教育中，才会构建和谐稳定的亲子关系，陪伴孩子健康成长，走向幸福人生。

本书并非聚焦于指出和控诉家长的错误养育，而在于探讨理解孩子的内心世界的视角，探索养育过程中的积极应对之策，让阅读此书的家长收获信心和希望，得到启发和力量。

图书在版编目（CIP）数据

亲子关系自助指南：我们如此亲密而独立/李艳红
著. 一北京：化学工业出版社，2024.3
ISBN 978-7-122-45160-6

Ⅰ.①亲⋯ Ⅱ.①李⋯ Ⅲ.①家庭教育-教育心理
学 Ⅳ.①G780

中国国家版本馆CIP数据核字（2024）第047677号

责任编辑：李彦玲　　　　　　　　　　装帧设计：王晓宇
责任校对：杜杏然

出版发行　化学工业出版社（北京市东城区青年湖南街13号　邮政编码100011）
印　　刷　北京云浩印刷有限责任公司
装　　订　三河市振勇印装有限公司
710mm×1000mm　1/16　印张16½　字数276千字　2024年6月北京第1版第1次印刷

购书咨询：010-64518888　　　　　　　　售后服务：010-64518899
网　　址：http://www.cip.com.cn
凡购买本书，如有缺损质量问题，本社销售中心负责调换。

定　　价：58.00元

前言

家长是孩子的第一任教师，家庭是孩子的终身学校。在孩子降生的时候，家长已经拿起引导孩子书写人生故事的彩笔了。只有家长学会安放自己的情绪，理解孩子的内心和成长规律，才能帮助孩子在走向幸福人生的路上一路妙笔生花。

养育孩子充满挑战。如果我们家长没有成长，就不会跟上孩子成长的脚步；如果我们不理解孩子的内心，就无法进行有效的亲子对话；如果家长看不懂孩子行为背后的心理需要，就无法找到和孩子合作共进的密码。对于有些家长而言，自己尚未长大，不仅不能培养和赋能孩子的成长，甚至还会阻碍孩子的成长，让孩子缺乏心理安全感，压抑自身作为孩子的内心需要。

只有懂得孩子的心理，才能做智慧而从容的家长。只有家长情绪稳定，坚定温和，孩子才能敞开自我，表达情绪，获得安全感和稳定感，进而去追求自我实现。

在和青少年家庭工作的临床经验中，我深切感受到家长在陪伴孩子成长中的迷茫、困惑和纠结，他们一边忙于工作，一边要告诫自己要倾听孩子，可是依然会有许多疑惑，甚至是内疚和自责。我结合工作中常见的青少年家长们的常见困惑，从有效沟通、人际关系、自我意识、情绪调节、青春期心理、成长思维等篇章，和家长们一起走进孩子内心，探索孩子需求，陪伴孩子成长。

本书的写作特点如下：

第一，聚焦家长常见的困惑。比如：如何对话才会推进孩子合作，为孩子赋能？为什么同样的内容，不同人表达，效果就会不一样？为什么有些孩子明明想靠近他人，可是又会对他人有躲避的行为？

第二，运用通俗易懂的表述。家长需要心理学指导，而非专业的心理学概念和高深莫测的研究及专业术语，他们并非要在心理学领域进行钻研，而是运用心理学常识帮助他们理解孩子的心理，为家庭教育赋能。

第三，推荐一些具体可行的应对方式。许多学习型家长有个共同的困惑：看了许多家庭教育的视频和文章，为什么反而越看越迷茫？大多数创作者重点指出了家长的错误做法，激发了家长们的内疚和自责，可是并不能给予一些正向的指导，就会让家长陷入无力和无望之中。而本书每节的最后，都提供了一些具体的语言对话模式或行为应对方法。需要提醒各位家长的是：养育没有绝对的万金油式的对策，书中的方法只是抛砖引玉。每个孩子都是独一无二的花朵，都有与众不同的颜色，都有属于自己的花期，只有适合孩子的，适合自己的，才是最好的方法。随着孩子的成长，原本适合的养育方式也要有所调整，这样我们才会守护孩子成长，守望孩子的幸福。

李艳红

2023 年 10 月

目录

第1章

有效沟通篇

1.1 超限效应：
假期到了，唠叨还会远吗？

困惑再现

这些话你是不是很熟悉？

"我跟你讲了多少遍了，要你把用过的东西收好，你怎么总是这样！"

"我告诉你呀，这样的年纪，就是幼稚，要早睡早起，早读书晚反思，不听老人言，吃亏在眼前，你知道吗？"

"我再跟你说一遍，不要总想着自己，要想着同学、老师、家长、朋友、亲人，他们都爱你……"

当你说出这些话时，是不是常常换来的是：

孩子的不解甚至充耳不闻呢？

当你每天都在唠叨的时候，可能你以为的强化作用，不像你想象的那样理想。最终导致亲子关系疏离甚至引发冲突！

孩子可能会抱怨说："再也不在家里说心事了！""我偏要这样，不用你管！"

心理卡片

这是教育心理学中的"超限效应"，即：由于刺激过多、过强以及作用时间过久而引起心理极不耐烦或反抗的心理现象。

有一个关于美国知名作家马克·吐温的故事：一次他在教堂听牧师演讲。最初，他觉得牧师讲得很好，心生感动，准备捐款。过了十分钟，牧师还没有结束，他有些不耐烦了，决定只捐一些零钱。又过了十分钟，牧师还没有讲完，于是他决定不再捐款。等到牧师终于结束了冗长的演讲开始募捐时，马克·吐温不仅未捐钱，还从盘子里拿走了两元钱。

超限效应在家庭和学校教育中也会时常发生。

当然，唠叨是有"作用"的，减缓了唠叨者本人当时的焦虑，可惜的是对于孩子几乎没有意义。当孩子犯错时，成人会三番五次重复对一件事做同样的批评，最开始孩子的感觉是：感到内疚、心烦不安；唠叨之后，孩子内心可能会发生变化：开始出现不耐烦甚至反抗的心理和行为。

 家育心念

超限效应对家庭教育有何启示？

首先，平复心情，牢记您的目标。孩子犯错，有些家长容易被情绪"绑架"，对孩子进行情绪化表达，这样就会缺少理性沟通和表达，甚至会忘记"初心"，偏离最初沟通的目标，让亲子关系疏远，沟通无效。

为什么会这样呢？这是因为人们在处于情绪化状态时，大脑会发生一些变化。大脑的左右半脑通常被称为"理性脑"和"情绪脑"。左脑主要负责"思考"，右脑则负责"感觉"。当人们陷入消极情绪之中，大脑就会进入危机模式，负责情绪的右脑就会遮掩左脑的功能，会让人暂时关闭思考和判断能力。大脑的额叶负责处理工作记忆、执行命令、管理情绪、解决问题等。而位于大脑海马体末端的杏仁核则负责人体的基本功能和本能反应。如果家长处于情绪化状态，额叶就会与杏仁核断开，无法展开合作。只有人们在情绪稳定时，两个半脑才会分工合作。家长在情绪化之中，会容易出现过激的不当表述，激化孩子"战或逃"的反应。

其次，换个角度，确认孩子的感受。这就意味着承认孩子此刻的感受，无论是焦虑、悲伤、委屈还是愤怒等，家长需要做的是"如其所是"地去看见孩子的情绪，不是去评判和否定孩子的感受。遇到问题，成熟的家长常会先处理孩子的感受，从更广阔的视角理解孩子，而不是一味地站在成人的视角来对待。家庭教育，从看见孩子的感受开始。

最后，家长清晰地表达要求，给出具体的引导。有些家长只会否定孩子的做法，简单粗暴地制止，却缺少正向的表述，少说一些"不要如何"的重复表述，多来一些"要怎样"的清晰阐述。当家长告别了唠叨，尝试就事论事，不偏离主题，同时看见孩子的感受，孩子才更有可能愿意沟通，愿意做出改变。

当然，家长需要意识到的是：改变只会逐渐发生。表达情绪，而非情绪化表达；表述指令，而非攻击性表述。

陪伴孩子成长的路上，也许我们可以不去居高临下，而是去看见孩子的感受、觉察自己的情绪、激发孩子改变的内驱力，静待孩子的成长和蜕变。

1.2 战逃反应：
亲子对话，如何激发合作效能？

与孩子对话时，您是否发现这样的情形：

您刚向孩子发出"谈一谈"的邀请，孩子要么选择"抗争""攻击"性语言和身体姿势，要么选择回避。孩子似乎开始频繁推迟对话的进展，表现为杂事增多，比如：突然需要去厕所，着急找书本，坐立难安或者保持静默不合作。家长自评已经尽力去"平等对话"，可是总是无法实现"相谈甚欢"的心灵对话的局面。这是怎么了？

 心理卡片

我们来了解战逃反应。

也许曾经不畅通的亲子交流给孩子带来一些失望的记忆，从而再面临类似场景激发了孩子的这些反应。这些生理表现或者行为举止，就是在为"战斗或逃跑"做准备。1929年，这些反应被美国生理学家沃尔特·坎农（Walter Cannon）描述为"战逃反应"，全称是"战斗或逃跑反应（Fight-or-Flight Response）"。他发现人们在面临外界突发危险性情境时，会引发警觉和应激反应，使得躯体做好自我防御，去挣扎或者逃离。

家育心念

在和孩子沟通的过程中，我们需要给予"共生"期心理滋养，给予无条件支持和接纳的过程中，养育者需要"菩萨低眉"；随着孩子不断成长，也需要"金刚怒目"，如何表达孩子能够吸取接受，确保信息的有效输入呢？

首先，发起挑战之前，请做好充分铺垫。

犹如体验极限运动之前，我们需要反复检查设备，确保安全保障措施及危机预防，做好充分心理预设和积极准备。

　　遇到孩子的问题，也许您一眼就能看出孩子的矛盾和心思，在准备"金刚怒目"之前，我们需要考虑：接下来的言行是否会激发孩子的战逃反应，引发孩子可能的防御和阻抗？

　　如果无法做到避免上述情况，这场谈话可能只是您的独角戏，仅仅满足您表达的欲望而已。

　　假设情境：

　　孩子说："他人对我都没有善意，所以我无心好好学习。"

　　您的内心独白：

　　①"我还不知道你？你本身就比较自我、自私、挑剔！"

　　②"明明上次你还被大家选举为班级'道德之星'，简直是无中生有！"

　　③"其实你根本就不想学习，何必如此大费周折找这些借口来掩饰自己？"

　　你的内心可以铺垫的准备词：

　　"他人对你没有善意，的确你的内心会不舒服。为了理解你和帮助你，我可能要问几个问题，也许对你会有点挑战，我只是在帮助你，而并非批评你哦！"

　　①"你说到他人对你都没有善意，你确定有事实依据吗？还是仅仅是感觉和猜测？"

　　②"记得上次你提到大家给你的投票最多，你怎么看呢？"

　　③"关于学习，你是真没时间学习，还是没有找到学习的目标、价值和动力？"

　　④"你能说说你一天有效的时间是怎么用的吗？"

　　⑤"我记得你提到过有好朋友特别维护和支持你，与你说的'大家对我都没有善意'，有点不一致，你怎么理解呢？"

　　即：提前打好预防针，避免引起对方进入"紧急防御"的"战斗模式"。

　　其次，沟通之中，请注意合作对话。

　　沟通之中，抛却你原本内心的假设，尝试以好奇探索的态度，表明你愿意倾听的姿态。家长只有作为协作者和见证者，才能帮助孩子觉察内心的声音，直面挑战和困难；家长不再是高高在上的指导者和批判者，对孩子进行一番嘲讽和攻击。

只有这样，孩子感受到我们的真诚之后，才不会把情绪消耗于"对抗"上，反而愿意去正视自身的问题，并去思考应对问题的有效行动。

最后，准备结束会谈时，邀请孩子反馈思考和想法。结束对话之前，向孩子发出邀请去总结反馈：

"今天的交流，你印象深刻的是什么？"

"你的感受如何？你有什么发现？"

"你未来计划实施的第一步又是什么？"

"如果你感到难以坚持的时候，你会如何勉励自己？"

"你觉得还可以怎样对话更有效？"

亲子互动中，家长邀请孩子及时反馈，有效互动就是在避免沟通中的空洞承诺、战逃心理和防御性对话。

1.3 教练技术：孩子谈及梦想，如何守护守望？

困惑再现

如果孩子和您谈及对未来的愿望，无限向往地说："我想成为一名宇航员。"您会怎么回应？您的回应是不是这样：

"你想？仅仅做白日梦可不行。好好学习吧，只有通过踏实、不懈的努力，才有可能一步步靠近梦想！今天的古诗背诵了吗？今天的错题订正了吗？还不去？"

您的回应正确吗？非常正确！

这个回应有用吗？可惜，没用！

您的回应完全正确，却无法推进孩子的思考和行动。

此刻我们家长就错失了一个和孩子探索生涯发展的机会！甚至孩子在这样"正确"回应下内心升起的是"抗拒"！

关于教练技术

教练技术起源于体育领域，最初是教练用于培养运动员的技术。后来在20世纪80年代，企业管理领域也开始使用教练技术推动员工制定明确目标和开展切实有效的行动。职场领域教练的先驱者是来自英国的约翰·惠特默爵士，其所著《高绩效教练》广受企业高管的欢迎，该书被喻为教练领域的"圣经"，同时他也是GROW模型的联合创始人。

书中举到一个案例：约翰·惠特默在经营的教练机构的网球班缺少有胜任力的网球教练，就找了其他非网球项目的教练来指导学员，结果选手竟然取得了更好的成绩。

赛后分析发现，非网球项目的教练，无法给予球员具体的技术指导，而只是通过一些"强有力的问题"，让运动员找到自身最好的身体状态，发现自己的问题和局限，鼓励他们自省和激发潜能。

比如，在训练时，他们不会这样说："你怎么没有关注球的方向和高度？一定要集中注意力！"运动员听了会有何感觉？被指责，更紧张！他们运用这样的提问方式："回想一下，你昨天的发挥怎么会比今天要好？你注意到球的方向和高度是多少？接下来计划做怎样的调整？"运动员自身察觉的问题、认可的方案，才会更愿意去执行，并拥有持续的主动性。教练技术的本质，不是高高在上的指导和传授，而是同心同行，通过提问去引发当事人觉察和发现，从而全面发挥个人优势和潜力。

关于GROW模型

GROW模型是由以下四个英语单词的首字母组成：Goal、Reality、Options和Will。

G：目标——你的目标是什么？请尽量引导对方思考清晰的、具体可行的、可评估并有时间限定的目标，这样才会更具备实践可能。

R：现状——你目前的情形怎样？掌握了哪些信息？有哪些成败经验？有何可用资源？这是引发当事人看清自己的当下阶段和水平。

O：选择——目前你有哪些实现目标的解决

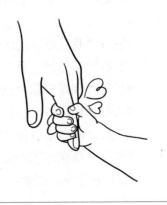

方案？每个方案的利弊如何？在此阶段，尽可能让其充分进行头脑风暴，列举想到的方案和资源。

W：意愿——你更愿意采用什么方案？如果意愿最高是10分，分别是几分？你能进行这样的方案持续至少两个月的可能性有多大？如果概率够高，如高达85%，你还可以多做点什么？如果概率较低，低至30%之下，你怎样调整计划让自己能坚持下去，实现阶段性目标？思考一下，当你取得进展的时候，你如何奖励自己？如何弥补暂时放弃的娱乐和放松的机会？这是在推进其进一步看到行动的价值、当下付出的意义和可以延迟满足的补偿。

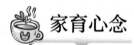 家育心念

让我们回到本文开篇的情境：

孩子："我想成为宇航员。"

回应："如果想实现梦想，需要具备哪些条件呢？"

孩子："嗯，上最好的航空航天大学，或去当兵成为飞行员，应该更有机会。"

回应："很好，去哪里可以查到这类信息？"

孩子："也许可以去大学官方网站，还可以给招生办写邮件，或者问问辅导员，通过毕业的学长、学姐去获取进一步的讯息。"

这段对话，是目标的清晰化和明确性的关键。接下来进入对现状的探索。

孩子："我就是认定这个目标了。"

回应："请你想一下，你具备的有利于实现愿望的优势是什么？"

孩子："我理科综合还不错，一直是强项学科。"

回应："你觉得宇航员还需要什么条件和品格呢？"

孩子："应该是自律、健康的身心和追求卓越的精神。"

回应："那你做了什么该做的事情？又做了什么不该做的事情？"

接下来进一步探索：请你在纸上列举一下哪些是可以借用的资源呢？然

后选出最可能实行的前三个，并介绍缘由。还可以引导孩子思考：未来有许多不确定性，你会如何看待这段时间付出的意义和价值？

最后是有关意愿的交流：接下来计划何时开展这些可选行动呢？如果被拒，你当下还可以做什么呢？假如最后你并没有实现最初的愿望和梦想，你会怎么看待这段时间的付出和行动呢？你会从中收获什么？

生涯规划，犹如一盏明灯，指引我们前行。我们和孩子的对话，就是去激发孩子规划人生。当然，家长也要提醒孩子关注变化，关注目标的可行性，关注内心持续向前的动力！

当孩子谈及想成为宇航员的时候，也许是孩子内心中涌动的家国情怀，把自己的人生价值融入社会的发展之中，也许是浩瀚星空的召唤，唤醒心底对于未知的探索欲！

如果梦想没有实现，那么还可以通过哪些渠道去实现自己的心底深处的渴望和期待呢？也许孩子可以选择成为航空航天基地的一名工作人员，去近距离地靠近梦想，起着心理代偿的作用；也许成为一名平凡的社会工作者，那么这一段守护孩子梦想的探索，都会是一个榜样示范，去引领其对于下一段目标进行思考，负责和承担。而这段认真付出的旅程，会成为青春旅程中最珍贵的回忆。

梭罗在《种子的信仰》中这样说道："如果你在附近的田野挖了一个池塘，很快就会看到池塘里不仅会出现水鸟、爬虫类和鱼类，还会有常见的水生植物。你的池塘一旦挖好，自然就开始进货。你可能不晓得那些种子是如何或在何时进去的，但大自然知道。"

教育是什么？也许就如同这一方小池塘，提供足够的空间、等待和滋养。

教育是成长，再重要，我们也要记得：孩子的白日梦也很美妙；教育是事情，再微小，也值得我们用心做好；教育是跟随孩子的节奏，让孩子追梦之前有充分的思考；教育是让孩子有机会走在成人之前，去体会小小成就感；教育是发现每个孩子的优势，从而有信心去应对当下的现实和奔向属于孩子的明天。

1.4 木桶理论：
孩子偏科，家长怎么去指导？

有个孩子数学常刚考及格，英语则几乎每次考试都在100分。显然孩子有偏科现象，相对而言，数学是弱势学科，那么如何与孩子沟通，把时间投入到哪门学科呢？

到底应该鼓励孩子扬长避短、取长补短还是取长补长呢？

 心理卡片

关于取长补短——木桶理论

木桶理论是美国管理学家彼得提出的，被称为"木桶定律"或"短板理论"，其核心是：一只木桶的盛水量，取决于桶壁上的最短块，并非桶壁上的最高块。即：只有所有的木板够高，木桶才能盛满水，水的界面是和最短板平齐的。坚信短板理论的人们持有的是"全面发展观"。

所以，人们认定：只有自己不断补齐短板，才会使木桶可以容纳足够的水。

如果考核方式是只能用你自己组装的这个木桶，而且考核内容就是这个桶的容水量，并且水桶的方向只能是垂直而立，我们的确要关注短板，力争最大限度达到长板的高度。所谓短板，代表个人弱势，组织薄弱环节，生产欠缺部分，如果想要整体推进，那么短板影响着整体的实力展现。

可是，如果我们转换思路：木桶底面的面积多少？木板之间的紧密性又如何呢？如果用这只木桶装树枝或石块又会如何呢？……

所以，有了木桶理论2.0版的演变。

关于扬长避短——木桶理论2.0版

2.0版的木桶理论也可以被视为"反木桶原理"，即：木桶的最长板决定了它的特色和优势，通俗来说，就是"扬长避短"，把时间、精力和资源聚焦于优势方面。也如德鲁克所说，"Build your performance on strength, not weakness"（把你的业绩建立在自己的优势资源上，而不是在弱项上），坚信扬长避短理论的人们持有的是"个人优势观"。

战国时期齐国大将军田忌赛马的故事就是扬长避短最好的例子，它充分体现的是发挥己方优势，回避劣势，从而增强自身竞争力。最终采取孙膑的谏言："以君之下驷与彼上驷，取君上驷与彼中驷，取君中驷与彼下驷"，以一败二胜赢取比赛。

家育心念

如果孩子处于基础教育阶段，我们可以思考该理论对于孩子基础教育阶段的启示：

第一，需要补短板，至少短板要达到最基本的底线水平，否则即使孩子的长板够长，也可能会无法争取到能够展示"长板"的机会。

第二，可以通过从长板那里取经，把它的学习方法和态度迁移到弱势学科，从而在保障优势学科的同时，看到自己的能力和学习品质，进而为提升薄弱学科树立信心。

木桶理论2.0版对家庭教育的启示：

第一，利用个体优势，有效激发兴趣，发展特长，丰富生活，在合作中展示自我，增强自我效能感，提升自信心。

第二，在团队合作中各自发挥优势，从而来提升整体的组织绩效，建立积极合作模式，在最擅长的位置做出对组织最大贡献，避免在短板上耗费时间，把专业的事情交给专业人士去做，不拿自己的兴趣去和他人的优势竞争，避免内耗。

第三，在选课、专业选择、研究方向上，选择优势方面，充分发挥和提升自我。这类选择有四点需要掌握：个人擅长、个人喜爱、社会需要及职业存在。

本文开篇实例中家长让孩子去补习更好的学科，是基于怎样的思考呢？首先，他们内心应该是认同长板理论。期待孩子的优势学科更优，在专注投入自己的喜好学科上，去激发孩子的积极情绪，进而再选择时机，思考如何把学法迁移到弱势学科上。犹如一段描述禅师智慧的对话：

有人问："我有缺点吗？"

禅师答："有啊，像天上的星星一样多。"

这人问："那我有优点吗？"

禅师说："当然有，就像天上的太阳一样少。"

这人问："那你为什么要和我做朋友？"

禅师说："因为太阳一出来，星星就不见了。"

如果我们发现孩子过了基础教育阶段，果真具备竞争力的亮点，就可以不在小缺点上耗费时间。

到底我们该告诉孩子"取长补短""扬长避短"还是"取长补长"？

也许我们可以有这些思考和回应：孩子在最初生涯启蒙和认识阶段，为了未来职业，就需要取长补短，提升短板，达到基线；在生涯抉择阶段，孩子有了更清晰的生涯规划，为了所选事业，也许就可以扬长避短，发挥优势，自我实现；在职业成熟阶段，为了所爱职业，可以尝试取长补长，精益求精，突破极限！

1.5 非暴力沟通：
好好说话，尝试从"心"出发

困惑再现

作为家长，您是否有这样的经历：

一天辛苦下班，看到孩子在写作业，内心的声音是："装！在我进门之前，一定在玩手机！"

同样下班回家，看到孩子在玩手机，内心的声音是："看！果然如此，一直在玩手机！"

还是下班回家，孩子在发呆而没做作业，您在想："一定是想玩手机！根本没心思学习！"

这些都是想法，也许是家长基于一贯对孩子的看法和评价而形成。孩子无论有怎样的行为表现，您是否都会生疑？而如何突破这样的固定思维，开启亲子间有效沟通的旅程呢？

我们一起来了解非暴力沟通。

 心理卡片

非暴力沟通是由作家马歇尔·卢森堡提出的，在著作《非暴力沟通》封面上他这样写着："通过非暴力沟通，世界各地无数的人们收获了爱、和谐和幸福。"非暴力沟通又被称为"爱的语言""长颈鹿语言"等。要了解非暴力沟通，我们先看一下"暴力沟通"的特点。暴力沟通是指人们经常会习惯性地以某些无心的语言以及表达方式给自己或他人带来心理伤害。暴力沟通具备这些特点：进行道德评判、做不合理比较、回避和推卸责任，及强行要求他人。

例如，当我们用自身的价值观去进行评判时，会倾向于认为不符合自身预期的就一定是错或恶，倾向于分析和思考他人或自己存在的问题，而不曾看见"问题"背后的需要和期待。

非暴力沟通则是把注意力聚焦在这四个要素：观察、感受、需要和请求，从而审视和重构自身表达和聆听的方式。

家育心念

非暴力沟通对于家庭教育有何启示？

第一，不带偏见和评判地观察。当我们观察孩子行为时，尝试用身体和感官去接收信息，去体会孩子的感受和经历。不带偏见地观察，就是无论接收到对方什么样的言行，无论我们是否喜欢，都不带任何评判地观察。如一个人蹲在路边，有人以为他是肚子疼，有人以为他身体疲惫，也许走近之后会发现，他只是在观看一只爬虫而已。所以区分想象和事实，是我们开启有效沟通的第一步。

鲁斯·贝本梅尔有这样的名言："语言是窗，或者是墙，它审判我们，或令我们自由，当我说话、当我聆听，请让爱的光芒经由我闪耀。"

曾经有位禅师这样说过："当你听到远处钟声响起，既没有我也没有钟，只有众生。"该名禅师就在强调观察，当我们一听到钟声，就习惯性地认为一定有钟，还甚至会想象一座庙宇和敲钟的画面，而这一切仅仅是想象和主观推断而已。钟声，也许源于附近的其他电子媒介，手机、广播等。事实只是钟声，钟、庙和敲钟声都是想象和推论而已。区别事实和想法，会让我们探寻到事实，让沟通更有弹性。

第二，传达感受到的情绪。当观察到对方言行，我们需要组织语言清晰地表达，再去体会之后的情绪感受。比如，孩子周末出去放松，您8点给孩子打电话未通，9点您都没有收到回复。于是您可能感到生气和愤怒。这个情绪基于一个想象或评论——"这孩子就是自由散漫，对家长漫不经心，一贯不尊重。"这个想象或评论会让我们忘记观察到的事实，容易合并过往经验，进行酝酿和加工，从而有了当时的情绪。而这个情绪的背后可能是："孩子不接、不回电话，我担心孩子的安全，这让我无法安心工作和生活。"家长需要清晰地表达自己观察的事实、情绪背后的担心，也许就会更利于和孩子建立情感联结和积极沟通。

在我们的成长过程中，父辈们也许就经常否定我们的感受。如，小时候您因为失去宠物而哭泣，家长会说："这有什么难过的？太矫情！"于是，长大了的我们，也习惯了跳过感受，而以想法传递情绪，旨在推进孩子行动。当孩子表达感受，家长无法承接住，孩子就会感到焦虑不安。

第三，明确表达自己的需求。我们需要安全保障，吃穿住行和基本生理需求，如阳光、水、空气、睡眠和食物等。在心理上，我们需要安全，关爱、归属、自由和尊重。在工作上，我们需要被认可、被欣赏、意义和成就感。在人际上，我们需要被尊重、接纳、理解、支持和包容。这些有助于我们的身心健康。当我们辨别自己和孩子的需要，并愿意承担这些需要的责任时，沟通的双方才会走向合作、互助及共赢。

比如，爱人说："你就是工作狂！根本没有这个家！"如果您听到的是抱怨和指责，可能会有以下反应：要么是认同对方，内疚和自责，的确没有合作经营家庭，开始有点难受；要么是立刻做出"战逃反应"，直接反驳："我这么努力不就是为家？天天猜疑和唠叨，就你全对？"

毫无疑问，一场家庭战争一触即发。上述反应都无法做到彼此心意相通，理解对方，只是自我批评和批评他人而已。尝试通过非暴力沟通，体会彼此的需要，也许您发现自己需要的是理解和支持，对方需要的是关注和温暖。假如彼此分享，就会营造更加亲密的关系。也许您会发现：感受言语背后的情绪，会有利于关系的建立，否则就会陷入埋怨和指责，让双方渐行渐远。

如果您的回应是："这段时间我需要多在工作上努力，同时你需要我对你多些关心和陪伴，我们看怎么协调，可以比过去有所改进？"结果会不会有所不同？这类表达也可以运用到和孩子的沟通中。

第四，清晰地提出请求。避免使用含糊不清、抽象或令人误解的语言，具体地表达出请求。请求是为了改善目前状况和促进彼此关系。要牢记三点：具体、可执行、对方反馈。如果您说："孩子，我需要你理解爸爸。"那么，这里的理解就很抽象，如果改成："如果你下次有事不能接电话，半小时内回个简单信息，让我知道你安全就可以。如果有紧急事情，提前一天告知我也可以。"如果到此结束，可能变成一厢情愿的请求或孩子被迫应允，也会很难做到。如果此刻征询对方的想法，可能最后会经过协商达成一致："孩子每周日打个电话或发个信息，只有那时是相对自由的时间。"非暴力沟通并非一次完成，也许多轮才能实现。

非暴力沟通的本质是我们和自己、他人与世界之间搭建的沟通的桥梁，通过恰当的表达，建立起全新的关系，有助于提升人际关系品质。通过观察事实，体察对方情绪，了解其需求，明确己方要求来加强人际联结，也有助于接纳真实的自己。通过观察，感受自己的情绪和理解自己的需求来更客观地悦纳自己。

1.6 合理归因：
成绩公布，和孩子如何交流？

困惑再现

教育专家常主张家长要和孩子谈感受，那么是谈谁的感受呢？

当孩子成绩出来，您打算上演怎样的对话？是对进步大加褒赏，是苦口婆心劝其努力，还是指出问题严加指责呢？

对话1：对成绩结果，您感到满意，娃感到失落

您："我看你发挥挺好的，这样我就满意了！考得不错！"

娃："我原本就是前10名，这次是24名，值得高兴吗？"

结果：不欢而散。

对话2：对成绩结果，您失望，娃喜悦

您："怎么回事？理综就207分，这怎么可以呢？上什么大学？我太失望了！"

娃："我一直理综不够好，这次联考试题难度大，您只知道看分数！我进步了好吗！老师还特意跟我说……算了！我不说了！"

结果：从今陌然。

对话3：对成绩结果，您淡然，娃兴奋

娃："我成绩出来了！你猜我……！"

您："我还不知道你，也不指望你上好学校，看着妹妹，我去拿快递！"

结果：独自忧烦。

……

当开展这些对话的时候，我们是否关注孩子的情绪感受？是否在悲伤着娃的悲伤？是否在幸福着娃的幸福？是否梦想着娃的梦想？

跟不上孩子的内心感受，如何激发其自主行动？谈感受，谈谁的感受？促行动，促进谁去行动？

有些家长为了安慰孩子，会掩饰自己的真实情绪，说："没关系，成绩不重要。"然而孩子能从您的神情和动作中切实地感受到您的失望。

孩子学会的是"言不由衷"，感受到的是"无所适从"。

有些家长是期望过高或过低，还有的是忽视，这些通过言语表达给孩子，

传递的是家长的情绪感受，孩子的感受呢？

如果跟不上感受，我们可能无法和孩子开启一场有效的心灵对话。

🧠 心理卡片

试试引导孩子合理归因：

心理学家张铁忠教授等人发现：如何对成绩进行归因，不但会影响心情，更会促使我们的努力走向不同的方向。

把成绩归因于努力，利于增加学习动力，增强对结果的控制感。同时帮助孩子从许多影响学习的因素中发现可成长的部分，促进不断进步。

把成绩归因于试卷难度、自己在不同学科上的能力水平差异、天气情况等不可控因素，孩子会感到无力和失控。当然，我们可以试着引导孩子接纳这一部分，看到不可控因素对孩子成绩的影响，而非一味地指责孩子努力不够。

牢记初心和使命！记得您和孩子谈话的目标：增加经验，促进行动和改变！而不是宣泄我们的情绪压力，增加孩子的焦虑和激化亲子矛盾。

归因可控性告诉我们：在学习和生活中，我们可以去改变那些可改变的部分，同时需要接纳不可改变的部分。

☕ 家育心念

请注意自我设阻！归因是一种事后解释，是人们对某行为结果反推其原因的过程。有时候，人们偶尔会做出一些招致自己失败的举动，比如：

王女士认为恋人会离开，于是不如她自己先提分手，并给对方创造分手的理由；李华同学觉得自己上课一直不够认真，作业也没完成，于是故意临考前不复习，还要当众看课外书！并会故作淡定："我可不是没有学习力，只是这段时间没好好干而已！"

这些是不是很让人难以理解？

原来人们这样表现的真相是：如果失败真实地发生，只会将失败归因于那些举动，而不是怪自身不够努力或者没有提升能力。

这种为了给可能的失败找一个合理的借口，就采取预先准备的行为，叫作自我设阻。自我设阻起着保护自尊的作用，如果李华同学考试失利了，他也不会对自己的能力有太大否定，反正他是因为没好好复习才没考好的！如果考试成绩一骑绝尘，他的自我评价会极高："即使我不努力，也能考第一，我可真牛！"

自我设阻是一种保护性的归因策略。也许可以尝试和孩子谈一谈：

"对于本次分数，你的感受呢？"

"你内心的渴望和期待是什么呢？"

"你发现自己有哪些优势学科和可用资源呢？"

"你清楚当下的弱势学科和待改进的部分吗？"

"接下来的时间你计划怎么做呢？"

"对于可能出现的不同结果，你计划怎么应对呢？"

"需要我们家长来配合你做些什么呢？"

当沟通渐入佳境时，也许我们可以表达："认真备考会提升成功概率，即便不理想，也会拥有一段宝贵的复习经验并从中有所收获。你觉得呢？"

比起对成绩的渴望，孩子可能更在乎他人是否关心自己的感受和对于自己的评价。

也许我们家长要做的是：接纳孩子当下的真实感受，推进孩子成为他/她生命的主人！

1.7 沉锚效应：
为什么换一种表达，孩子变得更听话？

 困惑再现

教育孩子中，家长们深知从小适当背诵的必要性。可是每逢周末，当家长让孩子背诵两首诗时，孩子常常会讨价还价，在多数情况下甚至会不欢而散。结果也可能是孩子在赌气中迟迟不能有效完成任务。如果换一种表达："你这周末是背诵两首古诗还是四首呢？是周六背诵还是周日呢？"估计这时候孩子会思索一番，选择背诵两首，此刻如果您是这位家长，是否会暗自庆幸实现了目标？

心理卡片

关于沉锚效应

如果我们做个小实验，请两组不曾了解北京冬奥会获奖结果的人士，A组人回答：

1.挪威的奖牌超过95枚吗？

2.你认为挪威的奖牌是多少？

然后请B组人回答：

1.挪威的奖牌超过200枚吗？

2.你认为挪威的获奖数是多少呢？

实验的结果很有可能是这样：人们对第二个问题的回答受到了第一个问题包含的信息的影响，随着第一问的数字的增加而增加。这是一种常见心理现象——沉锚效应。心理学中的沉锚效应（Anchoring Effect），是指当人们在对某个事件或者某人做出判断时，容易受到最初获取的刺激信息的支配，犹如船只在停靠时，沉入海底的"锚"一样，固定和影响人们的思维和判断。这种心理现象用一个限定语言或者规定当成导向，从而影响人们的选择和判断，被称作"沉锚效应"。锚定就是指人们倾向于把对未来的估计和已经出现的信息联系起来，同时容易受外界提议的影响。

沉锚效应存在于我们生活的许多方面。最初信息和先入为主是它在人们生活中的常见表现形式。也许这可以解释失败多次的人，更容易失败，最初的失败，就是当事人依据原始的信息，影响了当时的情绪和行为。所以我们说，成功的经验更容易激发人们持续向前，取得更大的成功。

电视剧《大宅门》白家大爷白颖园，被人算计含冤入狱，成了官斗中的替罪羊，并且问斩监候，最后朱顺和严爷二人偷梁换柱将他救出，让他隐姓埋名流落他乡，可是有天小混混韩荣发想去敲诈时，白大爷问了两个问题，立即辨别出韩荣发的混混身份：隆盛药房的钱掌柜还好吧？他家大儿子该有30多了吧？结果韩荣发顺着接话，说到钱掌柜挺好的，他儿子32了。为什么？那家药房的掌柜根本不姓钱，也根本没有儿子，白大爷这里用的就是沉锚效应。先假定隆盛药房的掌柜姓钱，巧设了"锚"去试探好人坏人。

沉锚效应的关键在于所选的参考物要足够引起决策者的注意。而且参照物和目标之间要有类似点；不可忽视的是也受当事人的知识架构影响。沉锚效应很多情况下是在潜意识中生成，是人们的天性，正是由于它的存在，才让人们在实际的决策中容易受到外界信息的影响，形成判断或决策偏差。

沉锚效应会影响我们的理性判断。正如一些奶茶店，服务生会问："你要中杯还是大杯？"我们大多数人会在这些选项中做决策，而忘记了自己还有选择"小杯"的权利。

沉锚效应会让我们陷入失败者模式。我们一旦失败过，就容易干扰到思维和信念，我们不仅仅要在身体姿势上有所调整，还要在心理状态上保持健康的姿态——有观点，不盲从！

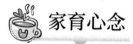 家育心念

沉锚效应在家庭教育中如何应用呢？

第一，家长寻找恰当时机，为孩子设定"沉锚"，会让亲子交流中更顺达更和谐。就像有些APP最初为了推行一项服务，先免费赠送几个月，人们往往就会习惯了它的存在，就会继续使用，即使并没有那么必要和好用。

第二，家长给孩子设个选择项，而非武断专制地下达指令。

比如家长要求孩子不要再玩手机，不是直接下令："把手机关了。"而是可以尝试沉锚效应的方法："你是再玩10分钟，还是15分钟呢？"给孩子设置了一个可以缓冲的空间，比起强硬的指令更有弹性。也许不知不觉间，孩子就会朝着理想行为发展。

第三，家长和孩子一起设定合理目标，最好高一些。立大志者成中志，立中志者成小志，立小志者则无志。孩子如果制定了相对高一点的目标，仍有希望可能达到中等程度的目标，如果一开始就制定的是非常低的目标，那容易把"锚"定得过低而不利于其有更大的发展。孩子对于未来会有所畏惧，不明白难度也不清楚自己的实力，适度的高目标利于激励孩子充分发挥水平。我们对孩子未来的期望，的确潜藏在设置的"锚"中。需要强调的是：切不可太"鸡娃"，只有和孩子认真地对话，激发出孩子的志向和动力，才最有意义。孩子需要知道，即便孩子无法实现目标，家长也依然会给予孩子无条件的爱和温暖，孩子的成就和排名，不是家长关爱孩子的外在条件。

家长学会利用沉锚效应，养育孩子就会变得更轻松！

正如叔本华所言："阻碍人们发现真理的障碍，并非事物的虚幻假象，也不是人们推理能力的缺陷，而是人们此前积累的偏见。"

1.8 霍桑效应：
家长如何做，孩子会有向上和向善的意愿？

回忆学生时代，我们家长是否还记得有过此类情况：曾经某个表现欠佳的后进生，因为运动会或艺术节等集体活动中，表现优异，得到师长的赞赏和认可，这个孩子就可能找更多机会表现自己的最佳方面，甚至从此开始，成绩也会得以提升。

那么这到底是为什么呢？

心理卡片

在社会工作中，也会有一些员工因为某次领导对其表现肯定和鼓励之后，而更加努力地去工作。霍桑效应（Hawthorne Effect）也叫霍索恩效应，是指当人们意识到自己是被观察对象，就会改变个体行为倾向的心理现象。在芝加哥的郊外，有一家工厂制造电话交换机，该厂有完善的生活和娱乐设施。同时其对于工人的社会保险、养老金等其他保障也很可观。但领导难以理解的是，工人们并没有很高的生产积极性，销售业绩也是平平。为解决这一问题，领导向哈佛大学的心理学系发出邀请。这就是从1924年至1933年期间进行的实验研究，哈佛大学的心理学家乔治·埃尔顿·梅奥（George Elton Mayo）教授，带领研究小组去往西屋电气公司，选择了公司之下的霍桑工厂。他们的研究初衷是：尝试通过改善工人的工作条件与环境等外在因素，发现能够提升劳动绩效的途径，外部条件如照明强度、湿度等；心理因素包括休息间隔时长、团队成员压力和领导力等。

实验团队进行了系列研究，其中之一是：选定了六名女工当作观察对象，进行了持续七个阶段的研究，尝试改变照明强度、工资水平、间隔休息时间、午餐质量等因素，期望发现这些和生产绩效的关系，因为传统管理的理论认为这些对于提升绩效有很大意

义。让人惊讶的是：无论外界因素变量如何改变，实验组的生产绩效一直都在上升。研究人员得出这个结论：这些女工意识到了她们是特殊群体，是专家们一直关注的对象，这种被关注的感觉让她们更加愿意加倍努力，以证明自己的优秀，并值得被关注。工人的生产力得以提升，并非源于外部条件的变化，而是有人关心他们。通俗来说，员工的实际问题并没有得到解决，但是只要感受到工作被人关心，或许就能实现工作效率提升的效果。

该团队的系列研究中另一个是"谈话实验"，研究人员找工人进行个别交谈，在交流过程中，专家需要耐心详细地记录听到的工人表达的不满和意见，同时要求研究人员不对这些想法进行评判或反驳。该研究进行了两年，谈话人次高达两万多次。

结果发现：两年来，工厂产量大幅提升。他们认为，工人发泄了长期压抑的不满，从而得到表达后的一吐为快，情绪舒畅，进而在工作上反而会更加专心，干劲高涨。人们把这种现象以工厂名字命名，称为"霍桑效应"，也叫作牢骚效应。

这个研究告诉我们：人有各种期待和愿望，而真正能够实现的屈指可数。对于未能实现的期待和未能得以满足的情绪，不必压抑而是要合理宣泄，这对身心健康和工作绩效都极为有利。疏导才是治理拥堵的关键！

 家育心念

霍桑效应对于家庭教育有何启示呢？

第一，教育孩子时，运用善意的语言去鼓励和关注孩子。关注，就会带来改变。孩子常常不能全面、客观认识自己，尤其是遇到挫折时，容易丧失信心、自怨自艾、自我怀疑。此刻，旁观者，尤其权威人士，师长、专家如果能给予安慰、关注和鼓励，对孩子的努力程度、进取精神关注，借助积极语言的力量和积极影响，甚至运用非言语行为，如微笑、眼神、击掌，可能会比物质支持和奖励更有意义。此刻孩子感受到的是自己的积极行为和未来发展受到了期待和关注。家长对孩子关注，是孩子努力向前的动力；家长对孩子尊重，又让出了自主行动的空间。家长对孩子善意，利于孩子实施利他行为、建立自我效能感和树立自信。所以，不要吝啬善意的语言和孩子互动！比如借助他人的力量，"王主任电话里跟我表示，他很欣赏你，认为你的想法很有新意，能坚持下来很不容易……""刘老师之所以把组长职责交给

你，就是觉得你值得信任，能够自律和持续努力"。这些善意语言会激发孩子做事的积极性，助力其向善向上和有担当。当然注意表达的真诚可信，否则事与愿违。

第二，告诉孩子，你会成为你自我预设的样子。霍桑效应中的工人发现自己受到了关注，就觉得自己应该是表现优秀的员工，后来果然表现优异。心理学者马尔慈说过，人的潜意识如同电脑系统，而自我意向就像电脑程序，直接会影响运作结果。自我意向是失败者，在想法上你就会持续自我否定，认为自己注定失败；在情绪上就会无力、失望和自卑；在行动上就会裹步不前。反之如果你的自我意向是成功人士，就会在内心中植入一个意气风发、积极进取和敢于抗压的自我，在想法上会自我激励，认定自己注定朝向预设方向前行；在情绪上就会稳定、平和以及从容；在行动上就能坚定前行和及时调整。

第三，情绪需要有意识地适当表达，注意无意识中压抑的情绪。

告诉孩子，情绪常被人分成积极和消极情绪，其实情绪并无好坏之分，只会给人们带来不同程度的影响，关键在于人们如何认识、表达和管理情绪。比如说"恐惧"帮助我们远离危险。情绪无须压抑或消除，只是需要被看见和表达。我们可以选择恰当时间、空间和对象疏导情绪，从而以轻松心情专注于当下生活。

情绪被表达，也是疗愈的开始，这也是对情绪最好的应对。

因为被关注，所以想改变！关注就会有力量，一种让孩子变得更坚定、更勇敢、更有幸福感的力量！家长善用霍桑效应，就会激活孩子内心潜在的积极因素，倾听他们并引导其合理表达情绪，从而激活他们原本的学习力和美好的生命活力！

1.9 手表定律：
家长"一严一慈"唱反调，这样真的好？

困惑再现

家庭教育中，您是不是熟悉以下的情形？

孩子在写作业，父亲提醒说："太辛苦了，要适当休息！劳逸结合！"母亲立即发话："就你懂！你孩子不学，人家孩子在学，吃得苦中苦，方为人上人！"

当孩子与同学闹矛盾，母亲正在教育孩子"小事忍一忍，伤害你了，就要告诉老师和家长，你还可以……"此刻父亲开始宣扬一家之主的威严："你妈就是没见识，为什么就要忍？你不会反击吗？实在解决不了，给老爸打电话，我帮你想办法！"

试想，孩子在父母彼此之间"唱反调"时候，是什么感受呢？孩子可能更加困惑和茫然。

心理卡片

手表定律指当一个人仅仅有一只表的时候，就可以清晰知道此刻的时间，然而如果同时拥有两只表，反而会让人失去对精准时间的信心，就可能无法判断时间。

该定律会在日常生活和职场中有所体现，我们抑或就是手表定律的实施者，抑或是它的受害者。其本质是当选择过多，人们就会受到本能的趋利避害的影响，瞻前顾后、左右摇摆、迟疑不前。如果仅仅有一个选择，那么人做决策时就会更加坚定，少了纠结。因为他们只有一个方向、一个选择，因而他们在得到时会倍加珍惜。有时候，更多选择未必是好事。为什么选择多了，反而多了纠结的感觉呢？因为这类人事后经常会想：如果是另一个选择呢？会不会更好？那又会是怎样的情境？去了另一个学校又会怎样？接受了另一方的建议又会如何？甚至开始对自己的选择产生质疑和后悔的情绪。

古希腊的哲学家苏格拉底曾经这样回应三位弟子询问——如何找到理想伴侣。苏格拉底只是带着弟子们来到麦田边，要求他们每人去摘一颗最饱满的麦穗，前提条件是：只需前进；只能选一颗。结果因为面对选择过多，反而最后对自己的选择不够满意。而有计划、有反思和调整能力的弟子选择了自己最满意的一个，即便不是最佳，也意识到最好的麦穗并不存在，关键在于自己不会失望。而孩子在价值观形成的过程中，需要家长适当引导，尤其是在养育理念、态度和方式上的一致性。

有些父母认为，管教孩子，可以是"虎妈猫爸"或者是"虎爸猫妈"，需要"严慈并济"；既要"唱白脸"，也要"唱红脸"。认为只有如此，才能养育好孩子。这似乎有道理，好像是家庭教育最佳拍档。殊不知，这样会让孩子找不准方向，犯错后可以钻空子，惹事之后，就见风使舵，逃避责任，以至于家庭教育会失去该有的影响力。

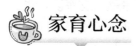

家育心念

手表定律对家庭教育有何启示呢？

首先，家长对孩子教育要保持协调一致。养育孩子过程中，如果家长的态度、观念、方式及内容不能协调一致，即便各方都竭尽全力，这种力量也会彼此抵消，缺乏进展，甚至会有负面的效果。孩子可能还学会了面对错误时不是去分析原因，吸取教训，反而第一时间是寻求家里的那一把"保护伞"去逃避现实，如此一来当然不利于孩子的好习惯的形成、价值观的建立和身心的健康成长。

其次，关于孩子教育问题家长要及时尽早沟通。对于新婚夫妻而言，探讨未来迎接小生命到来的养育方式问题，如果需要，也要耐心和长辈沟通，避免未来不会偏离大的方向。教育孩子时候，无论是语言、神情和体态，家长是一致的，不会给孩子含混模糊的感觉，会让孩子清晰地知道家长共同的底线和原则。如教育孩子的时候，不是抢夺权威地位或者占据道德高地，而是都从利于孩子身心健康发展的立场出发，协调家长意见，持有共同观点，绝不互相拆台。特别是隔代教育，也可能出现教育方法上和年轻的爸妈不一致的问题。那么，都需要看到：大家都爱孩子，可以及时澄清观点、交换想法、齐心协力助力孩子成长！要避免在孩子面前出现多个观点，让孩子无所适从。即使暂时观点不

一，也要在当场保持冷静，避免一方认真沟通，另一方则是以玩笑的口吻转移话题，而是在孩子离开现场之后，家长再协商探讨，统一观点，不去互相攻击和指责，奔着问题解决的目标，找到相对合理的策略。

最后，手表定律也让家长思考如何和孩子讨论目标的话题。同一时间内，目标最好只有一个。家长不仅仅需要做到发出指令时要统一清晰，而且也要教育孩子养成这样的习惯——同一时间同一目标。不要让孩子想着同一时间完成两件或更多的事。同时被两个目标支配，也容易让孩子分心，无法专注，从而影响效率。告诉孩子，事情复杂、作业繁多的时候，列出轻重缓急，一件件突破，反而更易逐一实现。这样孩子就会集中注意力，实际上，每个时段有计划有倾向，就能做到有条不紊，忙而不盲，忙而不茫。

孩子小时候接受了父母协调一致的教育，未来进了职场，也会对于手表定律有所辨识。拿破仑曾经说过："宁愿要一个平庸的将军带领一支军队，也不要两个天才同时领导一支军队。"即：同一员工或者同一部门需要采用同样的方法去管理，不能同时设置多重目标，避免多个领导发出各自指令，有不同的标准出现，会导致执行者面对两难选择，固然就会影响团队目标的实现。

总之，"手表定律"带给家长最重要的启示是：对于同一件事，要设置相同参照物，否则会让人不知所措；同样，要避免灌输孩子相反的价值观，否则孩子就会行为混乱。我们用作家歌德的一句名言共勉："每走一步都走向一个终于要达到的目标，这并不够，应该每下就是一个目标，每一步都自有价值。"

1.10 漏斗效应：为什么您的话孩子听了却只执行20%？

困惑再现

家长在日常生活中和孩子沟通时总想着是知无不言、言无不尽，而孩子却似乎是懵懵懂懂、不置可否。有时会发出感叹："我都讲了100遍了，你怎么还不记住？还做不到？"

这是怎么了呢？

心理卡片

何为漏斗效应？传达者传递信息到接收者的过程中，原信息和最后完全被内化的信息，如同一个漏斗，经各环节漏掉，最后会仅仅余下很少。这种心理现象所描述的信息传递形式犹如一个漏斗的形象，呈现的是由上到下的递减趋势，所以被叫作"漏斗效应"。如果把人们心里想要表达的意思当作100%；用语言表达的，词能达意的可能只有80%；对方听到而获取的信息会余下60%；接着能被对方理解到的有效信息也许仅仅有40%；最后能够促进对方有所行动的信息则会更加所剩无几，约为20%。

对于认知能力在发展期但水平仍然有限的孩子来说，信息的整合、概念化、抽象的逻辑思维都需要不断提升，如果信息传递者的表达特点是逻辑复杂而又表达繁杂，就更会造成信息的递减。

有这样一个故事：

一个小黑人在沙漠中长途旅行，因为疲惫而又晕又渴，此时，一盏神奇的阿拉丁神灯出现，他拿起来，擦拭之后，发现一个亮晶晶的小精灵出现了。小精灵说："我在神灯里已经被关了数千年了，今天你救了我，就是我的大恩人，我一定要报答你，可以满足你的一个愿望，并且这个愿望可以同时附带三个条件。我一定会帮你实现！"

小黑人听了大喜，仔细思考了一番，说道："我想实现这样的愿望，有三个条件。第一，因为我肤色黝黑总是受人歧视，我想要把肤色变白，从此可以和他人一样享有平等的尊严；第二，我在沙漠中已经行走了2天，太口渴了，我想有一生也不会喝完的水；第三，从来没有女子愿意靠近我，见我都逃开，根本不愿意让我接近，我希望能够每天都看见女人的臀部和隐私部位。"小精灵听罢，眨了眨眼睛，欣然应允，轻声说了声："变！"结果小黑人实现了"愿望"——变成了一个白色的抽水马桶。

小精灵错了吗？完全符合那三个条件，可是因为沟通中的信息理解差异，结果出现了这样啼笑皆非的结果。生活中，如果我们与人沟通，无法清楚表明意思，核对信息的接受和理解程度，就很有可能带来误会，并会延误改变的时机。

家育心念

漏斗效应对于家庭教育有何启示呢？

首先，家长给孩子传递信息时，选择关键要点，注意要匹配场地、时长，让信息更集中、传递更高效。为了让孩子更好地理解信息，家长用平缓的语气，适当的音量，中等的语速，去简练表达，少用书面语和复合句。过快的语速和复杂的长句会让信息接收者产生疲惫感，从而增加漏斗效应发生的可能性。

其次，表达中，适度暂停，及时邀请孩子反馈，明确信息的被理解程度。有些家长恨不得一口气把信息全部表达完毕，不顾孩子已经在某一环节中走神，自然孩子接收到的就是只言片语，无法构建全部面貌，更不用提及是否理解和执行了。

家长可以避免如同一个单口相声的表演者，从头讲到尾。相反，讲到关键点，要观察留意孩子的神情、情绪和注意力。必要时问几个问题来验证孩子的理解程度。比如："你对刚才我讲的有什么不理解的吗？""你又是怎么想的呢？""有何困难吗？"等。当家长适时暂停冗长的表达，去关注孩子的动态，就会给信息的接收和消化留有余地，孩子的反馈也会有助于家长及时去调整谈话节奏，尽量去减少信息的损耗。当然家长的谈话方式要对着孩子年龄、性格和心理等个体特征。

最后，在推进行动时，预演各种结果的应对方案，帮助孩子推进行动，同时也做好心理准备：接受孩子的平凡。我们传递的信息，最终期待的是促进行动的开展。经常家长认为我已经告诉孩子了，可是结果却不如人意。也许我们可以在实践开启之前，和孩子预演各种可能的方案，最后有助于孩子做最齐全的准备，也会减少孩子的焦虑情绪。

我们也许就需要与自己以及孩子和解。

接受孩子的不完美，接受孩子是个平凡人，走平凡之路，过平凡岁月。

接受父母的不完美，不责难父母欠缺童年的自己一个理想的原生家庭。

接受自己的不完美，不把幸福的权利交给他人，而是从当下出发，为所当为。

当我们逐渐做到放下过去，接纳孩子的不完美，接纳不完美的自己，就会拥有平和的心境，就会给孩子一个利于成长和发展的原生家庭。

与君共勉：不完美，也可以。

1.11 认同效应：为何同样的内容，不同人表达，效果不一样？

 困惑再现

　　在日常生活中，我们常常有一种心理倾向，对和自己相似的人会更乐于接受其传递的信息，心理距离也更近。同样的表达内容，如果是和自己关系亲近的人表达的，当事人就乐于接受；如果是自己厌恶的人说的，就会容易拒绝。

　　我们外出旅行，在陌生的城市，忽然听到乡音，顿时倍感亲切；或者是在陌生人相处时，极力去寻找共同点或相似点，从而促进人际互动。

　　这是为什么呢？

心理卡片

　　所谓的"认同效应"，是指把对方和自己归属于同一类型的人，习惯上对与自己相似的人所说的话会更容易信赖和接受，这和社会心理学中的喜欢机制一脉相承，也称为"自己人效应"。该效应普遍存在于人际交往中。1961年，社会心理学家纽卡姆曾做了一个人际实验，结果证实：人们彼此间的态度和价值观越相似，吸引力就越大。

　　人们习惯于在群体互动中，给他人贴标签，如"自己人""外人"和"陌生人"。对于"自己人"，就很容易产生信赖感和亲近感，互相信赖、成全和帮助；对于"外人"，则怀有较强的戒备心理，小心相处，内心设防；对于"陌生人"，则会保持适度社交距离，开启"生人勿扰"模式，表现冷淡和漠然。和自己相同或相似的特点包括文化结构、生活方式、意识形态、生活背景、经济水平、性格爱好、行为习惯等各个方面。在这些特点上有所一致，或某个方面一致，会让彼此迅速发现共性，寻找到彼此可以认同和相互吸引的部分。

　　为什么会出现认同效应呢？

　　这源于人们的自恋心理。如果维系健康的自恋，属于健康的心理状态。人们因为自恋，会对和自己有共同或类似特性的人产生亲近感、熟悉感和安全感，这也是在肯定自我的价值，而对和自己不同性格和价值观念的人自然去回避，这也是防御性的自我保护。

人本主义心理学家罗杰斯认为，"自我概念"是指个人对自我的了解和看法包括"我是个怎样的人""我能做什么"、个人的态度、价值观等，这些共同构成独特个性的"自我"。根据这个自我概念，我们也会发现，自己身边也会聚集和自己相似的人，并且运用认同效应，通过朋友更好地认识自我和提升自我。

家育心念

认同效应对于家庭教育有何启示呢？

首先，家长提醒孩子，想要和优秀的人相处，自己先要变优秀。85岁的诺贝尔奖获得者屠呦呦发表过这样的感言："不要去追一匹马，用追马的时间种草，待到春暖花开时，就会有一批骏马任你挑选。不要刻意去巴结一个人，用暂时没有朋友的时间，去提升自己的能力，待到时机成熟时，就会有一批的朋友与你同行。用人情做出来的朋友只是暂时的，用人格吸引来的朋友才是长久的。所以，丰富自己比取悦他人更有力量。"如果发现自己很难融入他人，切勿抱怨或指责他人，而是要努力让自己更优秀，发现和学习他人的优点，激发自我的潜能。想让自己更优秀，要有接受外在"优秀感染力"的辐射空间和胸怀。保持空杯心态，谦虚谨慎，在当下可以提升的空间着力，每天进步一点点，都非常有意义。优秀犹如由内向外散发着的光源，构建一个包含善良、美德和热情的灯塔。优秀之所以可以吸引人，是因为有良好基因可以播撒苗种，静待成长，开花结果。

其次，家长在教育孩子时，学会借助外力，向孩子钦佩的人寻求帮助。孩子如果正处于叛逆期，或是和家长的冲突时期，此时的所有说教，都是没有意义的。不妨尝试通过孩子钦佩的亲友、尊敬的老师来做协助工作，既能避免一场直接对话的亲子冲突，又促进了问题解决。必要时，可以在假期时，推荐孩子参与青少年情商训练营之类的拓展活动，在集体生活中，在游戏互动中，在带领者的引领下，孩子可以在群体中观察学习，体验活动，调整认知，重新看待当下面临的挑战，从而情感得以升华，情绪有效疏解，更能共情他人的感受和需求。所以，借助团体活动、孩子伙伴，或者孩子所信赖的亲友，都可以传递家长的讯息。当然，家长不可利用这个机会去设法掌控孩子，而是了解孩子的内心感受，及时调整家庭教育的方式，陪伴孩子共同成长！

最后，告诉孩子，警惕掉入"认同效应"的陷阱。许多案件中，都有涉世未深的青少年上当受骗。这些骗子深谙认同效应之妙。他们要么通过编造和孩子有相似境遇的故事，要么谈及和孩子是，校友、群内的小伙伴等，先骗取孩子的信任，继而开始索要个人信息，以至于孩子逐渐落入圈套，损失财物，浪费时间，伤害情感等。

家长在计划"说教"时，不妨和孩子进行娱乐活动或体育运动中穿插进行，不必直奔主题，而是创设愉快轻松的氛围，进行闲聊，在孩子处于轻松的心理状态，放下心理戒备时，再选择时机，自然转到讨论相关主题。此时更容易让孩子产生认同效应，接受和讨论家长的提议。

1.12 南风效应："忠言"是否也可以"顺耳"？

困惑再现

家长朋友，您是否有过这些情形：感觉到孩子在明显地"夸夸其谈"炫耀自己，您或许会如此回应："你不要这么自以为是，我只看事情的结果，住嘴吧！""等你考了全校第一，再来吹牛吧！""还好意思跟我提要求，你看看你的学习成绩，配提出这样的要求吗？"

上述交流的初心一定是教育孩子脚踏实地，不要停止在口头表述，而是落实在具体行动上，并且能够自我激励，不断追求卓越！可是经过了以上火药味十足的话语之后，其结果极有可能背离家长的初衷。而且，孩子还有可能会产生消极抵制的逆反心理，与最初的用意背道而驰。

孩子一定会有错误和缺点，我们家长应该怎样表达呢？

心理卡片

　　南风效应（South Wind Law），也被人们称为"南风法则"或者"温暖法则"，意为"温暖胜于严寒"。该效应源于法国作家拉封丹写的一则寓言：

　　北风和南风比哪方威力更强，谁能先让行人把身上大衣脱掉。北风率先出场，立刻寒风阵阵，冰冷刺骨，为了抵御北风侵袭，行人反而把大衣裹得更紧。接着南风上场，柔风拂面，暖意融融，顿时天气转暖，风和日丽，行人感到温暖，随即放慢脚步，渐渐感到身体暖和，开始感觉稍热，为了凉快一些，开始解开纽扣，最后脱掉了大衣。结果显然是，南风获胜。拉封丹的这个寓言故事后来成了社会心理学中的一个概念，即"南风效应"。

 **家育心念**

　　南风效应对家庭教育有何启示呢？

　　首先，在处理亲子沟通时，要注意沟通的语言表达。心理学家马歇尔•卢森堡说过："也许我们并不认为，自己的谈话方式是暴力的，但语言确实常常引发自己和他人的痛苦。"语言在传递着人们的情绪，家长的语言可能给孩子带来温暖，也有可能带去伤害。中央政法委员会及中国少年研究中心，曾在全国对1000多名未成年人调查分析，结果显示，家长"经常骂"的孩子，他们的不良性格特点最明显：其中有25.7%的孩子显示"自卑"；22.1%的表现"冷酷"；56.5%则常常"暴躁"。其实，绝大多数父母真心爱孩子，但他们却意识不到，不经意间的语言表达对孩子造成了无形的伤害。俄罗斯有句谚语："巧干能捕雄狮，蛮干难捉蟋蟀"，就是说做事要注意方法，巧干胜过蛮干，这和南风效应理念一致。为了实现同样的结果——让行人脱下大衣，南风和北风采取的不同方法直接带来了温度差，加强了人文关怀，方法不同，结果大相径庭。

　　对于偏激固执倾向的孩子，他们很容易把家长不经意脱口而出的话语放大，认为在故意打击自己的自尊，从而产生愤怒和逆反的心理，即便当时表现顺从的样子，可是这种压抑的情绪会影响孩子的其他方面，如待人接物时的急躁和冲动，对弱者的嘲讽和欺凌，甚至有天对家长爆发积压很久的不满情绪，引发危机。

对于原本较为内向顺从倾向的孩子，对于父母，也是最信任的人的语言暴力，就会把这些嘲讽、打压内化为心理暗示，认同父母给的标签——接受自己的"笨、懒惰和一无是处"，陷入这些自我否定、自我质疑的消极情绪，就会无法链接健康的人际互动，未来孩子可能会有抑郁、躁狂等心理困扰。所以，孩子会捕捉到成人微表情变化，敏锐感知到家长的情绪，就会无形中陷入负面的心理场中，这进而会影响孩子对自己、他人、社会和世界的认知。

那么，孩子错了，就不该批评教育吗？当然应该！这是父母的职责和义务。

批评时，可以稳定情绪，降低声调，牢记沟通目标。有些家长在批评时，经常会"先发制人"，先提高音调，为的是镇住孩子。结果常如寓言中的北风一样，适得其反。因为孩子听到反常的语气，一下子就进入了"战或逃"的应激反应中，就不可能接受家长的教育和道理，而且孩子长期处于"战逃"之中，会引发压力过载和情绪爆发。

所以批评时，可以避免提高音调，谩骂和攻击，而是想好目标，运用恰当语气，放低音调，表达家长对孩子不良行为的感受，就事论事，并且明确家长的期待和要求，同时倾听孩子的想法和反馈，助力孩子理解要求和实现目标期待行为。

其次，告诉孩子，利用南风效应，对待生活，学会微笑，给表情加温。世界就如同一面镜子，你微笑，它也会回以微笑。有句谚语说："微笑是人与人之间最短的距离。"1948年，世界精神卫生组织确立了一个庆祝人类表情的节日，每年的5月8日或者10月份的第一个星期五，为世界微笑日，旨在提醒人们通过微笑促进身心健康，传递愉悦和友善。

从心理学角度看，微笑的意义基于具身认知理论。传统的认知理论的核心观点是，大脑控制人们的行为，即，个体的认知活动决定行为方式。具身认知理论则认为生理体验和心理状态存在高相关。个人的生理体验会激活心里的感觉，犹如著名的"吊桥实验"。就微笑行为而言，因为人开心时会微笑，那么如果练习微笑，人就会趋于愉悦状态，传递友好和善意。有研究显示，在实验室中进行人为操纵，促使被试者的面部肌肉调整到微笑状态，做出"笑"的表情，即，激活其嘴角周围的颧肌及眼周的眼轮匝肌，被试者所激活的大脑区域和自然微笑时相同。值得关注的是，微笑练习也被发现利于缓解抑郁和焦虑情绪。

需要提醒的是，勉强的笑容不利于人体健康。德国法兰克福大学的教授迪耶特·查普夫研究发现，并非所有笑容都会益于健康，勉强笑容反而对健康有害，致使人们的真实情绪受到压抑，甚至会带来疾病。比如空乘人员、销售员、客服人员、售后保障之类的服务人员，因为经常在工作中被迫微笑，如果不能很好疏解，反而会影响心理健康。

所以，进行微笑练习，要基于真实的微笑信息刺激源，过往美好追忆，未来的曼妙畅想，有趣的故事，搞笑的视频等。

最后，南风效应也教会我们，对孩子领导力培养时，提醒孩子注意营造团队氛围。遇到问题时，多从心理因素考虑，消除对方可能存在的对抗情绪，利于让他们敞开心扉。温和的表达、稳定的情绪、坚定的立场，会更易让人接受。冰冷的语言、漠然的行为，经常会引起人们的反感。温和的言行，更易促使人们反思，从而主动调整、改善和提升。人们需要在和他人的互动中得到尊重、理解和认同，而非刁难、嘲讽和指责。《小王子》中说："世界上最有征服力的武器是语言，一句话可以让一个人的心情跌入低谷，也可以让一个人重振力量。"列夫·托尔斯泰这样说过："把自己体验到的感情传达给别人，而使别人为这感情所感染，也体验到这些感情。"所以，当我们生活中学习运用南风效应，不仅温暖他人，也会得到外界友好回馈。

当然，世上并没有完美父母，但我们可以有不断成长的思维，不断觉察自己的言行，尽力减少对孩子的负面影响，就是成长型父母。

第2章

人际关系篇

2.1 原生家庭：
原生家庭不完美，孩子也能为所能为

困惑再现

有些成人每每回忆起年少的成长历程，会引发一些内心的伤痛：

有些人小时候在大家庭里，是那个不被关注的孩子；是期待能被倾听的孩子；是在家庭边缘游离的孩子。成年之后，这些人也许会因为小时候的不被看见，而义无反顾地不停去讨好长辈，期望家长看见自己的优秀，看见自己值得被关注，以至于一直不停地去付出、去报答，甚至以自我牺牲的方式。

还有些人回忆曾经的自己，面对困难就想退避，不敢尝试，不愿面对，担心被评价和被指责，而内心渴望的是被关注、被欣赏。曾经的自己无论怎么做都很难让家长满意，更别提获得家长的赞赏和表扬。长大后省思，因为年少时很少被看见，内心中有个执念，即：想要不停地去承担和付出，仅仅为了被长辈看见和被他们肯定。可惜的是，有些长辈会把这一切的付出视作理所当然。

此刻，作为父母的成人也许就开始怀疑："我的童年如此不幸，原生家庭如此不尽如人意，我又如何给孩子足够好的陪伴呢？我会成为一个具备胜任力的家长吗？"当您开始不断思考这些问题的时候，也许恰恰是成长的契机，是提升父母效能感的转折点。

🧠 心理卡片

原生家庭，已经成为当下人们熟悉的词。这一概念是由美国的家庭治疗师维琴尼亚·萨提亚提出。"原生家庭"，是指个体从出生到成立自己的家庭之前和重要的抚养者所组成的家庭。

原生家庭，应该是个"中性词"，相同的家庭，同样的成长经历，未必一定会是一样的人生路径。有一个故事，一对孪生兄弟，父亲酗酒打架，不务正业，母亲离世，可是最后兄弟二人都成了当地的名人，一位是著名的作家，这对兄弟有着同样的家庭环境和教养方式，可是人生发展却大相径庭，原来影响个体发展的对事件的看法、选择，影响着未来的人生走向。这对双胞胎，持有"这样的父亲，我只能依靠自己发奋图强"想法的哥哥注定积极进取，掌握命运；持有"这样的父亲，我无所依赖，只能认命"想法的弟弟注定得过且过，随波逐流。

所以，经历本身给人们留下什么样的痕迹，取决于人们对于这些经历的再次加工和认知。如果对于挫折经历给予负面赋义，就会阻碍当事人的发展。反之，如果把挫折经历当作学习，就会是一个宝贵的成长机会，就会从挫折经历中获益。

☕ 家育心念

原生家庭理念对于家庭教育有何启示呢？

首先，作为家长的我们，需要学会自我省察。个体滋养心灵的一个关键步骤就是"自我省察"。我们去觉察自己的惯有的思维和行为模式，回看成长历程中的事件，重新以客观的、成人的眼光检视。

是否自己会一直把不幸怪罪于没有完美的原生家庭？是否我们不断向家人寻求他们不曾拥有、不曾被给予、不曾体会过的养育方式？是否我们只顾回头看原因而表现出对当下现状的逃避倾向？

也许我们需要坚信：如果原生家庭没有给予我们足够的保护，甚至带来了一些伤害，我们依然有选择的自由和权利。是选择延续此类养育模式？继续把这个伤害代际传承下去，复制同样的原生家庭给自己的孩子？还是选择觉察和理解原生家庭中个体的经历，学习成为更好的父母，努力给孩子一个期待中的原生家庭呢？当然，我们需要警惕这样一个误区，"要给孩子完美的原生家庭"。接纳自己也在持续成长，相信孩子有强大的心理复原力和抗逆力。当然前提是我们可以为孩子树立成长型家长的榜样！

其次，学会和原生家庭的伤痛告别，并看到自己走过伤痛的可贵品质。也许可以和孩子一起思考：伴着这些酸楚和伤痛，这

么多年走过，是什么让自己坚持下来？是什么陪伴自己走过风雨和挫折？那么未来的路，你打算如何更好地度过？你又打算如何保护勇敢走过岁月的自我？

为自己的孩子营造一个怎样的原生家庭？

也许回答了这些问题，我们和孩子就会发现，原来我们的痛苦有了意义，也没有白白受苦。

最后，永远做好培养自我关爱的能力。没有绝对完美的原生家庭，不必把个人的问题归咎于原生家庭，而是去自我唤醒，在往后余生学会持续自我关怀、自我照顾和自我提升。

有人说，我们要把握这些人生中宝贵的转折点：第一是年少时滋养心灵的原生家庭，第二是疗愈心灵的亲密关系，第三是持续觉醒的积极自我！

让我们一起重新看见内心伤痛，又重新看见内心的力量和资源，减少家庭伤痛的代际传承！唤醒我们自我省察的能力，告别旧模式，开启新征程！

2.2 感觉适应：
比起家人，外人为什么更有影响力？

困惑再现

生活中，您有没有这样的经历：

对家人容易失去耐心，感觉家人还没有外人对自己好？

对外人容易产生感激，感觉他人比家人对自己更关心？

难道果真如此？外人更加理解和支持自己？为什么陌生人给我们一点点恩惠，就会使我们感到他对我们这么好呢？

童年时期，家人给我们买一个棒棒糖，就感觉很幸福甜蜜，无比开心。过一段时间后，给我们买两个，或者再加上一个棉花糖，才能感到与之前相当程度的幸福感和甜蜜感。逐渐，我们对这些被关照的感觉开始适应，当对方给予更多的关爱，会觉得理所当然或者难以感受到最初的甜蜜和幸福。

更有甚者，还会有绝对化要求的心理，认为家人就应该那样对我付出。

总吃同一美食，会感到索然无味；

总听同一首乐曲，就没了余音绕梁之感；

总在同一个景区，会感到不再新鲜。

为何如此？

心理卡片

心理学研究表明，任何的外部刺激（不论是物质奖励，还是金钱给予），反复运用、以类似强度和频率刺激时候，反应就开始变弱，人们会有感觉适应（Sensory Adaptation）。

感觉适应会发生在视觉、听觉、嗅觉、味觉、触觉、内脏觉、平衡觉等，只有对于痛觉，人们很难产生适应。比如：宇航员进行地面训练的时候，从最初对旋转、失重难以适应，有恶心呕吐、心跳加快等反应，到后来开始逐渐达到身体和心理的适应，成为一名合格的宇航员。

家育心念

要解决感觉适应的问题，试试感觉对比的效果！

比如，长期对孩子无微不至，可能您的付出在孩子眼里就会变得理所当然，甚至孩子开始对您的付出挑剔，原来对方已经产生了感觉适应。试一试，跟孩子换换角色，您来享受被照顾的感觉；或者少做几件常规关照孩子的事情，让孩子体会到差异和对比，也许孩子会更感受到家人的关爱。有时孩子去参加一次研学旅行，感受到没有家人的关爱和照顾，也能体会到这种打破感觉适应的对比，从而再次体会到家人的照顾和温情。

恋人之间，有些人在稳定关系之后，每天的互致问候，对方已经习惯了这样的关心和照顾。当忽然告知对方自己的手机"需要维修"，或者出差工作忙碌，告知对方自己安全的前提下，几天不联系，或者减少联系的频率，再联系或者再相见时，有可能会让感情更加升温。

少做一点，做差一点，让对方体验到"对比"，然后稍微好一点，对方就会感到您的关怀。

奖励孩子，您是不是该换换方式了？

应对对方的感觉适应，试试感觉对比吧！

2.3 课题分离：和孩子之间，除了亲密，还需要课题分离

困惑再现

和家人之间相处，我们需要明确的是：每个人都是独立的自己，孩子也要逐渐学会为自己的选择负责。这个听起来容易，实际上在亲人之间真正做到却很艰难。在实际生活中，真实的情形常常变成了这样："我是我，也是你；你是我，我也是你"——我们无法分离。这样的界限不清是我们大多数家庭的现状，也是造成大多数家庭冲突的根源。

这些场景您是否熟悉？

场景1：开始变得自私的孩子

节日聚会，孩子不愿意分享自己最心爱的物品给其他同龄人，或者不会再像小时候一样在大人面前表演，此刻，家长会威逼利诱实现目的，甚至责怪孩子不够大方和勇敢，事后表达，孩子这样做让您这个家长很丢脸。

场景2：择友观念不一致的时候

孩子交朋友，因为与长辈的意见不一，长辈生气到要挟要断绝关系，选择这个朋友的话，就是不听话，就是对父母的不孝顺。长辈觉得自己有宝贵经验，而孩子开始觉得这是个纠结的选择，是要安抚父母的情绪还是要思考这份友谊的适合度和对未来相处的预设结果的应对？

场景3：不能按时起床吃早餐的孩子

孩子放假，她的生物钟和您的期待不一致，早晨总不能在您所要求的时间起床，比如：6点起床去锻炼、吃您精心准备的早餐；而晚上又熬夜到11：30去做作业，为此家庭战争和冲突危机四伏。

那么为什么会出现这样的场景呢？

心理卡片

课题分离由心理学家阿德勒提出，可以这样来理解：个人不去干涉别人的课题，也不让别人干涉自己的课题——我是我，你是你，我们各有自己的课题，事情和情绪属于不同的课题。事情有时间、地点，有因有果，去选择什么，也意味着承担什么。情绪是人类的本能，让孩子在自由选择中，同时

承担事情的结果。允许情绪流动，意识到这是不同的课题，这很不容易，但是可以适用于许多人际关系。

课题分离，利于建立平等自由关系。孩子选择是非对错，无法通过长辈的批判，抑或外部物质奖惩刺激来实现，而是孩子自由和自主选择所带来的自然后果以及逻辑后果。如此，孩子的认知才会是内在驱动的，也才有可能是笃定而坚实的。

☕ 家育心念

课题分离并不意味着"放任孩子"。

第一，课题分离是区别各自课题和守住各自边界。为孩子做事我绝不委屈；我除了是父母，还是我自己。

第二，课题分离有个必要前提：对孩子有充分陪伴和无条件接纳。只有满足了"共生"时期的需求，孩子才不会有匮乏感，才会自然生发"自主"的需求。

第三，课题分离需要规则来约束彼此行为和在协商的范围内自由。家庭成员自主自由选择的行为结果，必须各自承担。外在的视角和评价是别人的课题，你的行为和选择是你的课题，你只能左右你自己的行为，你要去承担行为的结果。你无法改变他人的想法，你只需要做的是倾听真实的内在声音，纷纷扰扰之中为所当为并尽力为之——这才是你的课题。

所以，你愿意付出，这是你的课题；他人无视，这是他的课题；你主动停下，这是你的课题；他人不解，这是他的课题；你拒绝他人，是你的课题；他人感到不爽，是他的课题。

如何进行课题区分呢？回答两个问题：谁承担结果？谁能够控制？

那么这个人就是课题的主人。也可以说是关爱自己，聚焦合作，守住边界，尊重他人。

作家纪伯伦曾经说过："在一起的时候要给彼此保留空间，就像橡树和雪松并不能在彼此的影子中成长。"心理学家阿德勒的理解："如果说有什么可以解决人生中的99%的烦恼，我会选择课题分离。"

课题分离让我们各自为自己的选择负责，对彼此不再妄加干涉，让彼此回到自己的位置。让孩子成为孩子，不用背负家人的情绪，而长辈回归自己，不必为孩子过度焦虑，从而看到孩子的优势和价值。

2.4 白璧微瑕效应：
适当暴露小缺点，为何更让人喜欢？

北京冬奥会上，谷爱凌引起国内外人们的广泛关注。她有许多身份，如运动员、名校学霸、国际经纪公司IMG的签约模特等，人们开始惊叹，太完美了吧！简直就是人类进化的天花板！于是，您发现孩子很难和她比，作为家长，很难与她的家长比。开始对铺天盖地的小谷同学的信息进行屏蔽。

当您听说她每天睡10个小时，发现终于找到和奥运冠军的共同点了！一直以来，原本以为奥运冠军是"废寝忘食"地奋斗，发现这个"爱睡觉"小缺点让"女神"变得更可爱！这是为什么呢？

心理卡片

一般而言，过于优秀和完美的人并不像人们想象的那样让人喜欢，如果偶尔犯一些小错误或者有人们意料之外的"小缺点"，反而容易让人喜欢。正是这样的"不完美"拉近了人们的心理距离，提升了个体的人际吸引力。这个现象被称为"白璧微瑕效应"。

这意味着我们在人际相处中，不必苛求完美，在超越自我的同时，偶尔展示一些能够让人理解的小缺点，会让他人产生亲近感，反而赢来好人缘。

美国的社会心理学家埃利奥特·阿伦森做过这样一个心理实验：

四位选手参与一场竞争激烈的演讲会，其中两位选手A、B才能出众，相差无几，另外两位选手C、D才能平平。选手A在演讲快要结束时，"一不小心"打翻了一杯饮料，而选手C也碰巧打翻了一杯饮料。结果表明：才能卓越而犯过小错误的A更有吸引力，才能同样卓越但没有犯过错误的B位列第二，而才能平平又犯错误的选手C最缺乏人际吸引力。

个人适当地暴露一些个人小缺点，可以实现两个目的：一方面，会让人们放弃与其之间的距离感，感受其魅力，进而会认为此人直率坦诚，容易相处；另一方面，毕竟，适当暴露自己的缺点和瑕疵可以让人与其相处时，不再那么压抑和自卑。"金无足赤，人无完人"，当他人也一样会犯错时，人们就会有切身感受，认为犯错很正常不必过于谴责。正如一位先哲所说："一个人往往因为有些小小的缺点，而显得更加可敬可爱。"

☕ 家育心念

家庭教育中白璧微瑕效应应该如何应用呢？

第一，不用把孩子的缺点放大，放弃完美主义情结。家长可以尝试接受孩子的不完美，切勿抓住小错误不放，并且"有理有据"地反复打击，这样会带来消极影响。家长常有望子成龙和望女成凤的心理，而事实上，再优秀的孩子总有不完美的地方，有缺点，依然可以快乐地成为他自己，甚至为孩子带来人际吸引力。过于完美有时候反而容易让人疏离，有点瑕疵可能增加魅力！

第二，让孩子意识到小缺点容易让人原谅，前提是逐渐提升自我而不是躺平就躺赢。实验中那个才能平平且有缺点的选手却让人没能原谅。家长一边接受孩子的小缺点，看到短板，一边引导孩子去发挥优势，拓展长板，做孩子前行的陪伴者。

第三，换个角度或者距离看问题，缺点也可以变优点。那些不足也可以变成长处，不再是让家长烦恼的问题。比如，孩子似乎有时执拗但是做事执着专注；孩子容易拖延但是并不性情急躁；孩子不够外向但是心态平和；孩子是留守少年但是独立勇敢。所以，问题并不是问题，如何看待问题才是真正的问题，犹如"横看成岭侧成峰，远近高低各不同。"

所以，我们不妨接受小缺点，恰恰是缺陷让我们与众不同。

真正缺乏安全感的人，才会一直盯着自己的缺点，让自己一直拥有满满正能量，这反而会更加容易内心疲惫，影响向前进。

如果你爱玫瑰，就要接受它的尖刺；

如果你爱蜂蜜，就要接受它的甜腻；

如果你爱瓷器，就要接受它的易碎。

接纳孩子的不完美，陪伴孩子成为他自己！为他的进步欣喜，也陪他正视不完美的自己。

2.5 健康自恋：
如何让孩子有点自恋却不让人生厌？

您的孩子自恋吗？是不是在镜子之前，自我欣赏一番，然后摆个酷酷的造型，大声宣布："我是最帅的！"这是不是健康自恋呢？何为自恋？

曾几何时，我们要了解自恋，必须到心理诊所去咨询；但如今社交媒体时代，我们似乎只需上网转一圈，就可收获一堆实例。动画片《奇巧计程车》中有这样一句台词："对自己极端地否定和厌恶，这就是所谓的自恋。一般人对自己才没这么大的兴趣。"

 ## 心理卡片

我们一听到"自恋"，总以为是贬义词。事实上，自恋是一个心理学概念，源于一个古希腊神话。据说有位拿斯勒斯的王子，人长得英俊帅气，并且无法自拔地爱上了池塘里自己的倒影，后来就一直盯着倒影而茶饭不思，为了追求这个水中的倒影，最后不小心溺水而亡，化成了这个池塘里的一朵水仙花。之后精神病学专家、临床心理学家就用"自恋"描述那种对于自己过度崇拜和过分关注的心理现象。后来随着心理学的发展，自恋也被分为健康自恋和病态自恋。

自恋是我们都拥有的一种自尊水平，而个人的人格成熟由这些维度组成：自恋水平、自恋稳定度和灵活度。在这些维度上，人人都能找到对应的位置，即使同一个人，情境不同，也会在不同位置，这些位置构成连续谱，我们能够把这个连续谱整体划分为健康自恋和病态自恋。一般来说，健康自恋是指无论处于何种境遇，或他人有何评价，自我价值感不会因为外在情境而发生变化。

我们来看运动员们的健康自恋的例子：

在北京冬奥会上，北京大妞谷爱凌获得两金一银的荣耀，她在一次接受采访时自信满满："我已经在房间墙上挂了我所有的比赛服。几年前，我就在窗前给奥运奖牌留了位置，我会把它们挂在那里。"比赛时未满18岁的一金一银得主苏翊鸣赛后，他有提及自己的"自信"："在家门口比赛，当我听到这么多人喊我的名字为我加油；当我站在出发台上看到每一位朋友、家人；当我感受到有祖国在背后支持着我……我充满自信。"健康自恋不仅仅让我们学会交流和相处，更是和自己相处。幸福不是排斥物质财富，而是也看重自己的内在品质和个人价值。

相反，"虚体自恋"的人是病态化自恋，会认为自我价值感与"外在条件"密切相连，如：社会地位、颜值、财富和权位等。这个类型的人以自我为中心，觉得他人都要为自己付出和为自己所用，很难共情他人感受，也会漠视他人的需求。

☕ 家育心念

如何培养孩子健康自恋呢？"健康自恋"是孩子成长过程中必经阶段，意味着孩子充分认识自己、接纳自己、发展自己，这是快乐和自信的稳定基础。

第一，理性看待输赢，倾听同伴心声。人际交往中，我们经常发现许多人喜欢和人辩论，认为无论如何，非赢不可，尤其对方观点与自己不一致的时候，为了极力证明正确，争个面红耳赤，只有他人示弱，自己才会有"我赢我强"的感觉。有一句名言这样捍卫他人的言论自由："我不同意你的说法，但我誓死捍卫你说话的权利。"在倾听中，听事实、辨情绪，看需求，求同存异，合作共赢，就会少了非要争输赢的心理耗能，给他人一个发言的舞台，多一个搜集信息的机会。

第二，允许孩子适度自我欣赏和自我展示。孩子在恰当场合自我展示，抛开羞怯和担心，去享受这一过程，不介意他人的赞美与否，就是保有热情去面对挑战，超越自我，值得鼓励。健康自恋可以是一种动力，让孩子精心准备，在以为自己"一定可以"的理念下，积极行动，敢想敢做。家长需要做的是，即便结果不尽如人意，也会陪伴孩子面对失落和挫折，同时看到孩子的进步和勇气，并让孩子知道家长仍然为之感到骄傲。

第三，鼓励孩子自我肯定和自我悦纳。

有时孩子考试成绩优异，会说是自己运气好而已，而忽略自己的认真和备考复习，从而过于看轻优点，害怕自恋让自己回到失败状态。同时受传统文化的影响，觉得表达自己不够好比承认自己优秀更合时宜。如果问您：假如这个世界上您只能选择一个人作为朋友，您会不会选择自己这样的人相伴一生？能喜欢自己的人，对自己是接纳的，如果迟疑了，说明自己还需要面对一些提升部分，而这个部分，可以是一种觉察，慢慢关注它，也许会逐渐理性看待完整的自己，有不足，有优势，选所爱，爱所选，有稳定而客观的自我认知和健康的自恋。

每个人都有自己的使命，都可以活出澎湃的人生。

2.6 海格力斯效应：孩子和同伴有矛盾，家长如何帮助降温？

困惑再现

孩子进入学校生活中，难免遇见有争吵的时候，今天同桌拿走了自己心爱的一块橡皮，明天自己也要往他的校服帽子里放碎纸垃圾，结果反反复复，矛盾逐渐升级，几乎每天都回来报告彼此的"斗争"，心情受到很大影响，在这种时刻，家长该怎么办呢？是主张孩子以牙还牙，必争输赢，还是换个角度，息事宁人呢？

心理卡片

心理学意义上的"海格力斯效应"，指人际之间或群体间的冤冤相报致使仇恨加深的社会心理现象。通俗来说，就是"以暴制暴""以眼还眼，以牙还牙""对等打击""以其人之道还治其人之身"，如果你跟我不开心，我就让你也不快乐。海格力斯效应会使人们在受到恶性刺激时产生不良的情绪，陷入无休无止的烦恼之中，错过人生中许多美丽的风景，再没有真正的快乐，再没有新的进步。

海格力斯效应源于一个希腊神话故事，有位英雄，是叫海格力斯的大力士，有一次当他走在坎坷不平的路上，看到途中有一个好像是鼓起的袋子，他觉得很碍事，就去踩了那个袋子一脚。殊不知，那个袋子并没变小，反而越发膨胀，这瞬间让他愤怒，就顺手拿起大木棒对着这个"怪物"狠砸下去，结果它竟然成倍增大，甚至挡住了去路。正当海格力斯无计可施之时，一位路过的智者对他说："朋友，快别动它了，忘了它，离它远去吧。它叫仇恨袋，你不惹它，它便会小如当初；你若侵犯它，它就会膨胀起来，与你敌对到底。"

这个效应告诉我们，仇恨犹如海格力斯所遇到的这个奇怪袋子，一开始很小，如果你选择无视它，看淡它，那么矛盾就容易消融，就会自然而然地消失；如果你抓住不放，也许它就会加倍地报复。

家育心念

海格力斯效应会让人们陷入无休止的烦恼之中，陷入消极情绪，可能会错过人生旅程中的美丽风景。要避免海格力斯效应，家长可以告诉孩子：

第一，接纳他人的性格特点和处事风格。每当抱怨时，让孩子意识到内心会有个声音：别人和自己不一样，这不应该。这个声音不易被察觉，因为这是本能，如同条件反射。当你觉得意识层面为对方设立规则，甚至产生轻蔑的时候，就会陷入无助无力之中。万千世界，各自精彩。包容不是纵容不是退让，而是一种无形的力量，只有抛却仇恨，求同存异，学会释然，才能与人和睦共处，赢得他人支持、尊重和帮助。每个人都是独立的个体，要求他人完全符合你内心的期待和想象，接纳别人本来的样子，这就是现实。看到他人的优势和亮点，这也是个人的成长点！

第二，学会归类冲突事件，借助有效资源。孩子遇到的矛盾和冲突不能一刀切地督促孩子接纳和认同，可以尝试引导孩子去归类：观点不同而已，无伤大雅；造成了物质损失，可以解决；带来了身体伤害和精神紧张，可能是欺凌行为；属于性骚扰或性侵害，求助家长展开维权。如果属于前两个类型，是观点或小财物问题，可以宽容和理解，更好地保护自己即可；如果属于后两个类型，就需要积极维权，不必以暴制暴，血债血还，而是理性诉诸社会守则和法律规则。

第三，当意识到要陷入海格力斯效应时，学会等一等，平静一下情绪。积极暂停，家长可以示范给孩子看，在情绪冲动时，去房间的某个可以让自己舒缓的区域，转移一下注意力，平复一下情绪，而避免让原始脑立即启动冲动情绪，之后理性脑才会开启工作。

马克·吐温说过："紫罗兰把它的香气留在那踩扁了它的脚踝上，这就是宽恕。"教会孩子宽恕，前提是家长需要足够耐心去倾听孩子的委屈、难过和焦虑，孩子才会有力量去自我赋能；尊重孩子当下的感受，而不是站在道德制高点，直接发出指令和建议，当痛苦被倾听，孩子才会想改变，才会思考如何向前。

2.7 依恋类型：
孩子为何想靠近他人又会很担心？

困惑再现

　　有些孩子会出现让家长左右为难的情形：一方面想要家长的关爱，另一方面又拒绝家长的照顾；见了家长又不显得亲切，不见家长又埋怨不来探望。无论如何，好像都不符合孩子的心意。

　　家长开始困惑：家长到底要怎样做，孩子才会感到满意呢？

　　也许，这样的孩子属于：不安全依恋。

心理卡片

　　依恋问题，是心理学中的一个重要问题，孩子出现的问题都可以尝试在依恋上找到原因。亲子依恋指孩子和早期的抚养者建立的社会性的连接关系，对于孩子的情绪、情感、行为表现、性格特征和待人接物都有影响，是个人心理健康的必要基础。

　　我们该如何判断孩子的依恋类型？

　　首先我们来了解一个经典的心理实验——陌生情境实验。了解这个实验之后，我们家长就可以通过观察孩子平时生活中的类似情景表现，初步判断自家孩子所属的依恋类型。实验是这样的：母亲带着8个月到3岁之间的孩子，进入陌生环境，这里面有多彩的新奇玩具，母亲先陪孩子玩3分钟，记录孩子此时的反应，然后实验员进入，对于孩子来说，该名实验员完全是陌生人，并不干涉母子互动，仅仅同处于这一环境中，做自己的事而已，这时候记录孩子的反应；再过3分钟，母亲离开，由孩子和实验员相处，记录此时孩子的情绪反应；片刻之后，母亲返回重聚，最后记录孩子的反应。通过大量多次重复实验，人们发现，婴儿在陌生情景中表现有所不同，孩子遇见三种具有挑战难以适应的情景：陌生环境；和亲人分离；和陌生人共处。在这三种情境中，根据孩子所表现的探索行为、分离时的焦虑反应以及依恋行为，把孩子依恋分成三类：安全型、焦虑型和回避型依恋。后两者属于不安全依恋类型。

第一类是安全型依恋的孩子，妈妈离开的时候，他们也沮丧，明显不安，但很快会自我调节。妈妈回来时，他们又会愉悦地和妈妈亲昵，会迅速靠近母亲，情绪就会有所舒缓。安全型的青少年如果遇到挫折，或感觉脆弱时，会向家人寻求慰藉和支持。同样当亲人有了困难时，他们也会乐于对等支持。这是安全健康的依恋状态。他们也比较独立，敢于探索，在亲人的鼓励下，会和不熟悉的人交流和亲近。我们也要注意到：安全型依恋的孩子也有分离焦虑，这说明亲子之间有正常的情感联结，孩子分离时哭是情感自然流露。

第二类是焦虑型依恋的孩子，当母亲离开也会不安，可是母亲回来时，这些孩子不容易缓解他们的焦虑情绪，这可能是因为过去的经历让孩子意识到母亲的安慰不能如期实现和不够可靠。这类孩子对妈妈表现得有些冷漠，不会主动寻求妈妈安慰，进行亲近的肢体接触。这种表现一方面表达出孩子自身的焦虑和愤怒，另一方面则会令养育者感到厌烦和内疚，因为缺乏安全感，孩子会因为担心被抛弃，而表现为"粘人"，父母为此可能会感到厌烦，又令在离开孩子时感到内疚，长此以往，恶性循环。

第三类是回避型依恋的孩子，在母亲离开后，并没表现痛苦，并且母亲回来，也似乎无所谓，这可能是因为这类孩子已经习惯了被家长忽略或者拒绝，也有可能是父母的过度关注使他们有窒息感，选择了回避。

其实，无论孩子属于哪种依恋类型，都会伴随着孩子成长，在各年龄段显示出其影响。有研究表明，近50%的婴儿存在不安全的依恋类型，他们的早期经历可能不够理想，比如，抚育者显得不够用心、专制粗暴、不可信赖或者长期缺位等。当然，家长越早意识到孩子的依恋类型，越早可以干预，助力孩子健康成长。

☕ 家育心念

依恋类型对于家庭教育有何启示呢？

首先，家长要意识到每个年龄段都有依恋的呈现。0～3岁的婴儿时期，父母的无条件的关注，比如对身体、心理情感、环境等全方位的关注。读幼儿园的时期，孩子就会带着幼儿期的依恋进入小型的社会系统。通过孩子和同伴、老师的互动，辨识出亲子之间的依恋关系。家长可以继续调整依恋关系。小学时期，在一个更加社会化的环境中，家长需要培养孩子的学习品质、规则意识，关注孩子的认知发展，有时和孩子会有各种冲突，这又是一个修复关系的机会。家长可以思考用何种方式，更利于亲子间的情感链接。青春期是依恋关系最跌宕起伏的时期，孩子似乎不需要家长，刻意远离，是一种成长，也是对依恋关系的重建，他们需要建立良好的同伴关系，而同伴的重要性大于父母。孩子的朋友选择，也是和父母关系的一个印证。如果家长发现需要干预，可以借助孩子信任的权威力量和榜样人物。成年期的亲密关系是对原生家庭关系的一个反映。年老时候，又会形成反依恋关系，需要孩子的关心，类似于重演了长辈培养孩子的历程。

因此，从年龄、发展的角度，可以看出依恋贯穿于我们的一生。

其次，注意依恋类型的代际传承。父母曾经都是孩子，孩子未来也会成为父母。美国心理学者玛丽·梅恩对于父母、孩子组对进行实验，访谈父母的依恋风格，对孩子实施"陌生情境测验"，结果表明，父母和孩子的依恋风格存在高相关，相关性高达70%。该项研究为依恋类型的代际传递提供了实证。如，一个回避型依恋的孩子，幼年时因为父母的情感是抑制的，对孩子的依恋需求是无视的，缺少情感互动，孩子为了维持和父母的关系，会把抑制自己的情感需要当成一种策略，较少地表达需求，显得"独立又懂事"。当这样的孩子成为父母，与下一代孩子互动时也会重复类似模式，认为孩子的情感流露，是"脆弱和矫情"，这种被否认又会被孩子接受和认同，于是，代际传承就开始了。这似乎是无意识中的自保，保护自己避免面对情感需求，因为那样就会唤起年少时的痛苦感受。

最后，学会和回避型孩子相处。回避型依恋的孩子其实对于他人想靠近又怕靠近，怕被拒绝和推开，对依恋既渴望又害怕。作为家长如果做到以下几点，孩子也会向安全型依恋的孩子那样拥有健康美好的关系：一是做到信守承诺，给孩子塑造安全感，做到给孩子亲密感之前先给安全感；二是调整自己的心态，回避型依恋孩子格外敏感，家长要优先调整心态，切勿自怨自艾，相信他们对家长有感情，只是回避型依恋让他们自我怀疑和难以对他人产生信任和积极情感；三是如果发现怎么努力都没用，已经严重影响到生活和情绪，要及时请教专业心理人士，进行心理咨询，必要时进行心理治疗。

法国心理学家瓦隆指出："儿童对人们的依恋心是发展儿童个性极端必需的。如果儿童没有这种依恋心，就有可能成为恐惧和惊慌体验的牺牲品，或者将产生精神萎缩现象，这种现象的痕迹可以保留一生，并影响到儿童的爱好和意志。"所以依恋是正常的心理需求，勇敢向家人表达依恋，是给孩子最好的示范，让孩子看到表达依恋不是脆弱，反而是对关系的信心，也是甜蜜！

2.8 鱼缸效应：
如何让孩子拥有"真正的成长自由"？

困惑再现

  双减时代来临，各种补课辅导班和培训班都已经逐渐退出市场，这反而让家长开始迷茫：孩子补着课，尚且成绩不够好，何况不去补课了，怎么能跟上其他同学？更不用说保持领先的可能性？于是，不少家长开始想方设法给孩子"创设学习机会"。借用同事的帮忙，有请邻居的指导，反而孩子和家长更忙更累了，因为不是在"亲友办公室请教"，就是在请教的路上，一路奔波。

  如果家长放手，给孩子一些空间，绝不是放纵不管，而是发现孩子兴趣，找适合孩子的方法去发展自己，找到内驱力，也许孩子会还给我们一份惊喜！

心理卡片

  我们一起了解"鱼缸效应"。

  把鱼养在鱼缸和池塘里，自然池塘里的鱼养得更好！为什么？与池塘相比，鱼缸的空间更狭窄、更封闭，营养有限，即便营养人工提供，可是鱼儿的生长发展的空间很小，就长得很慢。而池塘和江河湖海，空间更广，长得就快。

  有这样一个故事：

  一家公司门口摆放了一个鱼缸，里面养着十几条热带金鱼，三寸来长，五彩斑斓，吸引着过往的人们。不过两年过去，似乎金鱼并没有什么变化。有天一个小朋友来公司找家长，看见美丽的金鱼，试图去抓的时候，打破了鱼缸。工作人员急忙把鱼放进院内的喷泉里，让它们暂住于此，等待新的鱼缸到货。两个月之后，新鱼缸到位，大家到喷泉里捞鱼的时候，惊讶地发现，这些小鱼已经几乎长到了近一尺。人们开始探讨缘由，比如：喷泉和鱼缸的水相比，水中矿物质更加丰富；鱼可能吃的食物比较特别；水温可能更适宜等。当然，还有个重要的情况是：喷泉空间更大，甚至有百倍之大。人们把这种给予了更大发展空间而带来更快成长的现象，称为"鱼缸效应"。

类似的，孩子如果要发展和成长，也需足够的时间和空间，如果孩子被过度保护和约束，如同鱼缸之于鱼儿，无法得以充分成长。

☕ 家育心念

鱼缸效应对家庭教育有何启示呢？

首先，家长可以适度放手，当然放手不是放纵。明确一定的底线，给孩子适度的选择空间。教育学家林格伦说："孩子需要管教和指导，这是真的，但是如果他们无时无刻和处处事事都在管教和指导之下，是不大可能学会自制和自我指导的。"就像鱼缸里生活的鱼，定期有人换水、投食，自然就产生了依赖。有些家长为孩子安排人生道路，这样做的前提是给孩子选择，孩子不知道也不会选择。那么我们家长可以引领孩子一起搜索消息，探寻资源，和孩子一起了解选择的利弊，当孩子有了这样的探索过程，就会因为参与其中，而多了一些自主性，就会有以更负责任的态度面对自己的青春生活。

其次，多让孩子去体验不同的生活经历，逐渐唤醒孩子的生涯规划的意识。

美国的教育家塞勒·塞维若曾经说过："父母生养子女的目的，不该是把他们作为自己的延续，也不该把他们当作自己的影子，做宽容的父母，就要让孩子的一切只属于他们自己。"面对孩子，如果家长少一点上演"不要你觉得，而要我觉得"的霸总的戏码，倾听孩子的想法，观察孩子的喜好，让他们去实践，实现自我发展，变得更有主见。也是帮助孩子早日走出"鱼缸"，在属于他们人生大海中去冲浪，强健体魄和开阔眼界，为自己负责！

最后，双减时代，家长要转变角色，从幕后来到台前。家长要更好地陪伴孩子，去和孩子一起看风景，做运动，创设家人共同阅读学习的氛围和环境。作业和培训的减少，孩子有了更多的时间和空间，也同时增加了不确定性，家长容易变得焦虑，如果能够看到"美好未来"的多样性，就会更加平和从容，既能看到孩子的不足，又能和孩子共同从优势中迁移能力，逐步提升。这样家长就会从无所适从，渐渐变得清晰笃定。

小鱼，在大自然的河海湖泊中，才会锻炼本领、增长智慧。同样，孩子在充分体验多彩的生活中，才能找到适合自己的发展方向，而一旦心中有方向，眼里就有光，脚下，就会更有力量！

2.9 相悦定律：
人际交往中孩子如何做，才会受人喜欢？

 困惑再现

　　孩子在人际交往中，关系是否不够融洽？会不会提到发现舍友或同学似乎不够喜欢自己呢？也许家长会告诉孩子要学会欣赏他人，孩子听信后就开始了"彩虹屁"模式："你真是太牛了！""简直天下第一！"等赞赏表达。但结果并不如人意，无法扭转孩子的人际关系模式，反而依然被他人远离，而且被他人评价为"虚伪"。孩子怎么做，才能让他人喜欢自己呢？怎么表达对他人的欣赏呢？怎么建立良好的同伴关系呢？

　　和孩子说说相悦定律吧！

🧠 心理卡片

　　心理学的研究表明，社会生活中，我们喜欢的那些人，常是那些同时也喜欢我们的人。他们并非因为颜值、智商、家世背景或者社会地位，而仅仅因为他们喜欢我们，所以我们就喜欢他们，愿意和他们建立更多联结的机会和真诚的交流。这就是相悦定律，指人们在情感上的融洽和彼此喜欢，能够强化人际之间的相互吸引。通俗地说，就是"喜欢会引起喜欢"，即相悦性。

　　人际交往中相悦定律发挥着重要作用。人们总是会喜欢那些可以欣赏自己，又能带来积极情绪的人。如果个体感受到对方带来的愉悦感，就会有一种心理力量推进自己去接近、接受和喜欢对方。著名的哲学家威廉姆斯曾经说过："人性中最强烈的欲望便是希望得到他人的敬慕。"所以当你想要别人的点赞，就要学会关注他人的成就和心理需要，及时去表达对他人的欣赏和认可！想得到对方的喜欢和敬慕，就要满足对方的这一部分需求。当你满足了他人这一部分心理需要，也就会回流到己方，获取相应的心理满足，犹如一面镜子一样会呈现出来——喜欢他人就会加大被人喜欢的概率；相应地，你对他人的讨厌也会换来被讨厌；真诚欢迎会换来被欢迎；去尊重会换来被尊重。

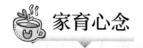

相悦定律对家庭教育有何启示呢？

首先，告别"虚无的彩虹屁"，学会真诚地欣赏他人的优点和赞美他人。让孩子明白，想要别人喜欢，就要首先学会真心欣赏他人，真诚赞美他人，一般而言，他人感受你的真诚，就会同样喜欢你或者接受你。如果只想到自己的亮点，时刻等着别人发现和赞美，而对于他人的进步和亮点选择性忽视，就很难赢得他人的喜欢。人们经常会被喜欢、欣赏自己的人触动，愿意给喜欢自己的人提供帮助和交往。如何做到理性赞美呢？

赞美的第一个原则是真诚。只有符合实际、发自内心赞美，才能传递真诚，显示它的光辉和魅力。如果你对一个体重超标200%的人说："羡慕你！你很苗条呀！"结果一定会令人反感和讨厌。赞美的内容不是无中生有，而是对方真实存在的，绝非他人的缺点。另外言不由衷的赞美，显然会让人轻易识破，只会招来厌恶和疏离。赞美的第二个原则是及时，他人取得进步时，最需要同伴的祝贺和赞美，这样其心情就会更加舒畅，赞美存在有效期，过了期的赞美就失去了当时的情绪基点，难以让对方感同身受。第三个原则是赞美要适度。赞美无须运用华丽的辞藻和过度的恭维，这样只会让对方或者观者极不自在，结果会适得其反。

其次，让孩子去感受他人的善意和传递自己的善意。中国台湾作家兼主持人蔡康永说："我沿路，得到七个微笑，三个白眼，我就用七成的力气回应微笑，三成的力气回应白眼；我吃到的食物，七次好吃，三次难吃，我就用

七成的味觉享受美味，三成的味觉忍受苦涩。我无意放大世界的善意，也无意放大世界的恶意，只是依照比例，老实地接收有晴有雨的天气。世界与我，互相而已。"不能只做接收者，也要会对他人给予欣赏和支持。从他人表达的赞美中感受释放的善意，然后把善意传回给对方和传播给更多人。

最后，告诉孩子，负面评价的话慎重说。

有人认为亲友之间，就是应该直话直说，坚信"良药苦口利于病，忠言逆耳利于行"，结果不利于问题解决，也影响了人际和谐的氛围。批评的话要就事论事说，而不是给人贴标签。如：每个小组都在积极讨论如何进行班级活动的开展，而有一个小组却迟迟没有进行，如果说："你们总是这样落后拖延！上周的远足你们就是！开学时的迎新安排你们也是慢吞吞，集体拖延症吗？"会不会引起更大的情绪？假如说："各小组都已经讨论热火朝天，只有你们这组还是春风不度玉门关呀！"既达到了指出问题的效果，又促进了任务的推进。所以当孩子反馈自己的批评和评价时，很容易从自己的立场出发，没有经历过他人的生活，很难体会到他人的感受。

无论是赞美还是批评，提醒三点，和孩子共勉：

"你说的话有事实依据吗？"

"这句话在传递你的善意吗？"

"这句话说出后会对他人有好处吗？"

当回答了这三问，也许孩子会发现：有时我们的发言仅仅是在满足自己的表达欲望、优越感或者自恋，这类的语言，不说也许是个好选择。

2.10 踢猫效应：家长心情不好，对孩子的影响有多少？

困惑再现

亲爱的家长，您是否经历过这样的情形：在遇到工作不顺心，受到上级批评指责之后，没有冷静觉察自己情绪，在单位里依然包装好自己的情绪面对部门领导，回家之后，却把这些怨气和愤怒发泄到家人身上，而这里的"家人"经常是平时亲近自己的孩子，结果引发孩子莫名的委屈和亲子关系突然的紧张。您有过这样的经历吗？会在情绪到来时，向最亲近的人发泄吗？后果又如何呢？

心理卡片

何为踢猫效应？有一个心理学故事：某公司的董事长想要公司风气好转，和员工承诺自己会早到晚归。有一回，他因为看报过于投入忘了看出发的时间，结果为了能够不迟到，他驾车时路上超速了，当然被警察发现开了罚单，到公司的时间依然迟到了。他当时愤怒之极，到了办公室时，为了掩饰自己迟到和转移他人的注意力，他把销售经理喊过来严厉训斥一番，销售经理莫名挨了训，到了自己办公室把秘书叫过来发了一通火，挑剔指责一顿。秘书自然委屈，一大早被人挑剔，开始故意挑接线员的毛病。接线员下班垂头丧气地到家，对着放学的儿子大发雷霆。儿子被父亲痛斥一番，也非常恼火，就把一直都很温顺的小猫狠狠踢了一脚。

踢猫效应指的是人们在负面情绪出现时，往往对比自己更弱小或地位更低的对象发泄自己的情绪，这样就会使产生的不良情绪恶性循环。人们的负面情绪和郁闷心情会沿着由不同层级和强弱程度组成的社会人际关系链条，依次传递下去，仿佛从尖端传至底部，形成的连锁坏情绪传递反应。坏的情绪是按社会级别从高向低转移，家庭里，孩子经常会是最低级。虽然家长平时宠爱孩子，但是大多数情况下，当没有做好情绪管理时，孩子作为最弱势的一级就会承担了莫名的坏情绪。不是每个家里都养"猫"，那么孩子如何处理坏情绪呢？假如学习家长这种的情绪处理，那就是在教孩子做"情绪的奴隶"，或者"情绪欺凌者"。

 **家育心念**

踢猫效应对于家庭教育有何启示呢？

首先，告诉孩子去调整情绪，中断坏情绪的传染。要调控坏情绪，其实犹如对待传染病，那就是去发现传播链，中断传播源。面对同一件事情，每个人的情绪都会不同；面对同一件事，同一个人不同阶段也会不同。心理学家埃利斯提出过关于情绪认知的"ABC理论"。他认为，A作为诱发性事件，并不是引发情绪反应和行为表现后果C的直接原因，真正的直接原因是源于当事人对于诱发性事件A的个体认知和评价，也就是个人的信念B。通俗来说，人们的情绪和行为是认知和信念带来的，而不是发生的事件，不合理的认知和信念，会把负面情绪逐级累积，甚至带来坏情绪的传染。当我们冷静下来，感受自己的认知和想法，理性转变一下认知角度，做好管理情绪，就会有效避免踢猫效应的产生！

　　当家长意识到自己的情绪可能会影响到孩子，就要学会及时叫停，不做踢猫效应环节上的传递者，当意识到情绪的根源并不是自己和无辜的孩子，就会明白上一层级的传递坏情绪的人只是被动成了踢猫者，而自己的理性认知，可以让孩子学习到如何平和从容应对坏情绪，做到合理宣泄，而非伤及无辜。

　　其次，家长和孩子一起学会感受情绪，转化情绪。和孩子先学习表述和感受自己的情绪，让孩子更加细腻地理解到自己到底怎么了？是生气？焦虑？恐慌？委屈？伤心？当开始为情绪命名，就是开始了表层的情绪处理。进而我们一起练习看到情绪背后的期待和渴望。尽管负面情绪是有意义的，但是长期处于其中，会有损健康，比如人们愤怒时，会出现交感神经过于兴奋，心跳加快，血压骤然上升，呼吸变得急促，经常愤怒的人容易患心血管疾病，如高血压、冠心病等。愤怒也会引起消化功能障碍，引起胃肠疾病。

　　当认识到自己的情绪之后，先接受，然后感受此时内心深处的情感需求：是寻求安慰？期待关心？还是过于疲惫想要休息？或是想要被认可等。继而想如何表达可以满足自己的内心需求，而不是作为情绪链条的传递者而已。

　　最后，利用"踢猫效应"的启示，看到情绪的传染性，尝试做个积极情绪的传递者。踢猫效应告诉人们坏情绪具有传染性，那么同样我们可以学习做个积极情绪的传递者，把乐观、坚韧、果敢和感恩等传递给孩子，从而培养孩子的积极心理品质。及时叫停自己的坏情绪，以平和从容的态度面对。

　　在一个家里，那个随意使用情绪作为武器的人，就是没有长大的孩子。这个随意使用情绪的"孩子"在变相表达情感需求而已。让我们告别"孩子"式情绪反应，孩子才会学会理性管理自己的情绪，做情绪的主人，因为榜样就在身边。

2.11 人际吸引律：孩子如何增加人际吸引力？

有些孩子总是因为难以交到朋友而感到孤独，或者埋怨爸妈没有给自己人际交往方面给予有效的指导？那么，在社交群体中，人们是因为什么互相吸引，让心理距离变得更近的呢？

 心理卡片

人际吸引律是指交往双方因为存在着一些人际吸引的特点，而导致双方的物理距离和心理距离变小，继而彼此靠近，互相吸引的规律。人际吸引指的是个体和他人之间，心理上和情感上彼此靠近而亲近的状态。当个体能对某人存在积极和正向评价的心理倾向时，才会有愿意深入交往的愿望。让两个独立的个体能够相互吸引的特点有，时空的接近、兴趣爱好的接近、态度的接近和职业的接近。

人际吸引的形式可以分为三种：亲和、喜欢和爱情。亲和属于较低层次的人际吸引形式，喜欢是中等，爱情则是最为强烈的人际吸引形式。

人际吸引律的原因可以分为以下六种形式：第一是接近吸引律，即彼此有许多共同点，所以相互吸引。如，消费价值观相似，两个人愿意共同认同对方的生活购物方式。第二是互惠吸引律，双方可以为对方带来收获、报酬和成长而相互吸引。例如，在关键时刻，对方的鼎力相助和解围帮助了自己，而同时自己又能在对方出现其他困境时，具备实施帮助的能力。第三是对等吸引律，是因为对方喜欢自己，自己才会愿意喜欢对方，建立亲密链接。第四是诱发吸引律，这是由于一定的环境下激发了双方的情感上的靠近，比如经典的"吊桥实验"：研究者是女性，极具魅力，她先在稳固安全的人行桥的一头，对经过的男生被试调查提问。研究者只是假装在研究"风景对创造力的影响"，要求男生写个关于所示图片的简短的故事。同时她告诉被试她的电话号码，告知如果他们想知道该研究的更多信息和内容，可以给她打电话。后来她又把调查的位置转移到另一座摇晃着的吊桥，这个危险情境助于激发被试方的生理唤醒。结果表明，在吊桥上的被试写的故事内容含有更多性意象，同时研究结束之后给女研究者打电话的人数比在稳固桥上的人数多四倍。说明人们有时会把生理唤醒错误地归因于外界的刺激，比如极具魅力的女研究者，以为自己被她深深吸引。第五是互补吸引律，即，交往双方会因个性、需要和满足需要的方式互补的时候，而引发人际吸引。第六是光环吸引律，是因为对方的突出的能力、特长、个人品质或者社会知名度等特征而被深深吸引。

☕ 家育心念

人际吸引律对于家庭教育有何启示呢？

首先，告诉孩子，与人相处，贵在真诚。人格品质是影响人际互动的最稳定因素，同时也是个体的吸引力最关键因素之一。美国的学者安德森曾经研究了影响人际互动的品质。最受人们喜爱的六个品质中排第一的是真诚，其余是诚实、理解、忠诚、真实和可信，之后的五个直接或间接和真诚相关。

其次，朋友并非"越多越好"，告别无效社交。孩子需要明白，随着年龄增长，会逐渐发现，那些费心维系的关系，未必有价值和意义，反而占据了时间、情绪和心力。能够真正陪伴自己共同成长，相处轻松愉悦的人，才是真正的知己好友。有个故事说，你在砍柴，他在放羊，你放下活计陪他聊上一天，他的目标实现了，羊已经吃饱，而你却空空如也，就是在进行无效社交。要关注自己的时间成本，看是在耗竭还是共享？如果是前者，就果断放弃这种无效社交吧！

最后，让孩子意识到不必刻意寻求和对方的共性，换个角度看情境，充分实现资源优势整合，合作共赢。同样先前的故事，你在砍柴，他在放羊，你放下活计陪他聊上一天，如果你能实现以下目标，也是有效社交：通过聊天，你们互相传授了彼此的技能，放羊和砍柴的都增强了本领；你们彼此愿意交换各自劳动成果，从今你的生活中多了羊，他的灶台上有了柴，实现了彼此帮助等价交换；你们决定利用各自技能开发一个项目，比如共同烤羊肉串，实现合作共赢，拓展工作方式。这就是有效的"高质量"友谊。

作家歌德说过："友谊只能在实践中产生并在实践中得到保持。"人际交往是一个逐渐实践的过程，告诉孩子：慢慢来，真诚善待他人，学会积极独处，丰富生活！

2.12 关系场效应: 为何3个臭皮匠的效能好过3个和尚?

困惑再现

家长们也许有这样的疑惑:

有时, 几个孩子在一起集体活动, 孩子就会很快融入团体, 找到角色, 做出决策, 展开行动, 实现目标。可是有时候, 孩子们聚在一起, 七嘴八舌, 争论不休, 反而团体分裂, 拖拖拉拉, 纠缠不休, 缺乏统一, 无人行动。

这是为什么呢?

心理卡片

关系场效应是社会心理学的现象, 是指由多种角色的扮演者构成的群体, 产生的或增或减的内聚力和摩擦力对于行动和目标的影响。如, 通常人们说的"三个臭皮匠, 赛过诸葛亮", 指的就是关系场效应中群体成员的增力作用, 即: "1+1+1"之后, 结果是大于3; 人们还会在有些场合中发现这个群体相聚后的减力现象, "三个和尚没水喝", 即: "1+1+1"之后, 结果小于3。以上这些都属于关系场效应。人们有时候因为基于目标导向、各抒己见和畅所欲言, 就会出现"三个臭皮匠, 赛过诸葛亮"的现象。不可忽视的是, 在群

体成员的思维方式不同、利益角度各异、知识水平的区别、团体凝聚力的欠缺的情况下, 就会出现"三个和尚没水喝"的场景。

人际之间的合作并非人力和智慧的简单相加, 而会产生复杂的化学反应, 复杂和微妙。每个人都有自己的性格特点、成长经历、专业背景, 能力不同而团结一致时, 能相互促进, 自然就会事半功倍; 如果不必要的讨论, 迁就每个人的观点, 可能会浪费时间, 推卸责任, 造成总有人的利益无法满足, 带来抵触情绪, 则会迟迟没有行动的可能。

家育心念

关系场效应对于家庭教育有何启示呢？

首先，可以和孩子分享，要重视集体的智慧和促进作用。孩子进行团队活动，需要成员配合，就要充分发挥每位成员的优势，求同存异，集思广益，合理分工，群策群力，遇到挑战和困难，大家互相鼓励，彼此支持，就会增加抵抗挫折的能力，从而完成既定的团队任务。在这样一个积极向上的团体氛围中，个人会获得精神上的支持，也会感到团队的归属感，更有勇气去做出决策和发挥个人潜能。

"独木难成林"，我们在家庭教育中可以这样理解：缺乏团队合作意识的孩子，即使拥有广博的知识，具备出色才能，但踏入社会后，也可能会因为无法与人合作，无法获取必要的他人相助，出现融入团队困难的局面。家长需要为孩子建立宽松、平等、尊重及和谐的家庭环境。在这样的氛围中，父母尊重、理解孩子，并常常能够倾听孩子的心声，尊重孩子的想法，给予孩子表达的空间和自由，帮助孩子勇敢表达自己的声音。同时，孩子也会在家长的言行中学习如何尊重他人，如何倾听不同意见，如何体谅和宽容他人。假如孩子偏向孤僻，家长更要逐渐消除孩子的疏离感，多一份鼓励和耐心，允许孩子慢一点进步，逐渐增强其社交互动的信心，进而愿意参与小范围的团队活动，感受团队精神的积极作用。几个彼此熟悉的孩子在一起，结伴从事某个并不严格竞争的活动时，就会对孩子产生促进和刺激作用，提高行动力和活动效率。比如登山，一群人登山的动力经常会高于一个人。

其次，让孩子意识到，并非所有的活动都是团队在一起，才会更高效。团体积极温暖的氛围固然利于个人的发挥和观察学习。可是有时候，氛围不好的团体可能会起到消极作用。有时不需要群体合作或者群体讨论，那么就无须反复征询群体的建议和等待群体的支持。例如，您的孩子想要本小区里的小朋友每天晨跑，结果会出现这些可能性：今天有人因为感冒不去了，明天有人因为晚起床不参加，后天又因为天气降温不出门，那么就有可能您的孩子也没有兴趣开始运动了，甚至也增加了很多不跑的理由。这就是群体之间的减力影响，并不会比个体行动更有效率。从此看出，想要实现群体效率超过个体，不仅仅要有志同道合的团队，还要有个人对于该行动的价值和意义的合理评估，无论外界如何改变，自己都有坚持的理由和发现持续行动的意义。

还需注意的是有时会出现"群体空想"，即一群人毫无依据的空想，缺乏团队核心领导的引领，进行"伪讨论"。想法并不基于现实，又会为了论证想法的可行性，各自为"空想"找出所谓的支持理由，容易造成盲目情绪，比如过于冒险或者过于保守，或者陷入责任分散状态，带来决策的更加茫然，甚至会盲从他人的所谓的具备强有力支持的空想，带来不必要的损失。如果整理数据和撰写活动方案此类事情还要大家讨论，就可能会集体沉默，都无法汇聚成一个统一的观点，陷入尴尬的局面。所以，不是每项任务都需要团队合作，在确定合适的方向后，需要个人行动的时候，果断开始，学会调整，及时反思，增强个人搜集信息的能力。确实需要团队讨论时，理顺讨论的问题，阐明自己的观点和理由，再寻求大家的帮助和倾听他人的意见。

最后，和孩子讲明一个理念：具体问题，具体分析，具体决策，具体应对。关系场效应中的"三个臭皮匠，赛过诸葛亮"和"三个和尚没水喝"现象，并不是相互冲突，而是需要孩子辨别不同情形，避免盲目选择责任依从或者分散原则。

所以，我们不能迷信一个定律或效应，而应在学习和分析的基础上，具体问题、具体分析和具体解决。

每个孩子都是独特而珍贵的存在，正如心理学家纳特所说："有的孩子像蘑菇，他们在夜间才绽放光彩；而有的孩子像兰花，他们会用7～12年的时间去积蓄力量，然后才幽幽盛开。"

第 3 章

自我意识篇

3.1 巴纳姆效应：
认识自己，是必修的课题

在"相亲相爱的一家人"群里，爸爸分享了以下一段文字，结果大多数成员，也包括那个很少发言的高二的儿子，都觉得和自己的情况极为相似，似乎就是在说自己。

这是不是你内心的想法？

你总是希望能在假日里充分地休整之后再出发；内心中也制定了假期的初步计划，可是实施起来有那么一点不尽如人意，你感到无奈，又有点不甘，你期望家人和朋友能够与你的节奏一致，保持亲密，又不会被干涉，可你时常会感到当天的状态不够理想，一直在期望第二天能够重新开启更充实的生活。你希望能够拥有时间自由，情绪自由，去掌控自己的人生。

你渴望被人理解又能受到尊重，有时候你又会自我反省，感觉自己的资源和优势并没有被充分利用，有些懊悔。你也有一些缺点，但是一般而言你可以克服。尽管你表面看起来很从容乐观，但你有时候会感到一丝众人之中的孤单感。有时你能掌控局面，并且为之感到自豪；有时你又想逃离，但不得不疲于应对。你认为朋友应该敞开心扉，互相给出可行建议。可有时你会更愿意自己做出判断，所以你时而显得合群，时而喜欢独处。欣喜的是，你今年有了一些宝贵经验和收获，并期待开启属于你的新的一年生活！

同样一段文字，怎么会有如此"神奇的魔力"让所有人都觉得仿佛就是在说自己呢？

其实这是巴纳姆效应。

心理卡片

巴纳姆效应，以一位杂技表演师的名字命名。他叫肖曼·巴纳姆，在这位魔术师看来，人们喜欢自己的节目，是因为其中包含了几乎每个人都喜欢的成分，这就使得"每一分钟都有人上当受骗"。

心理学家福勒在1948年曾经选择大学生群体做过研究，给他们每人同样一段话，让他们评价是否符合自己，结果大多数大学生认为描述的就是自己，并且非常准确。

巴纳姆效应表明：人们在认识自己的过程中，极易受到来自外界信息的影响和干扰，也容易受到权威的暗示和催眠，以至于对自己的认识形成不真实的感觉。其原因在于人们总是想从外界收集证据去证明自己的想法。

家育心念

如果我们合理应用巴纳姆效应去教育孩子，可以产生一些积极影响。

第一，帮助孩子建立坚定而客观的自我认知。

认识自我，需要从人际互动中认识；需要从工作和学习中认识；还需要从个人的优势和劣势的社会比较中认识，也需要结合他人评价和自我评价来认识自己。如果孩子做到这些，就不会过于偏信外界的评价、星座的描述和街边的算命，从而理性认识自我。清醒地避开巴纳姆效应的陷阱，全面而清晰地实现自我认知。

第二，成为能够共情孩子的家长。青春期的孩子自我意识日益增强，生理发育迅速发展，会有内心封闭的现象，可是他们又期待被人理解。师长可以利用巴纳姆效应去跨越和青春期孩子沟通的鸿沟。沟通时，总结和概括一下青少年的普遍问题，进行推心置腹的交流，此刻孩子会容易有被理解的感受，进而卸下防御，再做深入沟通就变得更轻松。

第三，引导孩子运用积极自我描述的词语。师长的消极暗示，会让孩子从开始否认，逐渐自我怀疑和最后认同了消极评价，结果会打击孩子的自信心。引导孩子做积极暗示，可以促进孩子形成正向自我期待，并把积极描述当成自己前行的方向。

著名教育学家陶行知说过："你的教鞭下有瓦特，你的冷眼里有牛顿，你的讥笑里有爱迪生。你别忙着把他们赶跑。你可不要等到坐火轮、点电灯、学微积分，才认识他们是你当年的小学生。"

认识自己是人生必修的课题！帮助孩子认识自己，是成就自己的必要环节。最后笔者用心理学者赫伯特·斯宾塞的一段话和家长朋友共勉："智慧的教育者，会把一种积极的暗示不断地、自然地传递给孩子。这种积极的暗示，特别是来自亲人、朋友和老师，会对孩子在心灵和心智方面产生良好的作用。"

3.2 高原现象：您是不是越看家庭教育文章，内心越迷茫？

困惑再现

现在的家长，在信息时代里，获取家庭教育的渠道多样，也愿意为了孩子着眼于自我成长。当家长看到有些文章中关于原生家庭理论的"恐吓"，开始了自我苛责：觉得自己无法回到过去；抚养自己长大的父母无法改变；同时发现从孩子出生起，自己也不是满分家长；铺天盖地的文章中提到"孩子的问题，归根结底都是父母的问题"，又深深触痛内心；再一转头看到问题重重的孩子，更加内疚；再看到班级群里别人晒娃，不仅成绩好，而且琴棋书画，包括待人接物、语言表达都是那么出色，令人艳羡，又开始想：还是要报个父母成长培训班，并且要让全家一起开始处处小心，努力靠近满分家长。学了很多关于家庭教育的知识，却遗憾地发现，越学习越迷茫——自己花费了大量时间、精力和金钱去学习和改变自己，也尝试了不同办法，可问题还在，甚至更糟糕，这是怎么了？

心理卡片

我们来看高原现象。

高原现象，源于攀登领域的表述，人们刚开始登山的时候，速度起初是很快；随着不断增加的高度，体力消耗也在增加，速度进而随之减缓；当人们攀登的高度到达5000米以上，会因为体力不支、高原缺氧等缘由，想要再攀登到新高度变得十分困难，甚至有想放弃、很茫然等念头，这就是登山运动中的"高原现象"。

这被引申到教育心理学领域，人们经常会用高原现象来形容在知识、技能提升的过程中，学习效率变低，绩效不理想，甚至是停滞或倒退，由此会产生焦躁不安，自我怀疑的情绪状态。

随着《中华人民共和国家庭教育促进法》于2022年1月1日正式施行，越来越多的家长积极自我提升，更新家庭教育理念，期望自身能促进孩子的全面健康成长，给予孩子正确引导和积极影响，如孩子的道德品质、身体素质、生活技能、文化修养、行为习惯等方面均有成效。最初的学习，会有"大彻大悟"之感，运用起来，也会有"立竿见影"之效。很快随着孩子的成长，逐渐开始发现所学已经"失效"。

家育心念

高原现象对于家长有何启示呢？

首先，接纳自己的不完美，从当下出发，开启一小步的向好变化。接纳不是躺平，是看清当下的现实，有勇气去明晰现状，用行动去做出调整。这个世上，没有完美小孩，我们就允许自己做不完美的家长。即便是家庭或家长不完美，也没关系。香港曾经开展一项家庭调查，追踪了7000个家庭关系，结果发现：单亲家庭并不会带来孩子在学习、行为和习惯方面的障碍。原来，伤害孩子的并不是不完美的家庭，而是家人之间的不断冲突和人格攻击。无独有偶，美国也有一项家庭研究，对上万个家庭进行走访，结果表明：影响孩子的自尊自信和行为最严重的是那些并没离婚却充满冲突和矛盾的家庭。无论婚姻状态如何，家长只要给予孩子积极回应，及时的情感连接，适当的物质保障，都可以让孩子的内心得以滋养，让孩子依然身心健康，积极向上。

其次，不必急于出手，误认为帮助孩子解决问题就是合格父母。相信孩子的心理复原力，并持续给予孩子爱和温暖。记得一位家长在咨询室内谈过自己向孩子隐瞒离婚事实，声称这样是为了保护孩子，让孩子以为依然有幸福的家庭。这位父亲的确在为孩子着想。他不知道的是，其实孩子之前就和咨询师聊过，父母的伪装，父母幸福与否，自己早已经看到。孩子期望父母真实一点，不必为了孩子而维系不幸福的婚姻。孩子比我们想象的要敏感和果断。也许对于家长而言，告诉孩子父母离了婚很难，但是对孩子而言，也许离婚之后父母都幸福，才会心安。儿童文学图画书作家莫里斯曾经说过："不要低估孩子的洞察力，他们什么都知道。"

最后，科学看待家庭教育的文章，学习时带有批判性的思维。每个家庭都不同，境遇不同，文化不同，孩子的性格特点千差万别，适合他人的教育方式对于自己的孩子未必有用，不必照搬照用。面对众多的专家经验与文章，您是不是开始无所适从了？也许我们要做的是：保持觉察，探索适合自己孩子的教育方法，也许父母和孩子可以一起探索适合的成长教育模式。

当然，不要急于自我批评。看了某篇推文，您是否就开始自我批评，懊悔不已，认为自己不尽责、不称职，从此小心翼翼了呢？也许您可以去了解孩子的心理需求和真实感受，再决定如何陪伴孩子探寻适合的解决之道。可能您的教育方式在专家看来并不睿智，可是您的孩子感觉很好，并利于成长，那么为何非要改变呢？作为家长，我们保持清醒，适度觉察，提升自我，终身学习，这样的状态本身就在给孩子树立了一个成长型思维家长的榜样。倡导客体关系的心理学家温尼科特提出了一个名词：Good Enough Mother，被译为"60分妈妈"，他指出，家长如果在养育孩子中有适应孩子的方式，孩子就会有较好的成长。养育阶段一旦变化，养育方式也要顺应成长。

高原效应犹如一把双刃剑，无论身处任何人生阶段，首要任务是认清现状，理性判断，从容应对，不轻言放弃，是把阶段性的停滞和压力化为持续的精进，才会不断超越，走出学习的"瓶颈期"，拥有丰盈人生。

3.3 蝴蝶效应：要孩子关注细节，先让孩子避开"蝴蝶"

困惑再现

　　孩子参加小测试，会不会出现以下情形："忘了看时间，结果没有充沛时间填涂答题卡？""考场上，没有带够文具，尽管也请监考老师帮助借用了，可是结果影响了心情。"……人生的考试众多，可是这类粗心马虎看似微不足道的小事，如不引起注意、吸取教训和充分改进，可能影响孩子未来的生活，包括职业面试、亲密关系等。

　　孩子成长历程中，一次勇敢尝试、一个明媚笑容、一个习惯思维、一句口头禅、一种积极态度等，这些瞬间有可能带来生命中的惊喜和感动，因为"蝴蝶效应"在起作用。

心理卡片

　　我们来一起了解：蝴蝶效应。"蝴蝶效应"源于"混沌理论"，气象学专家爱德华·诺顿·罗伦兹（Lorenz）在1963年提出，他毕生致力于"混沌理论"的研究，被称为"现代混沌之父"。蝴蝶效应指的是一种混沌现象，说明万物发展都存在定数和变数，事物的发展轨迹遵循着一定的规律，同时也有不可预估的"变数"。初始条件下的一个微小变化可能会影响整个事物的发展和改变。如果一只来自南美洲亚马孙河边的热带雨林中的蝴蝶，偶尔扇了几下翅膀扰动了空气，两周后就有可能引起美国的得克萨斯州的龙卷风。原因是：蝴蝶翅膀的扇动，会导致其周边的空气系统变化，接着引起微弱的气流产生，而这些气流会引起其他系统发生相应变化，接着会有连锁反应，最终致使其他系统剧烈变化。

从心理学角度看，一次微小的对于心理的刺激，之后该刺激可能会被放大。当然广义的蝴蝶效应已不仅仅限于罗伦兹的蝴蝶效应对于天气预报的应用，而是对一切复杂系统和个人成长的长期的未来行为，当对初始条件的数值进行微小变动，将会影响到未来前景难以预测的作用。如果人们对一个微小的不良因素表示不以为然或是任其发展，事后可能会像多米诺骨牌一样带来连锁反应。

蝴蝶效应对于我们认知上的确具备指导意义，承认和面对不可回避的偶然事件对于我们活动和发展的影响是有意义的，这会促使我们关注每一步当下的行动，并且培养踏实谨慎的作风。

当时，事物的发展结果可能与许多因素有关，而非固执地认为是归因于某个单一事件。例如，我们要认识到，天气预报的欠缺精准，存在误差原因在于的确存在许多因素的干扰，包括气压、气温、湿度、地形和风速风向等。再如，人格发展和性格塑造是一系列因素综合作用的结果，和遗传、教育、社会环境等密切相关，而非某一单独的方面。

那么，我们今天讨论蝴蝶效应对于家庭教育有何启示呢？

首先，我们和孩子一起关注细节，培养专注力。古人云："天下大事，必作于细；天下难事，必成于易"，"勿以恶小而为之，勿以善小而不为"。无论做人做事，注重细节，做好规划，再坚定出发。总有人对小事不屑一顾，殊不知，我们许多大事都源于一些小事，如果每个人都做好小事，每天都把小事做好，那就很值得敬佩，就在为大的系统在做贡献，这样的小事，就很"了不起"！

王彦铭曾经师从作家沈从文，他回忆说："那个时候我们都年少气盛，随手挥写，他连我们的行草不规范，还有标点，都要改过，做出示范。"在各领域有出色成就的人，无不在打磨细节，精益求精，不断进取。尼采曾经说过："具有专注力的人可免于一切窘困！"在当今这个充满干扰、诱惑和选择时代，孩子缺乏专注力，就会没有学习力。学习时只有全方位梳理知识框架，重视难点细节的整理，捕捉助于学习的"小蝴蝶"，方能找到提升点，赢在细节！

其次，家长重视孩子生涯教育，意识到教育无小事，处处皆生涯。"百年大计，教育为本"，无论在什么年代，教育永远无小事。而家长作为孩子的第一任老师，对孩子的教育影响无时不是体现在日常小事之中。养成孩子习惯，形成健全人格，培养积极心理等，都是从家长和孩子的点滴互动之中逐渐塑造的。注意作为家长的一举一动，看似小事，会成为孩子的一面镜子，而不知不觉间，对孩子产生一些影响。有一个西方民谣，讲述的是和英国的国王查理三世相关的故事：

丢了一个钉子，坏了一个马蹄；

坏了一个马蹄，折了一匹战马；

折了一匹战马，亡了一个骑士；

亡了一个骑士，输了一场战斗；

输了一场战斗，亡了一个帝国！

家长如果做到"不以善小而不为，不以恶小而为之"，孩子就会对他人保持善意，不仅享受助人的成就感，还会收获宝贵的友谊。家长的点滴行为，都在给孩子做范例！让我们共同学习做成长型思维的家长，终身学习，助力孩子成长，充实业余时光！请不要感叹有点晚，要知道，种一棵树最好的时间是10年前，其次是现在！

3.4 投射效应：
对他人喜欢或讨厌，其实都和自己相关

 困惑再现

如果您问孩子："你为什么喜欢和那位同学一起玩？"孩子可能会说各种喜欢对方的原因，有些是和自己的相似点，有些特点是自己渴望达成，令自己艳羡。

如果再问孩子："你为什么不喜欢另外一位同学呢？"孩子可能会详细列数那个同学令人讨厌的特点——自私自利，不能保密，爱慕虚荣等。孩子也许不知道的是：讨厌的人，也许就是孩子不喜欢的自己。

心理卡片

今天我们走进"心理投射效应"。

心理投射效应，是指人们在认知他人的时候，会把自己的特点，和之前经历过的情绪、信念、价值观等个人的体验，影射到他人身上的心理倾向，认为自己所具有某种特性，他人就会必然有相同特性。这是在以己度人，即把个人情感、感受和特性投射给他人，强加于他人的一种认知障碍。生活中我们常见一些心理投射的例子，如心地和善之人总是坚信他人和自己一样善良贤德；生性多疑之人则往往认为他人一直不值得信任，总是不怀好意。"以小人之心度君子之腹"也是投射效应的一个例子。

心理学名词"阴影"，是指个体讨厌和拒绝接受的自我特征。我们常常因为无法接受自己的阴影，所以您常常会把它投射给他人，并借此指责别人，这样我们就会间接性地忘记自身缺点，从而提升自我优越感。当发现别人行为和自己不同，我们会习惯依照自己的标准去衡量和评判，认为别人的行为违反常规；喜欢嫉妒的人常常将别人行为的动机归纳为嫉妒，如果别人对他稍不恭敬，他便觉得别人在嫉妒自己。人们总会不自觉地把自己的心理特征，像经历、好恶、欲望、观念、情绪、个性等加之于他人身上，认为自己这样想的，他人也应该有同样的想法，并试图通过自己的想法，去影响他人，但结果往往事与愿违。

而我们每个人在社会中都会因为要扮演的角色，都会戴上适当的"人格面具"，旨在向外在展示一个完美形象。只有在亲友面前才会卸下伪装，才会展示最本真的面貌。这就是为什么有时亲友会感叹或责怪我们呈现的并不是在外人面前的那一面。此时心理投射也在起作用。

心理学家曾经做过实验来验证心理投射作用：

心理学家小组让一家出版社编辑人员策划选题，选择最能引起读者关注并产生影响力的选题。大家的选题出现了有趣的现象，各个背景不同的编辑选题都和自己有着千丝万缕的联系——正在攻读第二学位的编辑认为提升学历很重要，所以选题和毕业论文书写相关；身为年轻妈妈的编辑则选择了儿童教育；正在寻求朋友帮助的编辑选择的"教你影响朋友的法则"，认为个人成长和他人的鼓励、支持和相助密切相关。

注意到了吗？他们的选题都和各自的需要、经历、偏好和观念相关，并想当然地认为，自己的偏好就是读者的喜好，当下的需要也是读者的需要，果真如此吗？心理投射正在帮助编辑完成选题。殊不知，出租车司机可能关心的是当前世界局势动荡是否会影响油价；年老的读者关心的是如何养生保健让自己不仅活得长而且活得好；教育工作者则关心如何在教育改革中保持自己的职业幸福感，建立和谐师生关系和维持一定的社会认同感。

心理投射的表现形式：

相同投射是其中之一，人际交往中，当和陌生人建立关系时，人们经常会在无意识的状态下从自我的角度出发对陌生人感知，之后做出评判。例如，在疫苗接种后观察反应等待区，就会以为别人和自己一样担心，于是开始安慰邻座，"不会有问题的，一般没有副作用"，而事实上，也许对方仅仅是等待同事或者疫苗接种的负责人，恰恰这样的安慰是"以己推人"，原来是自己在担心有些不适反应的可能性。再如，统计学老师开始上第一节课，自认为大多数同学都会有稳固的基础知识，对知识点的介绍就会一带而过，觉得是简单的知识，不必多花时间，然而，对学生而言，未必如此。之所以出现这些情形，是因为忽视了双方差异，把自我和交流对象混为一谈，合二为一，同化了对方的感受。

愿望投射是指个人把主观愿望强加给对方的现象。比如班级里新转来一位同学，为人谦和、品学兼优，又英俊帅气。结果孩子告诉家长，感觉自己好朋友一定都很喜欢这位转学生，而其实孩子才是最有可能期待和这位同学靠近的那个人。

　　情感投射指人们倾向于带着个人感情去评价他人。犹如"情人眼里出西施"，自己喜欢的人，优点就很多，即便是缺点，也是特点，感觉同样可爱。人们就会把自己的喜好投射出去，过度美化亲近者，又会过度丑化竞争者。这类心理倾向就会缺乏客观理性的认知，而落入主观臆测的陷阱。孩子在学校，对于个人喜欢的老师，会认为这位老师的教学方法和作业布置都很合理，就会愿认同和投入时间在本科学习。反之，对不喜欢的老师，就会抵触一切，否认老师的学识和真诚，进而影响该科目的学习热情。

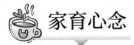 家育心念

　　心理投射效应对家庭教育有何启示呢？

　　古语云："以铜为镜，可以正衣冠；以史为镜，可以知兴替；以人为镜，可以明得失。"我们的人际关系就是一面镜子，透过认知别人，与人交流，就是在发掘自己内心的过程，就会认识到真实的自己。在家庭教育中，如果理解了投射效应，我们会有以下启示：

　　首先，告诉孩子，你讨厌的人，可能是你不喜欢的自己。我们习惯于展示自己的优点，同时隐藏"阴影"部分，即那些自己不接受的行为和缺点。通过我们不喜欢的人，可以再重新觉察自己的内心——讨厌那个人，是否因为把自己阴暗面转移到他/她的身上？

　　有位朋友谈到，特别讨厌妈妈的抱怨，似乎所有人都辜负她，都对她不公平。仔细想来，有两点特别值得注意：第一是妈妈最想抱怨的其实是她自己。随着年岁增加，她会产生一些无能、无奈、无力的想法和情绪，其实是对

她自己的不接受和不接纳。第二是从对方身上看到了自己的"阴影"，而尤其反感。这就是许多孩子后来长成了自己不喜欢的家长的样子。孩子可以做的是感谢妈妈的付出，表达看到了其多年的辛苦，而不是把她的情绪接收过来，扛在自己肩上。然后，静下来问自己：是讨厌她还是讨厌"抱怨"的做法？你讨厌的"抱怨"，是不是别人也看见了？也许不是我们讨厌的这个人，而是某种特质，唤起了我们不适？当觉察到这些，就是对自己情绪接纳、对话的开始，看到情绪背后的需求和期待，就会告别烦恼，开启新尝试，朝向新生活。

其次，告诉孩子，你喜欢的人，正是你期待中的自己。记得有位大三学生Z，提及刚刚失去的爱情，非常难过。对方已经提及分手，并且没有复合可能。当Z谈到最喜欢旧日恋人的原则性、主动性和行动力，并且表示没有恋人，自己的生活没有了方向和规划。Z在梳理了情感经历后，对于这份感情经历有了新的认知，发现自己喜欢的人，具备一些自己的理想特质；自己发现了除了感情给自己的美好回忆和爱情启示，还看到了内心成长的渴望，以后培养期待中的特质和品质，成为期待中的自己。

最后，告别自我中心，接纳个体的多样性。著名心理学家皮亚杰提出"认知发展理论"，认为儿童期孩子经常自我中心，每每思考问题，是从自己的角度出发，以为自己的看到的世界就是别人所看到的。这种儿童期的思维方式，显然幼稚。我们成人也会存在自我中心心理，因为掌握信息较少，只能从自身角度揣测孩子；也可能因为认为只有自己的想法才重要，可以代表孩子的想法。所以，告别不合理期待，那些家长没实现的愿望，孩子不是必须代替承担，而是可以有自己的选择和方向。

眼里有光，目光所及皆有光线；内心有花，荒芜之处亦能安然。

孩子有怎样的内心世界，就会感受到怎样的外界眼光。原来外面的声音，源于我们的内心。

如果得到夸赞，孩子需要知道还有进步空间；如果受到指责，可能是对方在表达对他自己的不满。只需反观自我，"有则改之，无则加勉。"无论外界什么声音，我们陪孩子一起倾听内心深处的声音，培养成长性思维，并有持续行动力！

3.5 甘地夫人法则：
对孩子的挫折教育，您做对了吗？

困惑再现

　　作为一名心理工作者，工作中遇到不少这样的家长：不想让孩子受到任何一点点的伤害，就希望孩子永远开心愉悦、一世无忧。可是，这仅仅是理想而已，温室的花朵，很难能够面对真实的人生风雨；瓷娃娃，很难去面对挫折和战胜困难的能力。事实上，心理问题逐渐趋于低龄化，即便是本应无忧无虑的小学生，也出现了心理烦恼，表现出自卑、怯懦、焦虑等问题。有些孩子一旦遇到一点点挫折就会表现得垂头丧气、萎靡不振。苏联著名教育家苏霍姆林斯基认为，成人需要陪伴孩子知道生活中有一个词叫"困难"，这和劳动和流汗密不可分。只有这样，踏入社会之后，才会极大缩短个人的社会适应期，提高耐挫力。避免因为一些不可预估的困难，就会陷入低迷，怨声载道，甚至自我伤害。

　　所以，"挫折"是孩子的一门必修课。

心理卡片

关于甘地夫人法则

　　这个法则出自印度前总理甘地的夫人，她不仅仅是出色的政治领袖，更是一位称职的母亲。有一次，印度前总理甘地12岁儿子拉吉夫生病很严重，需做手术，孩子感到非常紧张和害怕。当时医生想用这类善意谎言来安慰孩子，"手术并不痛苦，你不用害怕"等。可是当时甘地夫人认为，孩子已经可以理解当时的情形，对孩子说谎对孩子并不合适。于是甘地夫人来到儿子床边，心平气和地说："可爱的小拉吉夫，手术后你有几天会相当痛苦，这种痛苦是谁也不能代替的，哭泣或喊叫都不能减轻痛苦，可能还会引起头痛，所以，你必须勇敢地承受它。"果真，拉吉夫并没有哭泣，也没有埋怨叫苦，而是勇敢地忍受身体的痛苦和克服内心的恐惧和担心。

　　甘地夫人认为，作为母亲，需要告诉孩子生活中的真相，既会拥有幸福，也会遇见坎坷。成人就要看重孩子的健全个性的培养，让他们有勇气有智慧去应对生活之变。家长要帮助孩子平静地接受人生的挫折，学会自我安抚和寻求解决之道的方法。这被人们称为"甘地夫人法则"。其中也蕴含着母亲对孩子深沉的爱！

AQ是和甘地夫人法则相近的概念，由职业培训师保罗·斯托茨提出，指人们面对坎坷、摆脱困境及超越困难的能力。IQ（智商）、EQ（情商）和AQ（逆商）是人们成功的法宝。

有数据显示，随着市场竞争的日趋激烈，成功更需要人们具备抗逆力。因此，家庭教育中，的确需要重视孩子逆商的培养，让孩子在逆境来临时，不会退缩、不会逃避，而是积极应对挫折，不断锤炼自身意志力以及突破困境的能力。

 家育心念

甘地夫人法则对于家庭教育有何启示呢？

首先，家长注意不要掉入挫折教育的误区。有些家长会把挫折教育当作对孩子进行不断打压的教育。为了贯彻挫折教育，结果刻意给孩子制造特别严苛的环境。甚至为了打击，会说出一些伤害孩子自尊心的语言，而吝啬表扬和赞赏，表现得尤其冷酷。然而孩子在儿时，对于自身和世界的理解都源于父母，如果一直无法获得父母的认可，他们就会一直自我怀疑。有些家长错误地让孩子独立面对挫折，不允许孩子表达自己的脆弱和需求，如果孩子告诉家长自己遇到的挫折，反而会遭到家长的斥责和嘲讽，仅仅希望孩子学会坚强面对，结果孩子会感受到强烈的无力和无助感。这种感觉会内化在孩子心中，让他们形成消极而被动的思维模式。

其次，对孩子进行挫折教育和家庭教育方式相关。孩子的心理承受力培养，绝大多数是和原生家庭的养育方式相关。孩子在权威型的教养方式下长大，心理韧性会更好，而如果是溺爱型教养方式，就会相对差些。同时注意开始进行挫折教育的时期，可以在孩子3岁左右的时候，让孩子初步体验挫折感，在孩子提出不合理的要求或表现无礼时，开始拒绝孩子，温和而坚定地说"不行"，孩子可能会大哭一场。合理需求，家长及时回应和满足，孩子就会慢慢知道，爸妈的爱是稳定的，但同时也意识到，世界并非自己刻意为所欲为，亲友爱他但绝不是凡事都以孩子为中心，让孩子理解成长就是从任性

为之到适度克制的过程。而如果直等到孩子青春期才和孩子说"不"，孩子就会不适应，不能接受，怀疑父母对自己的关爱，会出现威胁父母情况，甚至会用离家出走和自我伤害来反抗父母。

最后，和孩子讲述家长应对挫折的经历。如果家长真诚地和孩子谈论自己的挫折经历，就会让孩子理解到，人人都会遇见挫折，家长更不会例外。孩子就会接受挫折，更能走过挫折。当孩子感到家长的坦诚和关爱，内心就会感受到满足、温暖和幸福。父母对于孩子的信任和关爱，就会让孩子有更大的勇气和力量。正如前文中甘地夫人，意识到孩子必然会经历难受和痛苦，家长不必隐瞒和搪塞，不妨直接告诉孩子，让他对痛苦有充分的心理准备，放平心态，勇敢面对。如果我们只是鼓励孩子"正确面对困难和挫折"，当自己遇到挫折的时候却灰心丧气，甚至一溃千里，孩子会怎么看？怎么想呢？他一定会认为家长所说的一切都是骗人的把戏。所以在挫折教育中，父母一定要以身作则。当我们家长在面对挫折时，不是总在抱怨，一蹶不振，而是去从容面对，孩子就会从家长的身体力行中，习得走过挫折的乐观。

所以，家长进行对于孩子的挫折教育，不是对孩子刻意打压，而是面对挫折顺势而为，适度帮助，鼓励自主，孩子就会在生活中逐渐提升抗逆力！一旦孩子有了更加强大的内心，在未来人生之路上就会游刃有余，就会逐渐成为生活的强者，成为自己生命的主人！这里，我们用中国台湾的绘本作家几米在《我不是完美小孩》中的一句话结束本节：

"世界愈悲伤，我要愈快乐。

当人心愈险恶，我要愈善良。

当挫折来了，我要挺身面对。

我要做一个乐观向上的人，

不退缩不屈不挠不怨天尤人的人，

勇敢去接受人生所有挑战的人。"

3.6 酝酿效应：为何暂停对难题的思索，也是一种智慧选择？

 困惑再现

　　作为家长，孩子是否描述过这样的情景：考试之前，老师千叮咛万嘱咐，"遇到难题放一放"，结果考场之上，孩子就忘了老师的嘱托，开始和难题较劲，苦思冥想，结果怎么也没想不起来，白白浪费了考试时间；考试之后，仿佛灵光一现，茅塞顿开，一拍脑门儿："哇哦！并没有那么难啊！这本是一个送分题呀！"

　　而我们是否也有这样的经历：见到某个熟人，对方名字就在口边，可是怎么也想不起，自觉十分尴尬，之后却毫不费力想起了；自己急需用的物品，怎么翻找，也找不到，而不用时，自己就忽然想起它的具体位置。

　　这些是为什么呢？为什么会出现"灵感迸发"或"恍然大悟"的时刻？

　　其实这是因为酝酿效应在起作用。

 ## 心理卡片

　　何为酝酿效应（Brewing Effect）？这是指心理学上的一种现象，即当个体遇到苦思而不能解决的问题时，暂时有意识地停下对该问题的积极探索，也许就会对问题的最终解决起到关键作用。这个暂停的过程中，就会出现酝酿效应。

　　人脑在思考和酝酿的过程中，意识和潜意识同时起着作用。心理学家认为，所谓"酝酿"过程并非停止思维，而是把原来的思维过程转入潜意识的层面，通过大脑的潜意识的工作，获取灵感的过程，也就是说潜意识会对记忆里的相关信息进行提取和整合，从而促进问题解决。能够触发灵感的状态的关键就在于中途暂停对问题的思考，而让大脑获得放松，缓解苦思时的心理紧张情绪，逐渐忘记之前的欠妥当、不合理的思路，反而会利于个体在潜意识的层面，去形成创造性的思维状态。

　　美国的心理学家西尔维拉做过一个实验来确立酝酿效应的存在和作用。

1971年，他邀请了三组人员来参与这个实验，每组的参与的被试成员的生理特征性别、年龄以及智力水平大致相同，他们需要完成同一道题目。

研究人员要求A组半小时来思考，中间不休息；而B组先思考15分钟，然后暂停，休息半小时后再来思考15分钟；最后的C组先思考15分钟，然后休息暂停，等待四小时回来再思考15分钟。研究结果发现，A组被试中55%答对了，B组则是64%的人答对问题，而C组则有85%的人最终答对了问题。这个实验结果，确立了该效应的存在和成效。

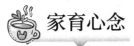

家育心念

酝酿效应对于家庭教育有何启示呢？

首先，告诉孩子，遇到困难，主动思考，也要学会积极暂停。平时上课时，孩子有了困惑，我们经常鼓励孩子要大胆求助，善于发问。这当然是好习惯，但是，如果孩子利用酝酿效应，给困难多一点暂停的时间，也许不需要追问他人就能自己解决，只是需要一个酝酿阶段而已。当孩子自己解决后，会提升他们的自我效能感，激发学习的成就感。考试时，遇到难题，敢于放一放。比如，孩子老感觉结果不对，怎么看都不像正确答案。孩子一遍遍从头到尾检查做题思路，还是无法找到问题所在。这时，不妨先跳过该题，等做完后面的题目之后再来思考这题，可能会发现有了新思路，就会出现"踏破铁鞋无觅处，得来全不费功夫"。

其次，学会利用潜意识的力量，告别育儿焦虑。凡是我们潜意识中深信并认同的事情，潜意识可能会帮助我们把它变成生活中的现实。因为，我们相信，我们就会刻意寻找可用资源，就会愿意设法创造，就会付之于行动积极给予，这样就会助于心想事成。简单而言，无论我们在思想、语言和行动中如何付出，我们就会得到相应的回报。不管这个回报是积极还是消极，结果成功还是失败，都取决于所思、所想和所行！

如果家长经常不断想着孩子会青春期逆反怎么办，会不会有不理性的早恋等，不希望这些发生，甚至害怕这些事情发生。此刻，家长就在潜意识之中就在播了"孩子会逆反，孩子会早恋"的种子，而它就会发芽。结果变成了这样："你想什么，你就会拥有什么，就会成为什么。"这句话刻意提醒我们要及时修正想法并积极思考。这不是盲目乐观，而是基于积极的思维，存进大脑的记忆中，让潜意识带领我们开展积极的行动，从而利于理想状态的实现和靠近。博恩·崔西曾经说过："潜意识是显性意识力量的3万倍以上。"为了实现我们想要的美好，如成功、自信及和谐亲子互动，我们需要自我"洗脑"，给潜意识里的思想重新"编程"的可能。

最后，我们学会识别自己的隐性记忆。内隐记忆是储存在大脑里，我们日常中无法觉察到的记忆形式。孩子看过的书，看过的景，会出现在文章中和言谈中，并非刻意而为，就是因为隐性记忆在起作用。

当我们发现对养育孩子有过度的担忧，也许是和我们自己的内隐记忆相关。当语言或行为不合理时；当我们莫名其妙生气和发脾气，而眼前的人和事都与此无关时，或许我们应该考虑是否和内隐记忆有关。隐性记忆中也有情绪的存在。我们每个人的成长都或多或少伴有伤痛，有些伤痛尤其是重复伤痛会存于大脑中。但我们并不能在当下清洗意识到过去伤痛的感受和情绪，因为以内隐记忆形式储存在我们的身体里，就会有一种"说不清，道不明"的感觉。当我们开始察觉情绪背后的隐性记忆，看到过去和现在的差异，就会无形中改善亲子关系。

古罗马诗人菲得洛斯曾经说过："大脑应得到休息，这样你才能进入更好的思维状态。"让我们学习积极暂停，期待酝酿效应的作用吧！

3.7 毛毛虫效应：孩子准备展开行动，如何避免盲目跟风？

困惑再现

许多孩子不知道自己行动的意义，仅仅是在模仿他人的行为：

有的孩子看到同学甲不按时完成作业，依然可以位列榜首，结果也以这样的态度面对作业，结果却退步很多；

有的孩子不知道早晨如何安排早读，看到同桌的安排，就开始模仿，别人换学科，自己也开始换，以至于注意力总在同桌的学科转换上，而非早读效果上；

还有的孩子坚信"题海战术"，看到同学乙买了某一本资料，自己很快也去买来，甚至为了凸显效果，还买了两本，致使高度紧张，身心疲惫。

向他人学习，是一种本领。可是，盲目跟风，就会让自己陷入茫然之中。

心理卡片

何为"毛毛虫效应"？

该效应指的是，经过科学家实验研究，发现人们有一种盲目跟着前面他人路线行走的习惯，也叫"跟随者"的习惯，这种盲目跟从他人的习惯和思维惯性，最终导致失败结果的现象。这源于法国的昆虫学家的一个毛毛虫实验。这位叫作法布尔的科学家找来一个花盆，把许多毛毛虫放在花盆的边缘，并让它们依次首尾相接，围成一个圆圈，并且在花盆的周围不远处，撒了一些这些毛毛虫平时喜爱吃的松叶。可是，结果发现，这些毛毛虫只是一个接一个，围绕着花盆的边缘一圈圈爬行，过了一小时依然如此，过了一天还是如此，就这样，一天天它们夜以继日地绕着花盆边缘转圈，连续爬行了七天七夜，最终因饥饿和疲惫相继死去。

实验前，法布尔曾经做过这样的研究设想：这些毛毛虫很快就会厌倦这种毫无意义的首尾绕圈而行，总有毛毛虫会另辟蹊径，去转向爱吃的松叶，很遗憾，并没有发生。这种悲剧的原因在于这些毛毛虫固守着原来的本能、行事习惯、先例和过往经验。只要有一个毛毛虫能够破除尾随习惯，就能够带领毛毛虫们避免最后的悲剧发生。

这就像孩子们一样，因为看到他人的行为，就会盲目跟风，缺少对于自己现状的评估和分析，包括资料的合理选择、时间的有效分配，结果耗时耗力，带来了焦虑，还出现了事倍功半的结果。

 家育心念

毛毛虫效应对于家庭教育有何启示呢？

首先，家长首先要做到与时俱进，更新自己的教育理念。我们家长经常陷入毛毛虫效应中而不自知，会发现用其他家长的方式和孩子沟通，个人曾经的方法和孩子交流都没了效果，结果开始自责不是好家长，或者责怪孩子太任性，不像原来那么听话。墨守成规，对于我们来说是轻车熟路的感觉，可以不用刻意地去思考改变，就可以下意识地重复以前的做法，可是我们的教育对象已经在成长，再用过往的方法也许就会失灵。

如果家长愿意积极学习，主动接受新事物，就会和成长的孩子有共同语言，彼此才会理解。比如，孩子最近喜欢的歌手，也许我们家长并不喜欢，但是如果查查这些人的奋斗经历和成长资料，当孩子再谈起这些人的时候，家长也可参与交流，并提供更多信息，这不仅仅利于与亲子沟通，也不利于对孩子正面引导。当然，家长的积极主动学习的行为示范，就是给孩子最好的榜样，无论体现在生活技能还是工作进展中，都会让孩子看到个人积极探索适合自己的方式，去适应社会和构建和谐家庭。

其次，鼓励孩子培养创新型思维能力。创新思维指的是超越常规思维方式的束缚，能够寻求趋于问题解决的全新的、独特的方案的思维过程。研究表明，创新能力培养，越早越好。不少家长在孩子学前期花费大量精力金钱灌输给幼儿许多知识，认汉字、学加减、背唐诗等。这类灌输式的教育无法启发思维。科学发现，课上高效能的学生，更善于运用"思维"上的灵活性。

创新思维的培养需要经过孩子长期探索、刻苦钻研而实现，并非短期速成。培养孩子的创造力，除了需要孩子具备先天的好奇心，还需要成长期的后天专业知识的积累和认知能力的提升，即提升大脑信息处理效率，让思维更敏捷高效。家长和孩子互动中，注意创新思维的培养方法，如：鼓励孩子

探索同一问题的多种解决方案、尊重异想天开、重视思考过程、鼓励孩子再想一想其他方法之后再核对答案等；尊重孩子思考、理解和探索新知识的过程，毕竟只有孩子理解之后才会真正掌握；还要强化孩子提出问题的探索精神。培养孩子创新思维不可一蹴而就，只有逐渐积累知识技能，增强自我效能，孩子才会有效避免盲从的毛毛虫效应，开启属于自己的精彩人生。

最后，鼓励孩子在群体决策时，保有独立思考的习惯。比如，孩子在即使是匿名投票，去选择班级活动的时间时，很容易因为他人的选择，而不愿有自己的想法，缺少维权的意识和独立思考的能力。在群体之中，当大多数发出同一种声音，而再提出个人想法需要勇气和练习。处于封闭群体时，个人的独立思考的能力会受到抑制，所以此刻我们需要做到远离，查找信息，寻找支持和反对的证据，发出自己的声音。当然提醒孩子要做好个人的情绪管理。毕竟，跟风和从众可以有效避免承担责任和压力，有一种即使错了，大家一起错的感觉，会因为大家的选择而责任分散。所以，独立思考，做出决策，发出真实的声音，需要审时度势，选择何时表达，选择合理方式和时空表达出来，同时学会自我派遣情绪，尤其是与大家观点不一致而带来的心理压力，鼓励孩子收集信息和寻找证据，一般而言，证据越多、越充分，个人的目标越清晰时，就不容易去盲从。

告诉孩子，定位个人的前行方向很重要。伯纳德·马拉默德说过："如果你的列车行驶在错误的轨道上，那么你到达的每个车站都是错误的。"

当然，个人的行动、省思和调整同样重要。正如威尔·罗杰斯这样说过："即使你行驶在正确的轨道上，如果你一直呆坐着，那么还是有可能做过站。"

3.8 拆屋效应：
对外在指令，要避免陷入选择陷阱

如果您的孩子犯了一个错误，您晓之以理，动之以情，也阐述了下次再犯这类错误的惩罚。结果孩子竟然因此离家出走，于是家长开始千方百计地寻找，最后终于找到，家长看到孩子安然无恙，欣喜异常，对于之前孩子的错事，也不再追求和提及，甚至会加倍地呵护和安慰孩子，并且对于自己作为家长的语言和态度深深自责，以至于以后不再敢管教孩子，孩子也因此习得了一个和家长对抗的一个"本领"。

孩子离家出走的行为让家长无法接受，相对于此，孩子的偷懒、犯的小错误就显得那么微不足道可以接受了。这是为什么呢？同伴开口借2000元钱，孩子自然会拒绝，可是同伴又提出借500元的时候，孩子会借给同学，之后自己的在校生活费大大缩减。可是孩子为什么同意借钱呢？我们来了解：拆屋效应。

心理卡片

人们把首先提出超越对方承受限度的、较大的要求，接着再提出较小、较少的要求，这在心理学上被叫作"拆屋效应"。这个效应在我们工作、生活、商业和学习中较为多见。

1927年，鲁迅先生发表《无声的中国》的演讲，其中这样写道："中国人的性情总是喜欢调和、折中的，譬如你说，这屋子太暗，说在这里开一个天窗，大家一定是不允许的。但如果你主张拆掉屋顶，他们就会来调和，愿意开天窗了。"这也就是"拆屋效应"。正如孩子离家出走之后家长的表现一样，孩子的"离家出走"是"拆屋"，家长不希望这样的事情发生，也担心孩子遇到生存危险和被骗风险，孩子原来的"所犯错误"就如同"开了天窗"，变得更加容易接受了。

畅销书《影响力》的作者罗伯特·西奥迪尼曾经做过一个实验：

研究人员假扮成当地县属部门青年咨询计划的工作组成员，到了一所大学校园，首先问校内的大学生是否愿意参与一个志愿服务，去陪同一些少年犯参观动物园，当然完全公益性，没有任何的报酬。这些大学生们会愿意参与吗？活动本身的确没有任何吸引力，陪同少年犯，去公众场合，还需要半天的时间。结果不出所料，83%的大学生拒绝参与这个活动。

罗伯特·西奥迪尼先换了一种方式采访另一组大学生，却得到了不同的结果。在提出这个同样的要求之前，先提出一个更大、更难以接受的请求：每周为这些少年犯提供一次两个小时的咨询服务，并且持续两年。当然，学生拒绝了这个请求，然后就比较容易接受"陪伴少年犯去参观动物园的请求"。结果这次答应要求的人数是原来的3倍。

为什么会出现这样的心理现象呢？

因为当人们面临不希望发生的事，往往会有两种心理状态：第一是设法阻止这件事情的发生；第二是调整好心态，做好接受事情发生的心理准备。拆屋效应恰恰满足了这两个相互矛盾的心理，较为难以接受的大要求让人们有了抵触心理，而之后的小要求让人们开始去调整心理。如果把心理调整到较为平衡的状态，出现一个新选择和内心的平衡状态相近，就容易接纳。当我们拒绝他人的要求时，会有内疚感，这样当听到相对不那么无理的要求时，人们会更易接受。

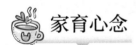 **家育心念**

拆屋效应对于家庭教育有何启示呢？

首先，家长注意孩子无意中在运用"拆屋效应"，致使教育失效的产生。一如本节开篇，提到的孩子犯错后离家出走，家长很担心着急，待孩子回来后，家长反而会自我责备，而忘记了和孩子去讨论如何面对之前的错误，以及如何更好地进行和家长和老师沟通，表达自己的内心感受和商讨合理的心理需求。

家长在这个过程中，不是要表达后悔，而是学会如何表达爱的同时，做好"家庭教育者的角色"，和孩子和解。如果家长仅仅表达后悔和自责，孩子就会误认为"离家出走"的举措是有效的，动辄以此要挟家长答应自己的无理要求。所以家长并不需要和孩子承诺："都是我们不好，你的要求说出来，我们都会满足。"这显然会带来孩子不良行为的故伎重演，甚至会付出惨痛的代价。未来成人之后，可能更容易用逃避的方式去解决问题，因为这已经内化为孩子以为的"有效应对问题和冲突的方式。

其次，我们家长不能滥用"拆屋效应"。如果家长提前抛出的条件让孩子产生极大的厌恶感和强烈的抵触心理。那么，这种表达和沟通就会产生了反作用。

对于这些孩子来说，要尽可能给孩子几个备选项，才会助于全面看待问题，而不会陷入两难情境之地。"拆屋"避免过火，否则孩子会发火，觉得家长的要求不合理，拒绝进一步商讨和沟通，原本计划的"开天窗"可能没有机会实现。比如，有些家长问孩子："要么爸妈来个混合双打？还是你去主动关了电视开始做作业呢？"家长会自然而然地以为孩子一定主动选择后者，殊不知，对于有些孩子而言，这个看似是有选择的请求，"挨一顿还是听话？"其实是一种威胁，对于接受度低的孩子，会激起愤怒，从而致使亲子沟通僵化。此刻孩子需要的是先有个缓冲电视节目的机会，断然中断，内心会不太能接受，也很难投入学习中去。不妨先商讨再看电视节目的时间，并提出一个大要求，比如完成作业1、2、3，最后孩子再讨价还价，同意好好完成1、2，不失为一个理性的沟通。对于不同情景，不同孩子的性格类型，针对性地使用心理效应。只有孩子的认知能力提升和对于任务达成的意义感清晰了，才会更有主动性。

最后，告诉孩子，面对外界不合理的要求，避免陷入拆屋效应，记住还可以有其他选择的可能性。比如商城购物，结果此次购物没有买首饰的计划，结果付款时被推荐去珠宝柜台，有优惠活动。来到珠宝柜台，营业员向孩子展示一个成本是1000元，标价是8000元的产品，并详细介绍它的成色和独特之处；又告诉孩子，出示学生证或者中高考毕业证，还会再打折扣，2折即可入手，仅需1600元。这个营销模式很容易吸引到孩子。结果就有可能就会陷入销售的陷阱。

当然孩子假期面试工作，对于薪资谈判，或者商量到起初要求的时候，尝试运用拆屋效应。在一开始提出高于自己心理期望的要求，然后给对方"谈判降低要求"的空间，继而让对方感受到成就感，也利于达成自己的心愿。在有了过高要求的对比之下，真实要求就会显得更加合理化、更易被接受。

"拆屋效应"是一种别样的折中方式。在我们日常生活中，折中也是处理人际冲突的方式。人们在听了他人贸然过度的要求时，大多数会有抵触心理，而后提出小要求，"先抑后扬"，对方就更容易接受。

3.9 邓宁-克鲁格效应：孩子如何告别迷之自信，持续精进？

困惑再现

您是否注意到这样的现象：

走出考场的孩子，如果谈及考场的感受，学业表现一般的人通常会高估个人的能力和结果；反之，倒是学业表现较强的人则会低估个人能力和考试成绩。我们会发现，前一类孩子有迷之自信，为什么呢？

心理卡片

邓宁-克鲁格效应（Dunning-Kruger Effect），简称为达克效应，这是指人们的一种认知偏差的现象，能力不够的人会容易在个人欠考虑基础上，去得出错误结论，并且无法认识到自身不足，辨别不当行为，沉浸于自我营造的"虚幻优势"中，通常会高估个人的能力水平，而无法客观地评估他人能力。这个效应源于一个故事。

在1995年，一位中年大汉在光天化日之下，对位于匹兹堡的两家银行进行了抢劫。行动时他并没有做任何伪装或者戴面具遮挡面部，甚至在走出银行前，竟然对着监控摄像头还微笑了一下。后来，警方逮捕了劫犯，当被问及为何抢劫后张狂地看向监控录像，他一脸困惑地说："我在脸上涂了果汁。"原来，他之前了解到：可以用柠檬汁当成隐形墨水，也就是说，如果用柠檬汁写字，只有在纸张接触热源时，其上的字体才会显形。因而他坚信：只要自己不近热源，就会完全隐形。

康奈尔大学的心理学家戴维·邓宁注意到这个传奇而荒唐的故事。他和学生贾斯汀·克鲁格开展了一个专项研究，二人通过系统的研究，让个体对其能力的自我评估结果进行研究，结果发现：人们会出现自我评估偏差，其偏差程度和个人能力密切相关。能力欠缺的人，会高估个人能力；水平高的人，反而会低估个人能力。也就是说，越进步的人，越谦逊；越落后的人，越自满。比如，一个人逻辑思维能力较强，当和比自己逻辑思维更清晰的人交流，就会因为有一定基础可以听懂，并能感受到和他人的差距，去认识评估自己的能力；对一个逻辑思维能力较差的人来说，如果听不懂逻辑思维清晰的人表达的内容，就感受不到逻辑关系，反而认为对方所言索然无味，毫无道理，并且也看不出和对方的差距，对自己倒会有谜一般的自信。

个人的认知存在局限，就会绝对和盲目自信，难以认清自己。我们的认知状态可分为四个层次：第一层次是"不知道自己不知道"，却以为自己知道。这是大多数人的生命样态，一直没有认识自己，看不到能力的边界，分不清个人的期待和达成的方式，可是他们的内心还会自认为懂得这个世界，并且在这个世界"游刃有余"，结果一直会固守原来的知识边界，活在一个虚幻的自我世界里。第二层次是"知道自己不知道"，看到了自己的真实水平，保持一份清醒的觉知，意识到需要通过学习提升自己。第三层次是"知道自己知道"，对自己的能力和优势刻意表现，在工作和生活中去展示最佳的状态，期待自己被认可和被看见。第四层次是"不知道自己知道"，这是达到了有能力而不自知，也不炫耀的地步，只在需要运用的时候，开始有了自动化输出的本领，过着丰盈而从容的人生。

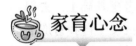

家育心念

邓宁-克鲁格效应对家庭教育有何启示呢？

首先，家长和孩子分享，保持自省，为自己负责。古代先贤们都极为重视自省。子曰："见贤思齐焉，见不贤而内自省也。"这就在强调自我完善人格、学问、修养提高的过程中，自省的重要性。曾子曰："吾日三省吾身：为人谋而不忠乎？与朋友交而不信乎？传不习乎？"每天反省自问，为他人谋划办事，是否做到忠诚；和朋友相处共事，是否恪守信用；对于老师所传授的知识，是否温习巩固。清朝的于成龙为官时曾经定下《示亲民官自省六戒》，提出"勤抚恤、慎刑法、绝贿赂、杜私派、严征收、崇节俭"等六条戒律，自己早晚比对反省。于成龙最终也以个人的卓著政绩和清正廉洁，深受人们爱戴。

其次，家长也要保持好奇心和求知欲。我们家长经常会对自己和孩子做出主观判断，处于认知的偏差之中。心理学研究员朱迪斯·里奇·哈里斯（Judith Rich Harris）曾经说过："自私自利的偏见让人们夸大了自己的独特性。"比如，有家长习惯于打断孩子的发言，认为及时纠正孩子，就是关爱孩子，自己这样做完全正确，"都是为孩子好"。可是如果孩子缺乏好好表达的机会，可能会带来自卑和亲子互动的疏离。孩子说话时如果经常被打断，会让他们觉得缺乏认同感，以及没有得到家长的尊重和理解。所以，不妨耐心等一等，尊重孩子的话语权，等一等孩子的描述、情绪和感受。长期缺乏家庭话语权的孩子，要么容易自卑，要么容易暴力，去放弃或极力争取自己的权益。好奇心助于拉近亲子心理距离，求知欲会让我们和孩子一起成长，也向孩子学习！

最后，告诉孩子，我们的自信和自我效能感取决于个人的知识领域和能力。斯坦福大学的心理学者艾伯特·班杜拉在研究中发现，积极思维利于目标实现，并提出自我效能的理论，即，个人对自己的能力与效率的乐观信念会助于目标的实现。通俗来说，你认可自己能力的程度，会影响到解决问题的水平。也就是说，个人在积极情绪状态下，会主动寻求资源链接，充分发挥潜能，建立自信。自信提升可以通过不断地做好一件件具有挑战的事建立起来。我们常说，"失败是成功之母"。这既可以安慰失败者，又可以帮助他们从失败中总结和汲取经验，而非沉溺其中。从心理学的角度出发，研究发现，能够有效实现自我效能感则是我们的成功经验。曾经完成一个任务，就会提升自我效能感，并且会有一个良性循环。在此基础上，愿意挑战下一个难度较为升级的任务，当投入积极情绪状态，理性认知个人资源，就会促进进展，再次取得进步或成功。

总之，要告别迷之自信，我们和孩子一起避免陷入邓宁-克鲁格效应，做到以下三点：坚持在实践中自省和总结经验；在过往经验的基础上谨慎突破创新点；在持续的行动中寻找个人的成长的痛点，为所能为，找到合适的领域和方向。

3.10 总观效应：养育孩子有点烦，试试培养敬畏感

困惑再现

想一想您曾经体验过敬畏感的时刻：

也许是您站在长城脚下，感受那里历史的厚重感；或者在仰视乐山大佛时，感受到一种别样的神圣感；或者看名人传记，感受主人公面对生活的信念；也许是从电视画面看到宇宙中蔚蓝色的地球，受到深深的震撼；或者是冬奥会冰雪健儿的挑战极限的动作，让自己感到谦卑和敬佩。这些时刻，您的内心升起的是敬畏感。

敬畏的"敬"是一种源于内心深处的尊敬，"畏"并非胆战心惊，害怕之意，而是更加谦卑和尊重之情。心理学者认为，敬畏是自我超越的形式，在面对个体敬畏的人或事物，一种和伟大的事物融合在一起的感觉，会对所经历的挫折和忧烦多了一份释然，对未来多了一份反省和慎重。

大自然的风景，古人留下的厚重文物，人文社科和艺术都有令人产生敬畏感的作品，有心理学者做了关于敬畏感的研究。结果发现，敬畏感会助于增加人们乐于助人的感受并且利于个体的快速成长。"敬畏是情绪研究者和普通社会大众的兴趣……令人敬畏的事件可能是让个人发生最快速和最强大改变与成长的一种方法。"

心理卡片

1987年美国作家弗兰克·怀特（Frank White）根据对三十几位宇航员的采访，提出这一概念——总观效应（The Overview Effect）。他发现这些去过太空的宇航员，从大多数常人无法体验过的全新视角，观望熟悉的地球家园之后，发生的认知上的改变。许多受访者表示当在太空看地球，会有世界巨大，人类渺小之感；并对于人类因政治见解不同而争执不停，因各种利益纷争有了区域冲突和战争，而深感这些无足轻重，并且萌发想保护地球家园的强烈愿望以及敬畏自然的情感。

1971年参与过阿波罗14号登月任务的宇航员埃德加·米切尔曾经说过：

"你会立刻产生一种全球意识、一种以人为导向的情怀、一种对当前全球状态的强烈不满，以及一种做些什么来改变这一切的冲动。从月球上看去，国际政治显得如此小家子气。你真想揪住一名政客的领子，把他拽到距地球40万公里之外的地方，对他说：'好好看看吧，你这个混蛋。'"在而今，我们更需要体会一下"总观效应"。

宇航员们在面对浩瀚的宇宙，有一种变革性的体验，对世界充满惊奇、赞叹和敬重，这在知觉上就有了扩展；而对荣辱得失，对挑战困难，都多了一份不一样的视角去看待，更容易放在人生的长河中去总观，会不纠结当下的痛苦，减少了一些忧烦，多了一份坦然和从容。

☕ 家育心念

总观效应给家庭教育有何启示呢？

第一，增强孩子的敬畏感，带孩子去旅行。陪伴孩子走出熟悉的风景，去经历旅程中的准备和沟通，去看外面的世界。带孩子去旅行，就是让孩子看到更大的世界，体验别样人生和情境，培养其生存生活技能，面对未知愿意去勇敢追求和探索的意识。当孩子见过高山的巍峨、大海的浩瀚、森林的神秘、大漠的广袤，就会有更大的格局和视野去看待当下的生活，会激发他们对未来的向往。

第二，增强孩子的敬畏感，带孩子畅游于书海。敬畏感不仅仅是去走出家门旅行，阅读是一种与智者的交流和对话，从名人传记中孩子收获自我感悟和自我反省途径，看到各类的"榜样"以及榜样的起伏人生。孩子会无意识中进行观察学习，看到书中主人公所思所行，从而对比自己，自省学习和自我提升。

第三，重新看待孩子养育过程中的焦虑感。我们无意中一直陷入无形的"养育焦虑"之中，困惑于是否错过"人生起跑线"以及"转弯处"，而被社会主流声音裹挟前行，孩子当下的不顺，某个方面的不足，从未来整个人生来看，这件事情真的对孩子影响很大吗？还是这其实是您自己的担心和恐惧呢？当放下对"当局者迷"的狭隘，就能和孩子一起畅想一下属于他/她的憧憬的未来，重新获得向前的力量。

3.11 皮尔斯定理：孩子自认为全能无敌，可以介绍这个定理

困惑再现

在古希腊的德尔斐神庙的门上，镌刻着这样一句话："认识你自己！"如果您告诉孩子，要学会认识自己，毕竟"知人者智，自知者明！"孩子可能会说："要认识我自己，超级容易！想了解颜值，照照镜子！想知道财富，查查银行卡！想知道学习，看看成绩！"孩子如此自信地回答完毕，就算是认识自己了吗？孩子了解到自己的不足吗？认识自我不仅仅是生理自我，还包括社会和心理自我。

心理卡片

我们一起探讨：皮尔斯定理。

皮尔斯定理，显然是由皮尔斯提出的，而皮尔斯何许人也？他叫约翰·皮尔斯，是美国的电话电报公司实验室科学家，也是"卫星通信之父"，皮尔斯定理指的是：人，要自知，最大的智慧是能看到自己的不足和无知，只有如此，才能进步和提升。人只有意识到自己的无知，才是扩展已知的开始！

古希腊哲学家苏格拉底曾经说过："我唯一知道的一件事情，就是我自己什么也不知道！"正是他的谦卑心态，成就了渊博的哲学思想，影响至今！也正是他意识到自己的不足，才让自己更加博学。

曾任美国的总统林肯就很好地践行了这一定理，父亲是没有文化的木匠，母亲则是平凡的家庭主妇，林肯在校学习时间不够一年。正因为他意识到不足和无知，从各行业人士那里学习知识，领悟道理，包括商人、农民、律师等，拓展知识，增强能力，最终成了第16任美国总统。"人贵有自知之明"，个人只有认识自我，了解不足，才能朝着完善和提升自我的方向前行。

皮尔斯定理告诉我们：只有意识到自己的无知，才会不断调整、刻意练习和提升自己。约翰·皮尔斯也提到，在当今知识经济的时代，人力资本已经成为决定一个企业经营的关键因素。企业接班人必须认识到个人不足，不

断反省和提升专业技能，才能带领团队营造谦虚好学、积极向上的企业文化。

违反皮尔斯定理，对孩子会带来哪些影响？

第一是经不起挫折，心理韧性极弱。缺乏心理韧性就会内心脆弱，无法承担挫折，一受到打击，就自怨自艾，难过失望，甚至面临崩溃，缺乏适度的心理弹性。当今孩子在重视孩子学科教育上，愿意投入精力和金钱，为孩子成长扫除一切障碍，可是人生的真相是：总有意外发生。孩子总误以为一切都会顺心顺意，可是当孩子遇到挫折或意外，很难应对，反而容易自暴自弃。

第二是孩子变得自负。不能意识到自己的不足，就会一直骄傲自满，正如犹太教法典的一句警句："什么是骄傲者的标志？他从不称赞别人！"骄傲者是过度的自信，认为他人全不如自己，看不到自己的优势和亮点，反而限制了自己的发展空间。曾国藩曾有一句名言："天下古今之庸人，皆以一惰字致败，天下古今之才人，皆以一傲字致败。"

第三是容易让孩子变得偏执。只有孩子有健全的人格，才能在学习上不断上进；在人际交往上，看见他人优势；在情绪管理上，有意识地进行调整和升华。在进入社会后，会调整自我，适应陌生环境。

值得强调的是，违反皮尔斯定理也会影响到成年人的婚恋。许多情感出问题，关键原因就是双方都有高高在上、不可一世的态度。女人也许自觉青春美丽，又擅长厨艺，职业稳定；男人可能会认为自己有房有车，职位处于上升期，有领导力、影响力和个人魅力。于是认为对方处处迁就自己，缺乏彼此欣赏的态度，少了互相珍惜的心意，于是当初的恩爱情深都被抛在了脑后。有了矛盾，只是一味指责批判对方，而看不到自己的不足，仅仅傲慢地等待对方不断道歉，放弃尊严，才有可能原谅对方。殊不知，少了尊重，缺了自我不足的认识，就会成为婚恋中的"赢家"，却可能伤了情感，让彼此开始疏远。

家育心念

皮尔斯定理对家庭教育有何启示呢？

首先，家长告诉孩子要保持空杯心态。有人把人心比喻成杯子，如果里面装满水，就会无法容下其他。要想接受新的理念，就须倒空此杯。这种空杯心态就是对工作、学习和生命的放空，放下，准备接受新鲜事物，从而建构新的知识体系。有了空杯心态，孩子在任课老师讲课时，不会因为老师的一点点不足或小失误，就会不愿意学习该门科目；有了空杯心态，孩子在和人相处时，就不会总盯着别人的缺点，而无法接收到对方的信息；有了空杯心态，孩子在接受新的信息时，就不会故步自封，自以为是，原地不动！

其次，和孩子一起保持谦卑姿态。子曰："三人行，必有我师焉。"和孩子在一起，家长不能一直是高高在上的教育者，要保持谦卑心态，学会看到孩子的强项，能够向他们学习。与成人相比，孩子有许多优势，如丰富的想象力、快速的记忆力和接受新知识的快速反应力。而我们成人容易受到思维定式的影响。

家长可以这样定位身份：是长辈、导师和管理者；是孩子的朋友；也是孩子的学生。家长最不容易理解的是第三种身份，常常认为："我过的桥比你走的路多，吃的盐比你喝的粥多。"仔细想来，家长的这些优势，不是年长的原因吗？数量多，未必一定质量好！当家长适时向孩子请教，会利于树立孩子的信心，促进孩子的表达能力和利他思维！

最后，引导孩子找到认知的盲点，逐渐实现认知不断发展。家长和孩子一起发掘优势的同时，如果也能意识到不足之处，就会减少错误的发生，不断反省，学会借力，自我促进。孩子的认知可以划分四个阶段：第一个阶段是"无意识无能力"，即不清楚自己的无知迷茫状态。正如初为父母的家长就属于此种状态，不知道自己在养育孩子方面哪些是不足的。第二个阶段是"有意识无能力"，清醒地意识到自己的不足，也接受自己的无知。有些家长在遇到孩子问题时，看到自己的应对方式的局限，发现自己的不足，就会关注青少年心理和亲子沟通的话题，知道必要时要向家庭教育专家请教。第三个阶段是"有意识有能力"，会知道自己的优点和缺点，意识到自己掌握某个领域知识点，当然还在无意识的状态，遇到问题，需有意识地提取有效信息，思考如何应对，即反应速度稍慢。正像年轻父母遇到困难，需要思考的时间，才能想出有效方案。第四个阶段，达到"无意识有能力"的境界。遇到亲子问题，就会迅速想到方案，是下意识的行动和无意识的自动化输出！已经是熟能生巧，不断地重复实践和经验积累存进了无意识的自动化反应！

家长和青少年都会面对问题，可以充分利用皮尔斯定理，从认识自己的不足开始，保持学习力，和孩子共同进步，成就更好的自己！

3.12 生命教育：清明将至，如何同孩子谈论生死？

困惑再现

疫情期间，很多医护人员冲在前面，为了人们生命安全而牺牲了自己；新闻中的意外事故，无辜的人们遇难；生活中，孩子们也会面临宠物的意外失去，会让孩子开始思考生命的话题。清明将至，我们如何同孩子谈论生死问题呢？孩子也许会问："人为什么会死？""人死了又会怎样？""活着又有什么意义？"

此时，我们应该如何回应？

您会想到如果孩子接触"死亡"这个禁忌的话题，是否会带来一些悲观和绝望的情绪？我们成人知道，生老病死的确是自然规律，可是孩子们却并不理解"死亡"和"活着"的意义。

生死问题，我们不可能视而不见和避而不谈，如何对孩子们开启生命教育的话题呢？

心理卡片

什么是生命教育呢？美国的学者杰·唐纳·华特士是提出"生命教育"概念的第一人。在1968年，他在著作《生命教育：与孩子一同迎向人生挑战》中，用"生命教育"的理念对过往传统的学校教育内涵进行了拓展。他认为，教育应兼顾知识的学习和人生的体验，让学生在身、心、灵上都会体验和感知生命的内涵。生命教育自然以"生命"为核心而开展，开展生命教育的意义在于让孩子理解如何把所学更好地运用于生活。

最初的生命教育，主要侧重于"出生"和"死亡"，旨在为了增强孩子们死亡的了解，从而更珍惜生命。逐渐，人们意识到，培养孩子们树立生命观和世界观的教育更加重要。生命教育就是让孩子们感悟每个生命的有限性和唯一性；思考生命的存在意义；如何在实践中去实现个体的生命价值。所以生命教育就是要引导孩子接受和认识生命的价值，去尊重和珍爱每个独特的生命，树立积极、正向而健康的生命观。因为能够珍惜和敬畏生命，孩子会有更加坚定的信念，去实现独特自我的生命价值，为自我和他人创造幸福。

我国传统文化中也有生死教育的话题，如，提到"孝之始"就是"身体发肤，受之父母，不敢毁伤"；"孝之终"则是"立身行道，扬名于后世，以显父母"；陶渊明写道："一生复能几，倏如流电惊"；李清照写下："生当作人杰，死亦为鬼雄"；近代林则徐提出的"苟利国家生死以，岂因祸福避趋之"，从古至今，人们一直在思考和追求生命的价值和意义。这些教育就在表达着对于生命的理解和价值的体现，如果理解了生命，孩子就会更懂得珍爱生命存在的意义，去修身养性，追求个体的生命价值。

家育心念

生命教育的开展对家长有何启示呢？

首先，要根据孩子的年龄段开展不同的生命教育。婴幼儿时期，可以运用比喻和拟人的方法去解释生命。他们年幼，对于"死亡"缺乏概念，也很难理解死亡。只有从爸妈口中得知，死亡是不好和不开心的事情。家长可以运用比喻和拟人解释死亡，比如，可以把孩子破损而无法修复的玩具比喻为死亡等。幼儿园阶段，可以把生命教育设置为规避危险，培养安全意识以及如何保护自己。小学阶段，就可以教育孩子运用科学方法来看待问题，因为这一时期，孩子已经具备一定独立性，会和成年人敏锐地感受到悲伤情绪，此时家长就可以直面孩子提出生死问题，用科学眼光看待生死。如，带孩子到博物馆和科技馆去科学了解生命的发展。家长以平静的态度与语气和孩子谈论生命，而不用逃避这个话题和激发孩子的恐惧感。高中时期，是青少年价值观确立的关键期，让孩子们去理解生死意义，培养积极健康的生命态度，树立正确的生命和人生观，让孩子们学会在生活中去丰富和充实自我，规划自我美好人生。

其次，利用生命教育的契机及时进行生命教育。比如，清明之际的祭祖和扫墓、亲友的离开、意外事故的新闻事件等。台湾的教育学博士张淑美在《儿童生死教育之理念与实施》中指出，孩子4岁左右就会对死亡和丧失有感知，如果得到父母的合理引导，就会对死亡建立正确的认知。绘本故事也可以作为媒介进行生命教育。例如，《一片叶子落下来》一书讲述了一片叶子的生命历程，从春天的绿色，到夏天的茂盛，到秋天时的红橙，到最后枯萎而离开树枝回归大地。借此故事，可以和孩子分享死亡自然规律，也是美好又平静，每个人都像树叶，经历过平凡、繁华和回归到大地。陶行知先生主张"生活即教育"，当我们把生命教育融入生活的细节，就会在孩子的成长中去体验、发展和完善。

最后，帮助孩子感悟生命的特点：有限性和唯一性。家长可以引领孩子在各阶段去思考个体生命的价值。利用生活中的小事，让孩子理解生命的宝贵。比如，让孩子照顾一株植物和一个宠物，见证成长、美好和生命的脆弱、珍贵。通过这些直观体验，让孩子见证一个小生命的历程，培养孩子尊重生命意识，保护每个生命，坦然面对生命的自然结束和意外降临。

生命教育指的是朝向对于人的"终极关怀"的教育，也是触发我们心灵的"全人教育"，我们家长对孩子进行的生命教育并非直接机械的灌输，而是从体验中感受自然生命的真正风采、精神生命的丰厚内涵和社会生命的纯正底色。

我们和孩子共勉：每个生命皆有起点和终点，在两者之间的有生之年里我们可以全心体验、润泽丰盈个体独特的生命。

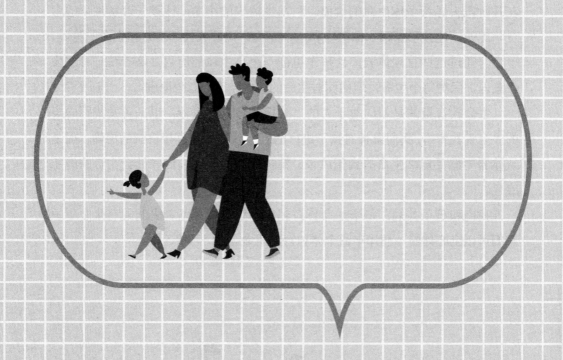

第 4 章

情绪调节篇

4.1 运动心理效应：让运动疗愈孩子心灵

 困惑再现

近年来，我们发现，无论新闻报道中，还是在社区环境中，青少年的心理健康问题都频频出现，有些孩子经常出现睡眠困扰，入睡困难，浅睡眠状态、容易早醒，或者是另一个极端，总也睡不够；有些孩子开始质疑生命的意义，对未来茫然；还有的孩子出现诸如情绪困扰、人际烦恼、躯体症状、厌学退学等问题。

遇到孩子的一般心理健康问题，家长的说教似乎不起作用，那么家长如何引领孩子呢？

 心理卡片

我们来了解一下运动心理效应。

运动心理效应是指由运动训练及比赛所产生的心理作用。这与运动成绩有关，当个人的运动成绩结果良好时，一般都会带来积极的心理作用。当然，这还和运动者本人及旁观者的主观评价态度相关，如胜利也可能引起骄傲心理。正确地评价运动比赛以及训练的意义和价值，不仅仅要考虑客观成绩，还要考虑其心理效应。尽管心理效应是无形的，但对未来的运动和心理发展会有很大影响。

运动心理效应有哪些作用呢？

第一，对于正常的人群而言，运动可以调节情绪。通过体育活动，个体可以让不良情绪得到有效疏解和调控，持续的不良情绪会导致心理异常和疾病。每天运动15～30分钟，大脑分泌出多巴胺、催产素、内啡肽、血清素，都让我们觉得心情振奋，降低紧张和不安，调节情绪，提升心理健康水平。

第二，对于处于抑郁状态的人士而言，运动可以改善抑郁情绪。詹姆斯·布鲁门萨尔是来自杜克大学的神经系统科学家，曾研究体育运动和药物治疗对治疗抑郁的影响。他把156名有着轻微或中等程度抑郁症的成年人，分成三组：第一组的患者服用一种抗抑郁药物进行治疗；第二组则采用锻炼与药物治疗二者相结合。本项目研究人员同时开出与第一组相同剂量的药物。不同的是，每周要进行三次运动锻炼，每次持续时间是45分钟。还有第三组只用锻炼方法进行治疗，每周三次，每次进行45分钟，这段时间是这样分配的——10分钟热身，30分钟步行或慢跑，5分钟用来恢复正常的体能状态。本组人员步行或慢跑时，需保持心率平稳，并且大约维持在该组人员的最大心率的80%～90%之间。研究结果显示：六个月后，这些结合了运动的锻炼方法治疗的患者，痊愈的比例更高。研究人员认为，系统的体育锻炼会对心理产生积极作用，培养自我超越感和积极的自我关怀心理，这些利于抑郁状态的缓解。

第三，运动有助于青少年形成良好的自我概念。自我概念是个体在主观上对自己的看法和感觉的总和，一般自我概念相对稳定，这会对于适应环境和人格形成起着重要作用。有研究表明：肌肉力量和自尊水平、情绪的稳定性及外向性格呈正相关，通过运动中的力量训练，个体的自我概念会有所增强。

 家育心念

家长如何运用心理效应守护孩子的身心健康呢？

首先，家长帮助孩子开启选择适合的运动项目。无论选择何种运动项目，最重要的是去行动。即便是整理房间、打扫卫生、舞动、歌唱，甚至是到空旷的地方去"喊山"都可以。要养成运动习惯，需要制定目标和细则，而目标越具体越好。例如，每周运动3次以上、每次45分钟等。目标越具体，操作性越强，越容易坚持。只要我们开启行动，就会有意义和价值。帮助孩子培养适合运动习惯，不仅仅利于孩子自律、独立、进行时间和情绪管理，还会增强生活的掌控感，终身受益。

其次，家长鼓励孩子参与一些运动比赛，在比赛中进行"抗逆力"教育。

林语堂曾经译过《靠自己成功》，书中有这样一段话：有人问一个小孩："为什么你能学会溜冰？"小孩回答："方法是在每次跌跤后，立刻就爬起来！"许多家长抱怨现在的孩子内心脆弱，自私自我，无法抵御挫折，似乎总有一颗"玻璃心"，而在运动中，孩子需要面对输赢，面对合作和沟通，面对规则和争议。任何一项体育项目都会充满刺激和悬念，参与者都会经历挫败、训练、尝试、再挫折、成功这样循环过程，孩子经过这样的心路历程，

就利于增强抗压力，提升抗逆力！

最后，家长要意识到，运动是对孩子大脑最好的投资。教育家蒙台梭利曾说："来自智力的东西，没有一件不是来自感官。"体育锻炼中孩子就会充分体验感官运动。哈佛大学的教授约翰·雷迪著有《体育改变大脑》，书中提到，运动后人们词汇学习的速度，比运动之前提升了20%。可见，体育运动不仅可以助力孩子缓解情绪，还会提升意志力、专注力和反应能力。

亲爱的家长朋友，您是否愿意放下手机，给孩子做个示范，比昨天多一点运动吗？电影《飞驰人生》中有一句经典台词，"听过好多道理，却依然过不好这一生。"许多时候，孩子可能会"知而不行"，允许孩子逐步改善，不必徒增其内疚感和自责情绪。也许哪天孩子开始思考运动的益处，会奖励自己一个循序渐进的运动计划，看到运动的成果和自我改变的力量，会体会自愿选择改变的成就感！毕竟，热爱无需辛苦坚持，而是自然生发的力量！

4.2 关于催眠：孩子也可以成为"催眠师"

 困惑再现

电视剧《大宅门》的导演兼编剧郭宝昌，也是剧中李天意这个角色的原型。在剧中有这样的场景——抚养他长大的老奶奶马立秋，常常问："长大后，你是掏大粪还是开银行？"这个问题具有选择性，李天意总是大声回答："开银行！"这个实则是可以选择其实只有唯一选择的问题，渐渐孩子开始厌烦；继而奶奶进行了十年如一日的催眠，有一句话，简短有力，每天重复，直到临死前的最后一刻，她留给李天意的仍是那句话："好好念书！"在孩子的内心，植入了"万般皆下品，唯有读书高"的信念。这是生活中的催眠。研究表明，当人们陈述意图时，用字简洁，意图的清晰度和指令性就会提升。

北京冬奥会期间，如果您问孩子想要什么。估计大多数孩子们的回答是："我想要一只冰墩墩。"这是短视频中的催眠。

心理卡片

　　一谈到催眠，大多数人会有误解，会想到一群人被心理控制的情境，或是一个人躺在沙发上，催眠师拿着怀表在他的眼睛上方摇晃。事实上，生活中的催眠，离我们没有那么远。

　　1968年，美国心理学家罗森塔尔等人也做了一个实验，想在教育上验证这种心理效应，结果发现：当一个人获得外界和权威人士的鼓励和期待，就会形成积极向上的力量——从而为避免让对方失望而努力达成并相信自己可以达成期望。当人们怀着对某事有强烈期望时，这种期望会让我们愿意不断付出和投入，即便遇到挫折，也会勇往直前。

　　回忆一下家里的口头禅：

　　遇到困难说"我太难了"还是"总有转机"？

　　设定目标说"差不多就行"还是"我要尽力"？

　　有了烦恼说"烦死了"还是"不过如此，我再试试"？

　　如果是后者，您的孩子从这样的语言模式下，无意识中接受了您的催眠：孩子会相信，自己可以多做尝试，可以向预期的目标发展。这样家庭的孩子，也会有着很强的心理韧性，这也是心理暗示的力量。

　　《心理学大词典》这样描述心理暗示："用含蓄、间接的方式，对别人的心理和行为产生影响。"科学证明，恰当运用心理暗示助于消除焦虑紧张情绪，树立积极阳光心态。研究条件反射的心理学家巴甫洛夫认为，暗示是人类最简单也是最典型的条件反射。从心理意义角度看，心理的暗示实则是人们主观意愿的预设，未必真有根据，然而，正是因为有了主观上的相信在，个体在行为上趋向于促进期待的实现，从而增加愿望达成的概率。

　　心理暗示的特点：

　　暗示性是人类的心理特性，这是人在漫长进化中，形成的无意识的自我保护的和学习的能力。

　　暗示有强弱之分，效果的好坏无法受意识控制，即：不管人们是否愿意，已经受到了心理暗示，而且无处不在。

　　心理暗示的种类：

　　首先，从主体上看，分为他暗示和自我暗示。

　　外界和他人对个体的心理暗示，叫作他暗示。权威者A对个体B进行的心理暗示。主要利用B对A的专业、威望的信任，信赖并允许A把某种观念直接传递给B，从而改善心理状态、调节行为或者生理，达到疗愈或改变的目的。

自我暗示指的是个人显性意识经常重复，让潜意识接受信息从而得以改变。即个体B对自己进行的暗示。

其次，从关系上看，分为直接暗示和间接暗示。

直接暗示指A以技巧性语言或非言语信息对B诱导和暗示。如，有位心理学者研究了父母的动作与孩子心理的关系，这样描述："当孩子恐惧的时候，父母的拥抱可以给孩子带去安慰；当孩子需要肯定的时候，拍拍他的头、肩和手可以给孩子带去鼓励；当孩子痛苦的时候，抚摸孩子的头可以给他带去同情……"这是非言语暗示的作用。间接暗示指A借助于某个刺激或一些仪器，使B处在特定环境，再结合言语进行暗示。

再次，从性质上看，分为积极暗示和消极暗示。

积极心理暗示可以帮助个体B稳定情绪、树立信心及直面挫折；消极心理暗示则会让个体B歪曲认知，产生不合理信念和不理性行为。

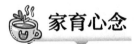

家育心念

《正面管教》的作者简·尼尔森认为，孩子的不良行为背后，传递着孩子的心理需求，分别是寻求关注、获取权利、自暴自弃、报复行为等，孩子希望被爱、被尊重、被关注等，需要安全感、归属感和价值感等。家长如果有积极信念，就会积极解读孩子的行为原因，就冷静地对待和处理，就会在孩子的心里植入积极力量。

从今天起，做孩子生活中的催眠师，当肢体语言和显性言语协调一致，给孩子传递的就是积极、正向、勇敢和乐观；

从今天起，注意自己的口头禅，摒弃掉"看看别人家的孩子""你再这样我就……""我早就告诉过你"……

从今天起，告诉孩子做自己的心理催眠师，释放紧张，收获成长。遇到不顺，告诉自己：既然跌入谷底，之后都是向上的反弹力！这样的自我心理暗示，会自我赋能和赋权。

家长和蔼平静，孩子就会轻松愉悦；家长大方庄重，孩子就会信任尊重；家长镇定从容，孩子就会平和稳定；家长生气易怒，孩子就会忧虑重重；家长神色慌张，孩子就会压抑紧张。而孩子经常听到的语言模式，就是最深的催眠。

4.3 乐观偏差：孩子裸考并说"我可以"，家长要不要鼓励？

　　孩子面对重大考试，宣布要"裸考"（丝毫没有复习备考的行为），当家长开始提醒孩子，这种选拔性考试，不复习不准备不看答题技巧，一定会落选，孩子却说："我可以！"对于孩子这样的迷之自信，家长要不要鼓励？

心理卡片

　　"乐观偏差"（Optimism Bias），是指人们倾向于认为，和他人相比，自己更有可能经历积极事件，更少概率会遭遇消极事件的现象。乐观偏差让人们盲目乐观而非现实乐观。乐观偏差又叫非现实乐观，或盲目乐观。

　　它体现在各个领域，比如健康领域，同样不吃早餐，自己认为和他人相比，患胃病的风险要小；管理领域，自己的改革方案，觉得被员工普遍接受的可能性很大；再如，婚姻思考，问一对即将登记结婚的恋人，当今人们离婚的概率，他们的估计和现实比例相差不多，如果被问他们分手的概率，他们会出现乐观偏差：认为他们分手的概率是0。

　　简单来说，就是人们觉得自己"自带主角光环"，这些都是乐观偏差的现象。

　　以往的研究认为乐观偏差是普遍存在的，有95%以上的人对各种不同风险事件的认知判断有乐观偏差，甚至在精神分裂患者身上也存在一定程度的乐观偏差。

　　乐观偏差产生的缘由：

　　一是自我中心主义，仅仅考虑自己，无视他人，会导致对当下的情况做出误判，忽视他人的勤奋和努力，而自命不凡，觉得总是高人一等。当自己处于关注的焦点，乐观偏差的主体就会偏向自己。

　　二是源于曾经成功经验。曾经的顺境和成功会让自己轻视困境和问题，遇到类似困难，大脑开始偷懒，会不假思索地进行自动化反应。

　　纽约大学心理学及神经学博士沙罗特在《乐观的偏见》中指出，虽然人们知道未来生活向好发展的可能性只有一半，但是人们更乐于相信自己就归属于那幸运的一半。这些乐观的期待，叫作"乐观偏见"，也是我们今天讨论的乐观偏差。这会对我们产生什么作用，又会让我们落入何种陷阱呢？

乐观偏差让人们对未来充满憧憬，坚信世界和平，孩子会健康长大，爱情会幸福甜蜜，这些虽然是乐观偏差，世界冲突不断，部分地区冲突升级；食品安全和疾病风险会危及到孩子脆弱的生命；曾经用心经营的爱情会陷入猜疑、冷暴力和疏离。可是乐观偏差会让我们在不美满的日子里看到希望，抚慰心灵，利于建立必胜信念和帮助我们渡过难关。如果人们没有乐观偏差，有可能会处于轻度的抑郁状态，处于担心、无望、无力和无助之中。

乐观偏差助于个体保持自尊水平和缓解焦虑，保持心理健康。尽管个体经历不幸结果的概率和大家一样，但乐观偏差助于个体持有更积极的信念，更有动力去达成目标。同时也会减少每天焦虑感和烦躁感，在内心建立正向暗示，让个体整体心理状况处于良好状态。有研究发现，乐观偏差和成就动机、任务坚持性、绩效相关，并会驱动个体取得更大成功。

当然，我们也不能忽视乐观偏差的消极作用。乐观偏差会让人们轻易下决定，判断更易失误，欠缺积极准备应对风险的行动力。因为人们低估自己会经历疾病和灾祸的概率，从而缺少基本身体保健及安全保障，结果会产生不利后果。当人们过于认为坏事情和自己无关，自己与损伤无关，就会缺少防御行为和理性思维。

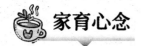

如何避免孩子的乐观偏差？

首先，要帮助孩子客观认识自己的优势和劣势，机遇和挑战。如果去考试，却没复习而确定裸考，那么出现顺利结果的可能性有多大？如果结果不顺，是"题目太偏"还是"水平有限"？

乐观偏差的人更愿意自我肯定，会把不好的结果归因于外界而非自身。

现实乐观的人则因为客观评价自己，既能看清自己的优势也能看到局限，合理抚慰自己的心理，积极应对每一次挑战和困难。

其次，引导孩子学会"复盘"能力，培养大局意识。面对挫折，家长和孩子一起复盘整个经历，从挫折中看到有效处理，从挫折中也学习不同的应对方式，总结经验和教训。盲目乐观会让人们愿意尝试也容易冒险，而积极乐观的人却能在危机和问题来临时看到希望，又能不被现实打击，着手积极准备应对，把损失降到最低，同时计划应对未来可能的不利结果。

告别盲目乐观，引导孩子进行清醒三问：

请你清晰描述现在处境，过往经验这次是否适用？

如何避免最糟糕的结果？

你打算如何应对"和你预想不同的结果？"

作家雨果说过："承担更大的责任，他们就更加幸福。"不盲目的乐观，稳定的自我价值感，积极的应对姿态，幸福自然就会随之而来。

4.4 习得性无助：孩子"躺平"，也许认为"怎么努力也不行"

 困惑再现

有些孩子放弃尝试和努力，认为自己如何努力也不行，怎么争取都无济于事，不会成功，陷入悲观情绪之中，或者是变得对一切都与世无争，直接躺平……

如果您的孩子有以上特质，有可能源于"习得性无助"。

🧠 心理卡片

    美国的心理学者马丁·赛利格曼提出了"习得性无助"，是指当个人意识到无论如何努力，都会以失败而终结，就会觉得自己无力控制整个局面，又会把这些不可控的事件或失败归结于自身的智力和能力。最终，会放弃尝试，陷入无力、绝望之中。在1967年，他在实验中发现，当狗受到多次无力摆脱的电击，在全新环境中，即使能够轻松摆脱电击，也不愿意再去尝试，会放弃挣脱。如同"学会"了和"习得了"对于类似事件的无力或无助感，就会听任摆布。认为自己的行为和结果之间没有任何关联性，觉得想要的结果永远不会发生，讨厌的结果无论如何都没法逃脱的心理现象叫作习得性无助。

    习得性无助的心理不仅仅影响自尊水平、当下状态，甚至会让当事人处于抑郁状态，当个人认为自己无力掌控自己的生活，付出努力也不会改变注定失败的结果，就会有无助感。孩子陷入"习得性无助"之后，就会表现得缺乏主见，对未来茫然，不知道自己的喜好，不确定自己的目标，认为怎么制定目标都没用。

    父母的语言，会对孩子产生消极心理暗示，随意对孩子进行批评、挖苦、打击和专制，就会让孩子觉得自己怎样都不会有所改变。

    有研究表明，过度的管教或溺爱，都会让孩子陷入习得性无助之中。孩子长期被过度溺爱，衣来伸手饭来张口，做一点小事，家人的反馈都是高度赞赏，进入社会之后，会因无力改变而产生无助。类似地，孩子经常被打压，就会倾向于认可外界的评价，产生自我怀疑，无论进行何种技能学习时，总会有挫败感，实现目标的概率极低，总是得到负面评价，就会拒绝不尝试，直接躺平。

习得性无助的缘由：

    习得性无助源于对成功极大渴望。"习得性无助"的人，对于失败的担心和恐慌就会超过对于成功的希望。对失败的害怕，是出于内心深处对成功的强烈渴望。对于经历挫败的同学，都有一种渴望，更期待能够打"翻身仗"，更期待展示自己的努力，改变内心深处的无能感。当过于将心思确定在这些"伟大"目标时，内心的声音会是："实现不了怎么办？""再失败就完了……"当一个人有多不相信成功的可能，内心深处就多渴望能成功，这种矛盾会让人变得犹豫和纠结，不敢也不愿放手去做，也无法全然投入。

    习得性无助源于缺乏自恋的补给。如果一个孩子在成长过程中犯错，就受到成人的批评、斥责甚至惩罚，那么这种无力和无法控制的感觉就会深植潜意识。做事过程中，就会始终担心受到指责和评价。当然，我们都会遭遇这样那样的失败、挫折、错误和负面评价，假如个人的自体可以保持适度自信，就可以缓冲和抵御负面评价所带来的"自恋性损伤"，从而稳固现实、健康理想化的自体。这种健康的自体与合理的家庭教养方式和正向反馈相关。如果总是得到忽视、贬低的负面反馈，那么孩子就会自卑胆怯，不敢尝试，也就缺乏舒缓"自恋性损伤"的机会，自然就会陷入"习得性无助"的恶性循环之中。

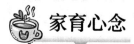 家育心念

习得性无助对家庭教育有何启示呢？

首先，助力孩子培养"习得性乐观"。既然无助可以习得，那么乐观也可以习得。马丁·赛利格曼也以乐观人士作为研究对象，提出了"习得性乐观"。研究发现：一个人悲观还是乐观，取决于解释问题和挫折时所运用的归因方式的差异——乐观人士对于发生的好事，存在持久、普遍及内在的归因，而对坏事会做短暂、具体和外在的归因。悲观人士恰恰相反。

孩提时，父母的稳定的抚育、积极的欣赏、肯定会利于孩子稳定的自恋补给。遇到挫折或失败，孩子就会觉得"这件事暂时没做好而已，不代表我永远做不好，也不代表我个人一无是处"。

习得乐观并不容易。当童年时的经验是频繁受到打击、嘲讽和惩罚等负面反馈就会让孩子内化一个这样的原始客体形象——对自己格外严苛和贬损。当长大之后，意识到无法向父母寻求鼓励支持和肯定时候，转而向其他人或者依靠自己获取乐观的力量，就会有一种背叛和抛弃父母的感觉。停留在习得性无助中固然痛苦，但也意味着和原始客体待在一起，是熟悉的痛感。习得乐观的关键在于去靠近那些积极乐观的人，建立新的客体关系，带来全新体验，从而逐步实现"习得性乐观"。

其次，避免看似民主的教养方式。有些家长看似理解了父母语言模式对于孩子的影响，运用一种自以为"民主平等"的教养方式，让孩子"自由选择"，这个过程，却并不一定是真正的"民主"，反而让孩子消极应对，已经陷入"习得性无助"之中。例如，妈妈带女儿去买开学文具，重要的已经购买完毕，结果想表现"民主"的教养方式，让孩子自己选择，"没事，我付钱

就可以，你去选吧。"我们来看这个选择过程：

孩子拿来一支自动铅笔，家长说："这容易坏！你也不会安装！"

孩子拿来画笔，家长回应："你家里不是还有几支吗？"

孩子再选了乒乓球拍，家长说："没有球桌，也没有时间学呀！"

孩子拿了浅色的文具盒，家长瞥了一眼："不知道这多容易弄脏吗？"

孩子犹豫了："我选什么？"

家长立即"民主地"回答："都可以！"

孩子后来相继拿了线装笔记本和纠错本，都被家长以各种理由否定了。

最后孩子不再选择，家长问："你这孩子，想要什么拿什么，都可以的！"

孩子学会了说："随便！"

因为他已经意识到，给出的选择其实并不自由，自己的选择并没有受到足够的理解和尊重，是一种"伪自由"！所以在选科，选专业，选职业，甚至选对象，都没了自己的观点，因为他知道自己的观点总会受到家人的批判。

最后，和孩子共同设定合理目标，培养心理韧性。通过合理评估当下的主客观实际，结合实践的可能性，着眼于实现小的目标，一旦获得一些阶段性目标，和孩子一起庆祝，让孩子体会到："通过努力和专心，可以实现进展！"正向的反馈和自我鼓励利于舒缓习得性无助感。当然激发积极情绪，也利于走出无助，去适度运动，因为运动会催生令人愉悦的生理激素，如：多巴胺、血清素和内酚酞等。

面临"习得性无助"，无助之下从小事开始，及时调整，就会走出困境，建立自我效能感，拥有满怀希望的明天！

4.5 墨菲定律：让孩子意识到担心运气不好，可能会真不好

 困惑再现

　　如果孩子担心考试时候，会出现自己没有复习到的章节知识点，结果此类难点也许就会出现；如果孩子担心会跟有过小矛盾的同学在去食堂的路上遇见，结果可能真的遇见这位小伙伴；如果孩子担心本周生活费可能会提早花完，结果也许真的周末会捉襟见肘。孩子会好奇："为什么，我越担心的事情，越会出现呢？"

心理卡片

　　"墨菲定律"这种心理学效应，由爱德华·A.墨菲（Edward A. Murphy）提出，他是空军上尉，在一次实践中工作人员完全接反了传感器的线，墨菲一直反思自己在最初设计时，忽略了这个可能。由此经验他认为，如果有两种或以上可选择方式去做事，其中一种选择会导致错误或灾难，则必定会有人做出这一选择。

　　简单而言，那就是"越怕啥，越来啥"。墨菲定律可以说是一种忧患意识，假如坏事有可能发生，那么就会发生。假如事情有朝向变坏的可能性，无论可能性多么小，它总会发生。这也许会让"盲目乐观者"失望。人们常常认为自己具备超能力，能够完美避开一切负面可能，然而结果并非那么让人感到乐观，反而令人失望。

　　为什么越怕啥越来啥？

　　因为当我们害怕某件事发生，就会格外在意，时刻担心出错，反而越易犯错。

　　如果你总想着坏的场景，它可能就会发生；如果你往好的方面想，坦然面对，放松心态，自我调整，也许就会扭转乾坤。从心理意义上讲，这是消极暗示在起作用。

　　一位心理学者做了一个实验，来证明暗示所产生的影响。课堂上，他让助手把白开水倒进同学们面前的空杯中，助手给每位同学倒好后，这位心理

学者说："同学们，你们面前杯子里装的是白开水，请你们喝下去。"接下来，换了一个水壶，请助手照做逐一给同学倒进杯子，然后说道："同学们，刚才倒入你们面前杯子中的水，是来自法国3000米高山上的矿泉水，请你们品尝一下，水是不是有一股甘甜味儿。"同学们开始品味这杯水，有些同学点头认同，承认这杯水是与第一杯不同，有甜味。而事实是：两杯水只是来自不同水壶而已，都是白开水。

同样，墨菲定律也是在给自己消极的暗示，如孩子越担心英语考不好，就会不经意间想起，而这就会在潜意识留下些许痕迹，并且伴随考试临近，越发现自己恐慌，认为听力不够好，阅读不擅长，写作句式不高级，连复习课也听不进去；如果在潜意识里所留下的痕迹越深，结果可能越会朝着所预想的方向发展，结果可能坏运气就会降临！

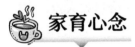 ## 家育心念

墨菲定律对家庭教育有何启示呢？

首先，告诉孩子，面临选择，保持平静的心态。如果总有过度的担心和焦虑只会影响当下的行为和情绪，也就是当用墨菲定律来对待事情，就会总觉得事情会出现更坏的可能，个人也会心神不宁，这是墨菲定律消极的一面；当然一如每枚硬币都有两面，墨菲定律同样有积极的一面，因为能够保持平静状态的人会意识到：既然事情会有两方面的可能性，那不如保持平静，如何行动才会趋向更好的结果，又做到有备无患，那就是如何应对不好的结果，而不是对任何一面的出现概率深信不疑，就会觉得行动失去了影响结果的可能性。

因此，墨菲定律似乎是悲观，但是它让我们看到事情结果的多维性，会让我们看到个人自我效能感和执行力的意义。只要运用好墨菲定律，就会逐渐养成平静的心态，积极状态，在当下做到尽心而为，又能对未来的结果感到平和面对，无怨无悔。

其次，引导孩子抛弃侥幸心理。在重要的选择上，理性面对选项，综合个人既有优势和可用资源，对未知的风险做到充分预估，未雨绸缪，就会把损失降到最低。

最后，引导孩子做好心理的定位。墨菲定律告诉我们要保持"预防"心理，无论我们多出色，无论技术有多先进，总要精益求精，才会降低失误的

概率。同时我们和孩子一起承认这样的真相：所有事未必都会朝着我们期待的方向发展，也不会一直向糟糕的方向发展，而是否发生仅仅是概率而已。1796年，大数学家高斯有一天像往常一样，要完成导师每天布置数学题。结果这一天，他遇到了一个特别棘手的难题，花了一个通宵，才用超出常规、非数学的方法解决。第二天，导师感叹："你知道吗？你解决了一个两千多年的数学悬案。"原来，这道难题困惑老师多年，误交给了高斯，结果竟然被解决。高斯后来回忆道："假如我早知道这道题，是一道两千年来无人能解的数学悬案，那我很可能会和我的老师一样，永远都解不开它。"显然，如果高斯在心理定位上就认为无法解决这千古难题，很可能的确解不开。

所以，如果我们想要摆脱墨菲定律，需要做好心理定位。如果你可以实现前十名的目标，那就追求前八名的结果；尝试突破一下前三名的可能，得之幸运，不得释然；重要的是志存高远，脚踏实地，即便不会尽如人意，也会接受经历挫败感的自己，重新起航。

一个人能从挫败中学习，才会感受全心投入的意义，才会对所经历的一切心怀感激，才有重新面对人生的勇气！

4.6 詹森效应：为什么孩子"小考挺好，大考却考不好"？

 困惑再现

有些孩子平时小测试名列前茅，得心应手，自信满满，可一到大型考试却发挥失常，状况频发——头疼，紧张，慌乱，记忆减退，文具忘带，甚至涂错答题卡等。每年的中考、高考几乎每个学校都会出现原本模拟考试表现优异的同学结果令人遗憾，这些平时考试优秀，大考却出错的同学，怎么了？工作中，我们有些成年人在平时的职场上游刃有余，可是在关键工作任务上，却发挥欠佳，甚至影响巨大。平时挺好，关键时刻却砸锅，这是为什么呢？

心理卡片

　　丹·詹森是美国的冰上运动速滑运动员，在500米速滑项目上实力强劲，平时训练刻苦。他赢得过七块世界杯奖牌，也打破7项世界纪录。1984年，在南斯拉夫冬奥会上，他在500米速滑项目取得的是第四名；1988年，他在加拿大举行的冬奥会上，原本是夺金的热门选手，结果500米速滑赛场上，他在当天一早获知姐姐因肺炎离世，尽管比赛时他尽力而为，还是因为情绪问题影响了发挥；接着的1000米速滑，依然失利。四年后的法国冬奥会，尽管赛前大家都认为他具备冲金实力，结果他依然与奖牌无缘，位列第4名，而1000米赛场则更是落到第26名。1994年的挪威冬奥会赛场，他在比赛中意外滑倒，位列第8名。

　　这种在平时的训练赛场上和小型比赛中表现优异，遇到大型赛事却频频失利，人们把这种平时表现优秀，正式比赛就频频挫败的心理现象，称作詹森效应。

　　为什么会出现这类状况呢？

　　第一是外界的过高期望值带来过高的焦虑。适度的焦虑利于生理上做好准备，注意力更加集中，从而会让个体发挥出最佳水平。如果外在的期待较高，就会给选手带来格外的压力。而如何平衡压力就需要选手赛前专注训练，赛中专注动作，自我心理调适，方能发挥出最佳水平，否则在场上心态不稳定，担心失误，担心被反超，很难专注于发挥出最佳水平。如，中国乒乓球队，每每参加大赛，许多国民就会以非常轻松的心态看比赛，认为：中国乒乓球队实力强劲，"谁都打不过"。结果国家乒乓球队刘国梁主席，就号召大家不要给球队那么大的压力，认为球队只能赢，而输不起，只能拿金牌，拿银牌都算输，让运动员心理负担很重。事实上，比赛就有输赢，鉴于大众的过高期待，整个球队压力很大，平时就加大各种训练，尤其是心理建设，引领球员在赛场上摒弃一切杂念，专注于每一个球。

　　第二是平时训练时的心理建设不足。平时训练如果营造一种大赛的氛围和正规赛制，就会积累更多实战技巧之余，还能锻炼真正大赛中领先依然奋进，落后继续拼搏。2022年2月6日，在印度举行的女足亚洲杯决赛，中国队对阵韩国队，上半场中国女足的姑娘们0∶2落后于韩国队，这样的局面并没有让女足姑娘们沮丧，她们坚信平时的刻苦训练是有意义的；团队可以齐心协力，不到最后一球，决不放弃；水教练是值得信任的，一定能做最好的战术准备，最后中国女足姑娘们绝地反杀，连追3球，反超了韩国队，拿下了阔别16年的亚洲杯女足决赛冠军的奖杯！

中国女足团队平时刻苦训练，技术钻研，康复保障和心理训练缺一不可。这就是为什么中国女足的姑娘们赢得了信心并且笑到了最后。所以，心理素质对于正式比赛尤其重要。

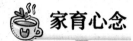

家育心念

詹森效应对家庭教育有何启示呢？

首先，家长面对孩子的大型比赛或考试要有合理期待。家长需要了解孩子的实力和现状，对于大赛给孩子积极暗示，而非威胁高压，或者转移焦虑，"隔壁小小去年考了985，全家都光彩，我可不期望考试结果出来，大家问我孩子考得如何，抬不起头来"或者"考不上好大学，一辈子注定和我一样辛苦，我当年没好好学，现在在公司里只能做个普通员工，我可不希望你也和我一样。一定要上好大学"！给孩子的要求或期望过高，就在额外增加孩子面临大考的心理压力。家长需要注意到的是：孩子在学校，面临老师的各科作业和任务，以及同伴的比较和竞争，还有社会上有些人营造的"唯分数论"，已经给孩子带来一定的心理压力。家长不妨尝试放弃高压教育，而是通过耐心沟通，倾听共情，来缓解孩子的压力。比如，对于除了成绩之外的孩子的其他事务的关心，在孩子低落时给予温情托底，真诚安慰与鼓励；在孩子成功时，及时欣赏与赞美。有了家人背后支持，孩子就可以勇往直前，没有过多的压力和负担。

其次，告诉孩子复习时仍然需要精益求精，做到必考知识点尽可能达到自动化输出的地步。即便是面对多么陌生的考试环境，多么严肃的考场氛围，都会更加专注于每一道题，也会因为平时的训练而有所心理准备，如文具准备、时间分配、难题应对等。当孩子考试之前严格训练，注重过程，淡化结果，意识到那些影响正常水平发挥的因素，就会心理上保持平静、放松；在应考策略上，多向各科老师和身边榜样请教方法策略，既能注意"点"（基本知识点），又能注意到"线"（本学科相关知识）和"面"（跨学科综合知识）的学习、研究、整合和训练。大考主要着眼于学科知识是否能够整合理解和综合应用，提高问题解决能力，形成有效应对综合性问题的个性化策略。

人生的"赛场"很多，每一次"应试"不仅仅是考察知识和能力，还在考察心理素质。狭路相逢勇者胜，只要孩子树立信心，坚信耕耘必有意义，那么最终都会交出一份属于自己的满意答卷。

4.7 母爱的本质：有了物质保障，为何孩子的情绪无处安放？

困惑再现

　　有些妈妈不得不去忙于工作，对孩子的物质要求，会给予足够的保障，甚至会给予额外的补充；有些妈妈因为夫妻关系不够和谐对孩子有些内疚，也会给孩子更多的物质或金钱弥补。可是孩子会不会因此就感到更幸福呢？

心理卡片

　　我们一起来了解"母爱的本质"。

　　从1920年起，人们一直都在争论育儿方式。行为主义流派的代表华生认为：婴儿对母亲的需求，就是吃奶，即：维持孩子最基本的生存要求。由于受到行为主义和弗洛伊德的精神分析的影响，不少家长误认为母子间过多亲密接触会影响孩子发展，今后会产生过度的依恋，影响到孩子的人格发展。

　　真的如此吗？有些人产生疑问，于是一个著名的恒河猴实验诞生了。1958年，威斯康星大学的心理学家哈里·F.哈洛（Harry F.Harlow）当选了美国的心理学会主席。年度大会上，他发表了一份主席致辞，题名为：《母爱的本质》。该篇致辞不仅仅轰动了心理学界，在整个社会都引起了广泛关注。

　　为什么呢？通过近乎"严酷无情"的实验，哈洛来证明"母爱的本质"，即母子间的接触对孩子的意义、对亲子关系及对身心健康的重大影响。

　　哈洛用恒河猴进行了一系列科学实验。

　　实验1：哈洛选了8只刚出生的幼猴，把它们放进观察实验室里，并制造了两种人造的猴妈妈：一种是由光滑木头当躯干，继而用柔软织物品包裹，并在其上安置可以加热及哺乳的工具；另一种体积类似，但躯干由铁丝构成，也没有缠绕织物，但同样也有加热及哺乳装置。然后观察这8只小猴子两个妈妈的反应。

　　结果是：尽管两个人造猴妈妈都有奶水装置，但幼猴都喜欢在柔软的猴妈怀里吃奶，即便在铁丝猴那里吃奶，也会表现得不安紧张和惊吓，甚至还会腹泻，也会很快回到布猴身边，更喜欢待在绒布妈妈身边。

实验2：为了验证布猴妈妈的安抚对幼猴的作用，哈洛还在观察实验室中放入令猴子害怕的东西，结果发现，每当幼猴感到恐惧时，会不约而同地扑到布猴怀抱里寻找安慰。

实验3：哈洛在布猴的身上做了调整，加装了一个能喷射高压空气的装置，每当幼猴扑进布猴怀中，装置会启动，以至于里面的高压空气让小猴子非常痛苦，因为高压空气几乎达到撕裂幼小的猴子皮肤的程度。即便如此，小猴子仍然只是紧紧抓住正在伤害它的"布猴妈妈"，犹如感到害怕的人类的婴儿行为。

实验4：哈洛又在布猴身体里做了能弹出铁丝网的装置，并会不知不觉间把小猴打飞或刺痛。但铁丝网收缩回去之后，小猴子又会爬到布妈妈怀中。即便是布猴子妈妈有时弹出时，浑身都如同刺猬，小猴宝宝的反应依然是回到妈妈身边，紧紧抓牢。这些猴子成年后，哈洛发现这些猴子表现出行为异常，不能和其他猴子们正常社交，有抑郁或者自闭行为。有些到了正常成长的猴群后，竟然绝食而死。

实验5：这次试验是为了研究这些在假妈妈身边长大的幼猴成年后是否可以正常养育后代，哈洛发现，这些由实验室假猴子带大的母猴，常常极为害怕异性，无法有正常社交，更不用说是交配了。于是，哈洛让自闭的母猴被迫交配，在无力反抗的状态下完成交配行为！结果显示，这些幼年时没有得到母爱的猴子，也缺乏感情去抚养后代，甚至会忽视和虐待后代。其中有7只母猴对幼崽不加理睬，有8只虐打幼崽，还有4只母猴杀害了后代，仅有1只母猴愿意养育后代。

实验6：哈洛把"假妈妈"也带走，仅仅把幼猴放到了一个名为"绝望之井"，一个类似圆锥的装置，在底部留一窗口仅供放食物，保证生存需要而已。当小猴在不和任何外界交流和接触的自闭环境中长大，显现出精神病态，并伴有严重攻击行为和自残自伤倾向。

实验7：哈洛的恒河猴实验中，他还让一些猴子在实验室和假妈妈一起长大的同时，能够每天有机会去外面和其他正常的猴子互动。结果他们长到三个月时，让它们去接触那些只在实验室长大的、已经有心理疾病的猴子。哈洛意外发现，它们会愿意主动和病猴接触，并给予支持和关怀。经过几个月的坚守，有些病猴居然可以从创伤阴影中走出，并恢复了正常社交互动。

这一系列的恒河猴实验结果证明，母亲的意义不仅仅在于提供食物，还在于抚摸、关爱和陪伴。

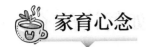

家育心念

母爱的本质实验对家庭教育有何启示呢？

首先，人格健全的母亲，经常在扮演"心理滋养师"的角色。她们对于孩子的爱会让孩子更有力量去应对消极情绪，如困惑、忧虑、心烦、痛楚和失落。母爱的本质不只是物质支持，更重要的是对孩子的心理关怀和积极品质的影响。

哈洛本人把实验结果概括为"爱存在三个变量：触摸、运动、玩耍"。这就是为什么小孩子喜欢向养育者"求抱抱"，总是喜欢和养育者一起游戏。甚至当大人厌倦时，孩子愿意让步而希望继续这样的亲密互动。亲子间的肌肤接触助于增进安全的依恋关系，而安全需要和生理需要一样属于人类基本需求。既然接触、安慰与提供物质和温暖都是必需的，那么爸妈都需要承担育儿的职责，给些关爱、拥抱和陪伴，利于孩子健康成长。

其次，即使不完美的父母，也是孩子唯一在乎和无可替代的父母，及时调整，及时弥补。儿时得到养育者细心呵护、温暖拥抱和及时回应的孩子，更容易大胆探索，自立坚韧和适应环境。如果您意识到对孩子的爱抚不够，找到机会，拍拍肩膀，给个拥抱，也许孩子因为没有习惯而身体僵硬，但是只要开始，就有意义！

哈洛提出，这些实验中的恒河猴，在前8周得到的伤害，会影响到之后的正常社会交往和关系。这种缺乏母爱的稳定心理关怀的影响，类似于人类的6个月，因此，哈洛把早期的母爱形成的关键期确定为6个月。也就是说，婴儿和母亲至少要有六个月常在一起。即，产假至少有6个月左右，才会利于保障亲子之间稳定亲密的关系。

最后，对孩子的心理支持、肢体接触和生命保障支持一样重要。如果错过了，家长还可以为孩子选择合适的后期补救，除了家长的自我学习成长之外，还要寻求遵循科学教育理念的环境助力，必要时可以向专业心理工作者寻求帮助。战胜孤独和绝望的，不是美味的食物、漂亮的衣衫，而是简单的拥抱、温情的陪伴。

4.8 峰终定律：组织亲子活动，如何让孩子留存美好回忆？

困惑再现

请您回忆一下：如果师生多年后重逢再聚，班主任老师印象最深刻的是什么样的学生呢？显然，是成绩最好和最调皮搞怪的学生，而那些乖乖的成绩一般的学生老师可能早忘记。而如果问您：回顾中学生活，您印象最为深刻的是什么呢？估计您想到的是被严厉批评的时刻、被校内表彰的时刻和最后毕业聚会中同学们的真情告白，难舍难分。

为什么我们对最好和最坏体验印象深刻呢？

为什么会对一个阶段的结束体验难以忘记呢？

心理卡片

我们来了解一下峰终定律。

峰终定律（Peak-End Rule）是由丹尼尔·卡纳曼提出的。他在2002年获得诺贝尔经济学奖，把心理学研究和经济学结合起来，成为这一崭新领域的先驱者。心理学家丹尼尔·卡尼曼发现：个体对某段时期体验的记忆与两个因素相关，一个是"峰"期，这个"峰"分内正负向，另一个就是结束期，即"终"端的记忆体验。其他过程中的体验很容易被忽略。也就是说，人们记忆最为深刻是"峰终"两个时段的体验，而过程中好与不好的比例，对记忆本身几乎没有重大影响，而如果人们体验到高峰体验之后，如果终点来得越迅速，那么整件事留下的印象越深刻。

峰终定律其实是人们的一种认知偏见，人们往往更易记住曾经特别好、不好的体验，以及最后结束时的场景和感受。举个例子，"五岳归来不看山，黄山归来不看岳。"国庆假期，去黄山景区游玩的国内外游客众多，排队时间将近两个小时，难免会令人有些烦躁。而坐上缆车时看到的壮观景色和刺激感受，与排队时长相比，远远很短，可是那种紧张刺激的感觉，会让人难以忘记。

再如我们在一些超市进行付款时，收银员会推荐加1元换购的小物品，虽然仅仅是小优惠而已，但还是让人感觉很好，通过提升付款离店时的"终点期"好感度，我们就容易对该购物商场增加印象分。商家经常会设计一些终点温馨服务，如，赠送小物品、适度打折扣等，去提升客户美好体验，成本小，但是会让顾客形成深刻记忆，增加返客率。

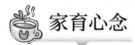

家育心念

峰终定律对家庭教育有何启示呢？

首先，学习时，避免让孩子学到筋疲力尽才停下。因为那个时刻，身体疲惫，消极体验会让孩子对学习的体验是"痛苦的回忆"，从而不利于孩子继续保持学习的热情和乐趣，甚至会物极必反，让孩子厌恶学习，因为在终点时刻，孩子留下的是痛苦的记忆。

我们家长不妨像"宜家"学习如何利用峰终定律，在出口处，商家设置了1元钱购买冰激凌，给顾客带来小确幸和惊喜感，很快就会把宜家里其他不好的回忆忘记，大多数人会因为一个便宜又美味的冰激凌而增加好感。这其实就是商家利用顾客的峰终定律，提升顾客对他的满意度。如果我们选择在孩子解决了一个难题，最兴奋的时刻，提出休息暂停，并开启美食分享时刻，这就是找到了整个学习期间体验的"峰点"，此刻结束，感觉愉悦而美好。

其次，外出时，要让孩子存在意犹未尽的感觉，及时在兴奋点结束，增加愉悦体验。有时，家长为了充分显示"对孩子的包容"，一旦去了游乐场，就会大手一挥，"所有想玩的项目，都体验！"结果，一圈下来，筋疲力尽，而且总有不那么愉悦的游乐项目，结果适得其反，孩子反而抱怨不够满意。恰恰相反，如果仅仅邀请孩子稍微体验几个有趣的游戏项目，高峰体验之后即可来到终点，孩子的峰终体验就会更加深刻，也就会达到想要的快乐体验。适当在恰当时机结束游玩，然后可以增加孩子对外出游玩和景区的好感，更容易喜欢上这样的和家人游玩的体验，从而更期待下次的体验。

最后，和孩子聊天要有峰值，而非随意漫谈，唠叨不停。峰终定律在亲子互动中经常遇到，这也就解释了为何孩子会忘记家长的叮咛和嘱托，出现选择性记忆。比如，同样是孩子谈心，分析如何与人更好地互动，家长 A 说了 10 分钟，最后和孩子玩了一个游戏，进行了情景模拟，角色扮演，这种形式孩子喜闻乐见，会觉得这次谈心有趣有意义；家长 B 可能也很耐心，和孩子足足谈了 25 分钟，说了许多人生道理，从爷爷的处世之道开始说起，孩子可能已经心烦不安，期盼早点结束这样的漫谈。这就是在利用峰终定律的"终"，结束之前要增加深刻体验，就要精心设计。无论哪种亲子互动，如果达到饱和，并不会促进发展，可能会令孩子不知珍惜或者厌倦。

设置家庭的仪式感也是在利用峰终效应的"峰"的体验。《小王子》中有这样一段对话：

狐狸说："你每天最好在相同的时间来。比如说，你下午四点钟来，那么从三点钟起，我就开始感到幸福。时间越临近，我就越感到幸福。到了四点钟的时候，我就会坐立不安；我就会发现幸福的代价。但是，如果你随便什么时候来，我就不知道在什么时候该准备好我的心情，应当有一定的仪式。"

小王子问："仪式是什么？"

狐狸说："它就是使某一天与其他日子不同，使某一时刻与其他时刻不同。"

家庭的仪式感，并非形式主义，而是彼此倾听和看见，是在为孩子营造愉悦的峰终体验，会让我们进行亲子互动时事半功倍。

4.9 生命意义：和孩子探寻意义感，有助于提升幸福感

困惑再现

当孩子遇到挫折，无法越过，如学业不顺、同伴误会或者情感受挫的时候，可能会面临两种情形，第一种是在挫折中成长，从失败中看到提升的空间，去自我发现和完善，第二种是萎靡不振，变得消沉，甚至还会发出这样的疑问："人活着到底有什么意义？"此时，家长该怎么回应呢？许多家长也许会觉得孩子在胡思乱想，不切实际，"少年不识愁滋味，为赋新词强说愁"，实则这是一个很好的和孩子探讨人生的意义话题的机会。

"为什么活着"的不同思考会影响着孩子不同的认知和行为。

3月20日，是"国际幸福日"，我们和孩子谈谈"人生意义感"，因为意义感和幸福密切相关。

如果您问不同行业的专家有关人的意义，可能会得到不同的回答。美食家认为制作和品味美食就是意义；建筑家认为保存及设计建筑的美感和应用就是意义；天文学家认为研发探索宇宙的奥秘、拓展人类生存的边界就是意义。而如果心理学家来回答，可能会让大家遗憾：人生没有意义，只有当我们相信自己的生活有意义，而且自信能够找到意义时，才能体验掌控感和各自的意义感。所以人生的意义的回答，并没有标准答案。心理学家不会告诉大家何为人生意义，但他们展开了有关人生意义的研究，对我们思考、选择、追求以及看待人生意义，有一定的启发意义。

心理卡片

奥地利的著名存在心理学家维克多·弗兰克尔说过："生命的意义既不能模仿也不能引进，它只能由每个人在各自不同的存在环境中寻找和发现。人类的目标不是寻求心理或灵魂的安宁，而是在从现实到理想的健康奋斗中体验生命的意义。"弗兰克尔强调："人类天生具备一种寻找生命意义的内在动力。"所以家长遇到孩子开始探索活着的意义，不必责备孩子的胡思乱想。过往研究表明：缺失生命意义感会让个体陷入迷茫、空虚之中，也更容易存在

焦虑、强迫、抑郁等心理问题，更严重者还会引发心理危机行为。青少年有时不是意义感的缺失，而是不知如何探寻生命的珍贵，如何赋予个体的生命独特意义感。

弗兰克尔曾经讲述了他在纳粹集中营的经历：大多数人无论酷暑还是严寒，都必须埋头干活，即使生病，依然还要劳作；如果失去劳动能力，等待他们的就是火焚场、残忍的手术台或者毒气室。在这个冷酷无情、令人绝望的情境里，弗兰克尔努力感受活着的意义——他坚信可以与爱人相聚，要帮助狱友活着；坚信自己的心理学知识和理论有助人的意义。弗兰克尔指出通往生命意义的三个方式：关爱他人，做有意义的事以及保有克服困境的勇气。这是他探寻的属于他的独特生命意义。积极心理学者马丁·塞里格曼认为，幸福由五个元素构成，即：积极情绪、积极投入、意义感、积极人际关系和成就。探寻到生命的意义，的确会让人们活出生命的精彩。

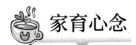 家育心念

探寻人生意义感对家庭教育有何启示呢？

首先，告诉孩子有意识地选择积极独处。英国知名畅销书作家理察·田普勒说过："你认识那些生活中塞满一长串课程、训练、课外活动的孩子吗？……如果让他们到那些美丽恬静的地方，例如：山际、海滨、乡野间度几天假，他们将会不知所措。他们不知道该如何享受自我，因为他们从来没有时间学习独处，这会让他们难以面对成年后的生活。他们无法放松自己，因为从来没有人教他们该如何轻松度日。"适当地积极独处不仅能减少孩子的不良行为的频率，还利于心理健康和自我成长。叔本华在《独处的艺术》中指出："独处是一种更为深刻的自我成长。"当孩子独处的时候，会对自我进行审视，去面对没有外界声音之下的那个最真实的自己。孩子学会了独处，就会寻找当下的意义感、充实感，不仅培养意志品质，还要和内心对话，在独处中活出属于自己的风采。独处也利于孩子培养专注力的品质。2012年，中国美术学院的建筑艺术学院院长王澍，荣获普利兹克奖。这个建筑的奖项是中国人首次获得，在建筑界的意义，相当于学术界的"诺贝尔"和娱乐界的"奥斯卡"。当被问到成功秘诀时，他说："我得谢谢那些年的孤独时光。小时候我因为孤独，所以爱上了画画，对建筑有了一种懵懂概念。毕业后因为喜欢独处，能够静下心来思考，很多设计灵感都源于那个时期。"而物理空

间上的独处并非心理意义上的孤独。

其次，让孩子意识到需要正视他人期待，主动成长。新行为主义学习理论创始人斯金纳曾说："如果我们将学过的东西忘得一干二净时，最后剩下来的东西就是教育的本质了。"何为剩下来的东西？对于青少年来说，是与自我、他人和社会相处的能力；是遇到困难时，接纳情绪的低落，而不会陷入情绪中无法自拔而又能积极探索问题解决模式的能力；是面对得失时的坦然和独立思考的能力；是既能与人合作又能自我思索探寻意义的能力。

最后，和孩子一起发现自我实现的意义。人本主义流派心理学家马斯洛提出著名的需要层次理论，认为人的基本需要，从低级到高级，分别是生理、安全、归属与爱、尊重及自我实现的需要。自我实现指的是人类都有发挥潜能的需要，当人们能够充分发挥潜力，就会有满足感，也会助于感受行动的意义感，进而提升个体的幸福感。幸福感并非源于生理需求，这些属于短暂的感官快乐，而非内心涌现的喜悦和幸福。胡适曾经这样描述人生意义："人生的意义不在于何以有生，而在于自己怎么生活。你若情愿把这六尺之躯葬送在白昼做梦之上，那就是你这一生的意义。你若发愤振作起来，决心去寻求生命的意义，去创造自己的生命的意义，那么你活一日便有一日的意义，做一事便添一事的意义，生命无穷，生命的意义也无穷了。"有些孩子责怪自己出身不好，家世背景不足以让自己安逸地生活，陷入悲观和抱怨之中，而忘了自我的能动性，就会直接自暴自弃，无法掌控和改变自己的人生。

人生中并没有任何真正的困难，重点在于我们怎么看待这些困难，又如何去应对。自己的积极思维、现实乐观和行动推进，就会利于困难的解决，自我的突破和个体的成长，这时回首一路走过的旅程，会体会到成就感和专注其中的投入感、意义感和幸福体验。

必须提醒的是，如果孩子还在反复追问："为什么活着？"建议到专业医院的心理科做个检查，以排除抑郁状态。愿我们都能发现，属于每个人的蕴藏于生命深处的意义，去品味有意义的人生。

4.10 蘑菇效应：孩子在悄悄努力的岁月里，如何自我鼓励？

困惑再现

有些孩子刚进入新环境，自己的优势和特点很难被老师和同伴发现，或者是自己的提升总需要一段时间才会见效，不会立竿见影；也不像孩子玩电子游戏一样，会因为有点滴进步，就会有所强化和赞赏，进而激发孩子继续下去的动力。生活中很多事情，不会让孩子迅速体验"及时满足"的积极强化的心理需求，作为家长，我们如何同孩子交流呢？

心理卡片

我们和孩子一起了解蘑菇效应！

蘑菇生长规律是这样的，孢子必须长在泥土中，吸收淤泥和阴暗潮湿之后，才能逐渐成长。如果是平整干净的水泥地面，反而会无法存活，所以蘑菇总是生长在阴暗的地方，经常见不到阳光，也没有营养肥料，面临着自生自灭的危险。只有经过考验和难关，生长到足够高时，才能突破黑暗，挺立在阳光之中，让人们注意到它们的姿态。这是蘑菇生长必经过程，人的成长也是如此。这在管理心理学上被称为"蘑菇效应"或"萌发定律"。

这个效应是怎么来的呢？在20世纪70年代，正处于电脑行业的起始阶段，从事IT行业的程序员并不被人们所认可、理解和重视，甚至会遭到其他领域的质疑和轻视。这些最初的年轻程序员用蘑菇的生长经历去自我激励，即：要像蘑菇那样生长和生活。当这样思考的时候，他们对工作又开始充满了信心，因为他们有了一个信念：终有一天他们会像蘑菇一样，历尽辛苦，但是终会见到阳光，出人头地，得到外界的鲜花与掌声。这些年轻人从蘑菇效应中吸取力量，意识到忍受孤独，做到出淤泥而不染，经历至暗时刻，也未必是坏事，如果坚定行动，去当一段时间"蘑菇"为今后发展可以打下基础，并有所成就。

心理学者把蘑菇原理归为心理学的范畴：个人在前进的过程中，注定会经历一番苦难和挫折，如果能够突出重围，就会沐浴阳光，成就梦想。

家育心念

蘑菇效应对于家庭教育有何启示呢？

首先，和孩子一起守护最初的梦想，陪伴孩子看到付出的意义。达尔文提出这样的观点，若想改变环境，先必须去适应环境。去忽视困境，坚持行动，只要有"蘑菇期"的一天天积累，才有机会能见天日。假如一直停滞不前或者陷入担忧怯懦情绪，则会把"蘑菇期"延长，从而错过成长的机会。孟德斯鸠曾经这样揭示成长的真谛："大自然既然在人间造成不同程度的强弱，也常用破釜沉舟的斗争，使弱者不亚于强者。"人们经常简单地认为"有花堪折直须折，莫待无花空折枝"，却忘记那些成长到花期之前所经历的风吹雨打的岁月。像蘑菇能够适应环境，在暗处悄悄生长，就是在自立自强。

北京冬奥会，31岁的徐梦桃就是充分利用蘑菇效应的杰出代表。她如同很多职业运动员，职业生涯一直受到伤病的困扰。在索契奥运会获取银牌后，在2018年的平昌冬奥会徐梦桃的目标就是金牌。然而，"蘑菇期"到了，2016年，徐梦桃在冬运会上翻腾三周遭遇失败，结果造成左腿的前十字交叉韧带已经断裂。她这场严重伤病，致使左腿膝盖外侧的半月板几乎切除了七成。接下来恢复的两年中，她从坐轮椅到赢得世界杯冠军，徐梦桃终于度过"蘑菇期"，她提及自己的坚持的唯一理由："遇见那个更优秀更强大的自己。"她坚强地度过这些至暗时刻，身心状态的反复、伤痛的困扰、身处主场的压力以及夺冠路上的各种不确定因素。最后终于享受比赛，为梦想全力以赴。汉代刘安说过："不自强而成功者，天下未之有也。"徐梦桃的自强，陪伴她走过那段"蘑菇期"。

其次，利用每次的困难经历，学会自我赋能，提升心理品质。马克思曾经说过："生活就像海洋，只有意志坚强的人，才能到达彼岸。"家长可以告诉孩子培养积极心理品质的重要性，增强心理韧性，学会自我赋能。如果学会了自我赋能，就可以有清晰的目标、坚定的行动和超人的心理品质；能够自我赋能的人也有坚定的自我认同和强大的意志力，对外界的否定和嘲讽，也能置之不理；自我赋能者更能专注于目标和行动，不会遇到困难只是抱怨，反而能够接纳现实，积极适应环境，克服负面经验的影响，迎来阳光和收获成长。对于年轻人来说，经历"蘑菇期"，助于消除不切实际的想法，更好地厚积薄发，为未来发展奠定基础。经历了"蘑菇期"会让孩子更加了解现状，更理性思考和应对问题，继而利于培养意志力和心理复原力。心理学者戴维认为，人类那些宝贵而重要的发现，往往是从失败的经历中得到启示而成就的。经历过人生低谷，才会更珍惜人生的高处的风景。

最后，告诉孩子学会赞赏他人，助力他人走过"蘑菇期"。在孩子的日常生活和学习中，他们经常愿意给幼小孩童鼓掌，愿意给耄耋长者鼓掌，也愿意为陌生人鼓掌。可有时，我们发现孩子却不愿给同龄者和才能相当的人掌声。这因为人们存在嫉妒心。嫉妒乃是人们本性，如果能控制在合理的范围内，则为正常的反应。如果个人愿意调整好心态，发现他人值得学习和借鉴之处，就会愿意送出掌声，真诚地欣赏他人，不过度抬高他人也不会自我贬低，积极肯定他人，为他人及时送去欣赏和赞美。尤其对于正在经历"蘑菇期"的人来说，赞美就是理解、肯定和激励，也会看见他人的宝贵品质，实现合作共赢！

人生不会一帆风顺，我们可以和孩子共勉：既然无法避免磨难，我们可以选择学习蘑菇，勇敢面对，走过这段黑暗时期，最终迎来阳光。

4.11 飞镖效应：家长给了孩子指导，为何反而徒增烦恼？

困惑再现

亲爱的家长，是否出现过以下情形：

看起来尽职尽责的语文老师，下课铃响了，还是想争分夺秒把这个古诗的意境讲完，并且牺牲了自己的下课休息的时光，结果同学们早早收拾好笔记本，心早已飞到教室之外；爱子心切的妈妈反复叮咛天气转冷，要穿秋裤的重要性，可是孩子却抱怨："有一种冷，是只有妈妈觉得你冷！"妈妈之后徒增烦恼，亲子关系似乎并没有想象中拉近，反而疏远；孩子抱怨总是有人开玩笑说，同桌小虎和她谈恋爱，可是父母反复教导，严禁中学时和男生交往过密，孩子到校后，反而见了那位男孩，脸很快变红了，结果更让同学们觉得她和那个男孩一定是"恋爱的绯闻关系"了。

为什么会出现以上现象呢？

心理卡片

在社会心理学中，把行为反应所产生的结果和预设目标恰恰相反的现象，叫作"飞镖效应"。这犹如人们用力把飞镖朝向一个方向掷去，结果却飞向相反的方向。在心理学上是比喻情绪逆反的现象。是由苏联的心理学者纳季控什维制最先提出的。

心理学中用飞镖效应比喻人们行为的结果"适得其反"的现象。如，劝说者进行说服和建议时，缺乏观察对方的情绪变化，也欠缺说服的艺术，仅仅从"我都是为你好"出发，极力宣扬己方观点和理念，结果让对方不信任，甚至遭到反感，最终效果和原本期望相反，沟通失效。

飞镖效应的产生原因：

一方面是内心抗拒而产生的情绪逆反。犹如"话不投机半句多"。话不投机让对方无法静心去听建议和指导，如果劝说者再强行灌输就会让人更加反感。就像家人之间的吵架，当正在情绪冲动之时，一方还想对另一方费心解释，可能会适得其反，因为首先要关注对方的情绪，而非去快速解决问题，以至于解释无效，不欢而散。

另一方面是目标和手段的不一致问题。二者一直相分离，人们只会把注意力聚焦在目标上，而忽视最优化选择手段的问题，以致会引发目标实现起了干扰影响。

预防飞镖效应要牢记两点：方法和目标的匹配性以及先处理对方情绪，再推进说服工作。

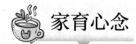 **家育心念**

飞镖效应对于家庭教育有何启示呢？

首先，家长在陪伴孩子的过程中，要克服飞镖效应，不陷入过度的担心之中。

有些文章的作者和自媒体，为了引起人们关注，会创造一些标题和名词激发大家的焦虑。比如有一个词叫"丧偶式育儿"，是指父母的一方很少陪伴孩子，表面看家庭功能具备，实则和丧偶类似。这类表达让许多父母陷入家庭养育方式的比较和反省，从而升级为对爱人的不满和指责。"丧偶式"甚至于"丧偶"，都不会等同于失败婚姻、无力的家庭教育。家庭是一个这样的空间，由物理、情感和文化等多个维度营造的。陪伴则是这些不同的维度的堆叠所营造的状态。"陪伴"并不等同于机械性的动作，陪孩子旅行、做花式早餐、每天的亲子共读等。做到这些也不等同于完美家庭，缺乏这些，就只是平凡家庭，普通工薪阶层，平凡早餐，各尽其责，互相关爱，也是简单的幸福。养育孩子时，与其用"丧偶式育儿"的名词来威胁爱人花更多时间在孩子身上，不如探寻你喜欢的多彩生活方式，让孩子看到家长是如何在平凡中成就自我，实现甘之如饴的人生样态；同时告知孩子爱人的努力工作，就是给孩子一个良好的示范，因为对方是在为家庭的幸福而努力。即便是不完整的家庭，也可以依然给予孩子丰盈的关爱，成就孩子生理和心理都能得以关怀的成长环境。

其次，和孩子分享"欲速而不达"的道理。有一个故事，一位画家对于自己的作品无法售出感到焦虑，这时有个人仔细打量作品后面露失望神情，画家追问："我画了整整一天，都卖了好几个月了。"男人笑着回应："你倒过来试试，花几个月画一幅画可能一天就卖出去了。"画家照做，结果如愿以偿。当我们单纯追求速度，便会迷失自我，缺少精致和耐心。《一万小时天才理论》说，如果想要成为某领域的行家精英，至少需10000小时的努力。也就是要稳进，慢而有为。

最后，告诉孩子，学会修心养性。练飞镖，心态很重要。许多竞技性比赛，比的不仅仅是技艺，还有强大的心理。如果做到赛前刻意练习，保持愉悦心情，就会树立自信，坚定前行。

《菜根谭》曰："心地干净，方可读书学古。"和孩子一起从书中学习古人的养心智慧：当年少初识愁滋味时，读一读诗仙李白的潇洒，"仰天大笑出门去，我辈岂是蓬蒿人"！当年轻壮志未酬时，学一学郑板桥的坚持，"千磨万击还坚劲，任尔东西南北风"！当中年深感压力时，品一品苏轼的豁达，"竹杖芒鞋轻胜马，谁怕？一蓑烟雨任平生"。当年迈两鬓斑白时，翻一翻曹操的诗篇，感受一下"老骥伏枥，志在千里"的豪情。

不同的情境，不同的时段，根据不同目标，选择适合的手段，方能有效避开飞镖效应，行稳致远！

4.12 负面偏差：
您对孩子的语言可治病，也可致病

困惑再现

　　疫情状态下，成人面对铺天盖地的信息，可能也会过度关注消息。同时会担心孩子会不会心理上受到影响，担心地询问孩子："你今天心情好吗？晚上会不会睡不着？会不会害怕？"家长问这些问题的时候，一定是带着对孩子深深的关爱，对孩子有无限的牵挂。可惜的是：这样的语言表达，不仅不能缓解孩子的心理问题，可能会带来或者加重孩子的过度自我关注，反而带来了心理困扰。

心理卡片

　　下面我们来说说，负面偏差的影响。

　　如果疫情当前，下列信息，您会更关注哪一个呢？

　　A：以下是未出现疫情的城市和地区……

　　B：以下是已出现疫情的城市和地区……

　　再看一组：

　　A：以下一组数字，是治愈出院的人数……

　　B：以下一组数字，是感染死亡的人数……

　　估计大多数人会关注信息B，这正是负面偏差在起作用。人们会有一种心理倾向，对正、负面信息的关注，完全不一样，会更多地关注负面信息，这种心理现象叫作负面偏差。

　　为什么会出现这个现象呢？

　　第一是生存危机。从人类进化角度来看，远古时代，如果人们没看到果树的甜美果实，当天就要饿肚子；如果人们没看到草丛树林里隐身的猛兽，那就必死无疑。显然坏事的后果更严重，更不可逆，人类的负面偏差心理就因此进化而来。这是大自然给予人类的能力，也是人类自保的能力，以便于生存及繁衍。

　　第二是竞争需要，我们对于竞争对手，会更加关注弱点和不足。当我们看到这些，并表达出来，是为了打击对手的信心，重塑己方的勇气！即便对方成功和获胜，也会更多地归因于运气和外在，而不愿意承认对方的美好品质和个人优势。

而我们如何克服负面偏差呢？

当掌握更全面、更正规、更科学的真实信息，我们就会更加客观评估危机程度和做好应对方式的积极心理准备。同时感受自己的内心负面情绪，看到内心的期待和愿望，会知道如何面对困境，而不会过度夸大风险，从而拥有平和的心境。当人们有了稳定情绪，心态有所调整，人们的机体免疫力也会有所提升，增强对于病毒的身体抵抗力，提升恢复健康的能力。

家育心念

负面偏差对于家庭教育有何启示呢？

首先，消极事件来临，注意您对孩子的语言。语言犹如给大脑下的指令一样，是可以被人们的潜意识接收的，无论是他人的潜意识还是自我的潜意识。所以说，医生和心理工作者恰当地运用语言的"话疗"功能，可以"治病"；但是如果运用不当，可能会"致病"。

因为语言是有声思想，所以具有极大的影响和能量。尤其孩子接收到的是来自权威人士和师长的语言，会对他们有着深刻影响。

其次，告诉孩子，保持适度的焦虑对我们有利。焦虑作为人类延续下来的本能反应，是对不确定性的情绪反应。和人类的其他情绪一样，如喜欢、恐惧等，是进化赋予人类的生存武器。如果没有了焦虑，我们面对老虎的威胁，会不以为然，也就不会激发应对技能和快速反应；可是如果我们面对一只山羊，也会胆战心惊，高度焦虑，就会有自我情绪的损耗，拉低生活的质量。

适当的焦虑，会助于我们意识到问题的存在，又会促使我们想办法去自我保护；适当的焦虑，可以让我们的思维更敏锐，精力更专注，办事更高效，也是提升自我的宝贵机会。当我们遇见一个负面信息，我们保持清醒，去评估风险度和积极应对方案。《习惯的力量》中提到，如果我们想改变一个旧习惯，就要用另一个期待行为逐渐替代。保持适度焦虑，就是用新的思维模式去代替旧有的习惯思维。

最后，和孩子一起把注意力放在积极美好的事物上。养成用心感知美好，记录美好，分享美好的习惯，而此类记录会让我们有"复盘积极事件"之后的积极情绪，会感到幸福温暖又充满力量。这会让孩子在面临困境的情形时，仍会追求感受美，欣赏美，感恩他人的善意和付出。

这样的积极事件的觉知训练就会利于降低孩子的惯常的负向思维，增强心理安全感。当孩子能够有效转换思维，欣赏美好和感恩他人，就会促进多巴胺等神经递质的分泌，让孩子提升积极情绪，进而增强注意力、提高记忆力和免疫力。

需要提醒的是，真正拥有积极思维的人，并不会盲目乐观，否认消极因素和消极情绪的存在，他们学会了接纳情绪的意义，看到了背后的心理需求，而不至于沉迷于其中。正是这类思维，可以帮助我们和孩子一起，去避免陷入负面偏差里，在危险中看到机遇，在绝望中看到希望，在不自由中感受心灵的自由。

毕竟，语言犹如给大脑下的指令，是可以被人们的潜意识接收的，无论是他人的还是自我的潜意识。

与孩子对话，请注意我们的语言！

4.13 酸葡萄和甜柠檬心理：孩子遇到逆境，如何让其内心获得平衡？

 困惑再现

有的孩子精心准备参加市级青少年演讲大赛，无论是选题还是表达，以及个人形象都出类拔萃，于是在校级海选比赛上，脱颖而出，接下来代表学校参与区级的比赛，可能有两种结果：

第一种是顺利晋级，实现了目标，此时孩子可能这样想："付出就有回报，能去参加市级的比赛，真是一个宝贵的机会，到一个更大的专业舞台，去展示自己；见更多有竞争力的对手，去提升自己！"

第二种可能是在区级比赛中被刷下来，此刻孩子可能会对您说："准备比赛已经两个星期，紧张准备，也没有休息好，即便胜出去参加市级的比赛，未必是好事，影响睡眠，打破生物钟，熬夜准备PPT和音乐，影响下周的联考，不值得！被刷下来，真好！不用惴惴不安了！"

　　看！孩子面对不同的结果，竟然都会合理化地安慰自己，平息自己的情绪，缓解自己的压力和隐藏自己的尴尬。

　　孩子适度运用这类表达，会对调整心理起着重要作用。这是鲁迅笔下的阿Q精神，在心理学中，叫作酸葡萄和甜柠檬心理。

心理卡片

　　从心理学角度看，酸葡萄心理是指当个体没能成功实现某个目标，为了缓解内心的不安感和寻求自我安慰，就会把原本"期待实现的目标"贬低为"不值得"，这个现象叫作"酸葡萄"机制或效应。之所以产生这种心理，是因为个体真正的内心需求无法获取满足，而产生了挫折感，就会编造"理由"进行自我安慰，让自己从不满、不安等心理状态摆脱，得以自我保护，达到心理平衡的结果。

　　《伊索寓言》中有一个故事：在一个炎热的夏日，有一只狐狸经过果园，它看到了熟透多汁的葡萄。狐狸想取下来以解口渴。它先是后退几步，向前冲去，起跳后却无法够到葡萄。狐狸之后又尝试了多次，都没有实现目标，拿到那串葡萄。最后，它被迫选择放弃走开并告诉自己："我敢肯定它是酸的。"

　　同样心理状态下，也会有另一种现象，即"甜柠檬效应"。该效应和酸葡萄心理恰恰相反，如果得不到葡萄，而自己当下只能获取柠檬，就会说柠檬很甜。当个体达不到目标时，为了冲淡内心的不安，就会百般提高自己业已实现的目标的价值，强调自己的既有状态最好，以此减轻内心纠结和不满，实现心理平衡。这一心理现象叫作"甜柠檬"机制。

　　二者的共同点是个体遇到挫折以"合理化"的理由来达到缓解不安、心理自救的目的，从而以另一个角度去解释当下的失败。比较看来，酸葡萄效应是去贬低预期目标的价值，而"甜柠檬效应"是提高既有的目标价值。

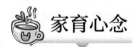
家育心念

　　酸葡萄和甜柠檬心理对于家庭教育有何启示呢？

　　首先，鼓励孩子适度运用这两个效应劝安慰自己。家长可能会发现，孩子每当考不好的时候，会运用酸葡萄与甜柠檬效应，为挫折行为采用"阿Q精神胜利法"来安慰自己，会说到"平时比我强很多的帅虎还没有我考得多""尽管总分退步了，但是我英语学科还是取得了进步"或者"虽然所有科目均有所下降，但是我英语学科的短文改错就仅仅错了一个，是一个突破"。甚至孩子会表达"感谢这次没考好，我就属于越挫越勇型的同学，我这次考不好，会激励我更努力下次考好"。当然，我们家长思考，为什么孩子会对家人这样说？大多数情况下，孩子一方面是为了避免家长的指责为自己先开托脱，另一方面为了保护自尊心不受伤害，毕竟落后时，孩子的内心会出现不平衡。

其次，我们需要提醒孩子适度运用这两个效应。"酸葡萄"是在丑化无法拥有的东西，而"甜柠檬"则是极力美化所拥有的东西。

如果个人运用得当，就利于消除紧张情绪、避免冲动性和攻击行为的产生。毕竟鲁迅笔下的阿Q精神，是内心麻木、自甘堕落、得过且过又不思进取的，所谓"精神胜利法"，多指贬义。在当今社会的发展中，面临社会竞争和心理压力，存在心理问题的人并非本身不积极上进，反而是过于追求完美，对自己过于严苛，总是自我否定和自我贬低。对于此类人，精神胜利法相对于病态自卑心理，当然更好。阿Q精神对于这些完美主义的人士来说，也许就是一剂良药。如果个人运用过度，则会阻碍个人的进步和提升，也许可以"曲线救国"，孩子依然可以实现既定目标。正如那只狐狸，也许可以通过观察人类是如何够到高处的葡萄的，最后通过借助梯子而实现了目的；或者是借助晶莹剔透的葡萄的影响，让自己诗兴大发，写下美好的文字，去传播对美好事物的向往，也许因为有长颈鹿朋友喜欢它的文学作品，而前来帮助它摘下最高也最甜的那一串葡萄……

最后，我们给孩子分享一个思维模式"是的，那么……""Yes，and"是起源于意大利即兴戏剧表演的核心技巧，意为"是的，那么……"对既有的现状进行接受，而不抱怨命运的不公，不攻击环境的不顺，学会接受不完美的自己和现实，然后紧握负责任的旗帜，朝着既定的方向，寻找可借鉴的资源，发挥自我潜能，达到自我实现，或者是积累经验。无论结果如何，都可以是一个崭新的"Yes，and"，在此基础上，个人不会逃避困难，而是直面考验，接纳情绪，展开行动，为所能为。

人们经常运用"酸葡萄"和"甜柠檬"效应当作一类心理防御机制。当面对挫折时，不妨适当运用，保护心理健康；同时也去发现自己，看到自己的优势发挥空间，而不是逃避现实、艳羡别人又轻视自己，就在过着有意义的生活！

4.14 维特效应：如何避免孩子情绪受到传染？

困惑再现

当下，网络信息发达，各种自媒体的信息铺天盖地，人们对一些消极事件关注度也在提升。其中不乏一些极端案例或者危机事件。对于孩子们来说，这样的信息会对他们产生怎样的影响呢？家长需要和孩子如何沟通和交流呢？

心理卡片

通俗而言，维特效应是指在媒体报道的自杀新闻后，所引发其他人"盲目模仿性自杀行为"，也被称为"自杀传染"。这个词源于风靡全球的经典文学作品《少年维特的烦恼》，1774年，作者歌德发表小说，其中对于主人公维特因失恋而自杀的情节进行了描写，在作品出版之后，就有欧洲的部分青年去模仿"维特"，引发了自杀事件的发生。

20世纪70年代，美国的社会学家戴维·菲利普斯首次把这个受到传媒宣传所影响的模仿性自杀行为，称为"维特效应"。菲利普斯开展了一项研究，统计1947～1988共42年英美的自杀数据。研究发现，在报纸上发表自杀新闻事件之后，自杀事件会出现增多的现象，甚至这些人运用的方式和报道的自杀方式一样。即，每当自杀新闻公布，接下来一段时间，在新闻所辐射的空间区域，自杀率竟然会出现递增。这个现象的产生就因为维特效应。

自杀行为具有一定模仿性和情绪传染性，尤其在同一个团体之中，如果成员存在普遍的某种负面情绪，又缺乏必要的心理疏导和干预，当有某个成员选择一个方式发泄，其他人就会倾向于去模仿该种行为。

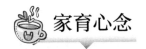

家育心念

维特效应对于家庭教育有何启示呢？

首先，预防情绪"流感"，注意对于负面新闻事件的宣传信息的断舍离。假期中，不少孩子过度关注某一消极事件的报道，家长刻意建议孩子去选择特定时间段在官方平台浏览信息，而不是各种标题党的自媒体过度渲染的新闻，过了那段时间，及时停止。如果此类信息过载，孩子的神经会一直处于紧绷和焦虑的状态，避免陷入信息的茧房，及时过滤不必要的信息，从而释放这一消极事件的注意力。不妨家长推荐孩子采取适度体育锻炼，运动可以缓解抑郁和焦虑情绪，同时，规律运动还能够改善睡眠状况，助力情绪的调节。美国疾病管制预防中心报告显示，精神疾病不具有传染性，但大量研究证据表明，"自杀"具有传染性。心理专家认为自杀之类的负面新闻，易引发人们产生这些心理反应，对死亡产生神秘感、痛苦、认同感或者对自杀者的同情。一种反应是同情自杀者心理，并认为无论事情怎么发展，不至于到去自杀的地步；另一种是对死者这种选择的深深认同感，认为死亡是一种解脱方式，一些本来就有自杀想法的人就想效仿，这些自杀新闻，会让他们想到要体验这种感觉，如果缺少亲友的理解和陪伴及对自己生命使命的认同，这些反应进一步扩大，就容易受到维特效应的影响。

其次，告诉孩子，学会辨识他人情绪的背景和自己的情绪。

我们和孩子分享，要学会分辨自己的情绪，知道当负面事件来临时，情绪是什么，源于何处，内心的期待和可运用的解决方案。还要辨识他人的情绪，知道对方的情绪，并看到他人情绪的背后的心理机制，也许除了和当时的情况相关，还有另一件引发对方情绪的事件。在家庭关系中，问题经常是由情绪辨识不清而导致。我们家长如果能够做到不把成人的情绪迁移到无辜的孩子，这样就不会因为莫名的情绪影响到亲子关系。和孩子一起提升情绪的辨别力，具有精确地识别他人和自己在特定情绪中的能力。有研究证明，个体的情绪识别越精细，就越能理解个人情绪和生活事件间的关系，就越有智慧更好地应对生活或学习压力与内心冲突。

情绪鉴别能力低的人，无法识别情绪，也无法进行有效应对。

最后，建议孩子学会认知调整，以便于发展出全新的认知模式。比如可以建议孩子改变和调整参照系，在孩子所处的情境中，孩子自然选择的参照系是和其他同伴的理想生活对比，如果总是把自己的缺点和糟糕情形与他人的优点相对比，就会出现糟糕透顶、灾难化和无能为力的想法。假如合理选择比较对象，或者把疫情封控期间的生活和地震、战争相对比，可能就会有不一样的发现。当然还可以和孩子们通过列举时间线，去理解当下的困难。如，最近的学校广播操比赛自己作为领操员表现不够好，而名次较低，觉得很自责懊悔。但是，如果孩子画一条时间生命线，列举出其他可能会给我们带来丧失感的事件，如，失去亲人，失业、失能等做对比，也许对于当下的生活，会有新的理解。如果孩子能够再列举人生中的重要成就事件，考博、就业、恋爱、结婚、生子、旅游、好友等，也许就会对当下的烦恼和困扰，会从不同的视角看困境。

情绪是身体与外界信息连接的通道。孩子只有学会了时常觉知，才能看见自己内心深处的需求和渴望，才能在纷繁复杂的信息时代，智慧选择有利信息和积极采用各种应对方式面对当下，拥有健康身心去体验属于自己的独特生命旅程。

4.15 疤痕实验：
孩子有了心灵疤痕，家长如何抚慰？

 困惑再现

对于一些高敏感的孩子，可能会因为他人的一句玩笑话而记在心里，心生委屈和愤怒；可能会因为他人的眼神和表情而觉得他人在轻视自己；还有可能认为他人的言语和行为是出于对自己的敌意；即使老师在班级里没有点名批评一些同学的行为时，高敏感的孩子可能很快就会对号入座，认为老师一定就是指责和嫌弃自己。

这些外界的言语、非言语信息和行为表现，不会在他们身上留下疤痕，但可能会在他们的内心留下疤痕，这些疤痕容易让他们产生自卑、嫉妒甚至愤怒等情绪，进而会有消极心理暗示。

心理卡片

我们来了解"疤痕实验"。

心理学上有个著名的实验，被称为"疤痕实验"，研究人员招募一些志愿者参与实验。请化妆师在每位参与者的左脸上，精心化妆，制作一条逼真而可怕的明显疤痕。然后让志愿者通过一面小镜子看到自己脸上这条疤痕。当参与者看了自己的新"尊容"后，收走镜子。之后，心理学家又开启了关键一步，那就是告诉志愿者，为了让这条疤痕更逼真而持久，不易露馅。化妆师还需要在疤痕上再做修整，进行再次涂抹和修饰。而事实上，化妆师仅仅是用潮湿的棉纱把化好的假疤痕和周边的血迹擦拭干净而已，可是还会告诉志愿者们，经过修饰，疤痕变得更逼真和可怕。继而研究人员分别把志愿者们带到不同的大医院候诊室，装扮成等待创伤科医生来进行治疗疤痕的患者。

志愿者需要充分观察和感受候诊时周围人士各种反应，之后把他们带回实验室，让他们用纸笔描写当时在候诊室的感受。他们普遍认为，周围人们看到他们时，会比以往更加粗鲁无礼，表现出嫌弃和厌恶的感觉，有些人甚至还会不礼貌地盯着他们的脸上的疤痕看！这个实验发人深省，他们的脸上和往常一样，可是竟然得出这样的结论，为什么呢？

原来，是扭曲的自我认知影响到这些参与者的自我判断。我们发现，个人内心如何看自己，就会感受外界以怎样的眼光看自己。同时，该实验应验了一句西方格言："别人是以你看待自己的方式看待你。"

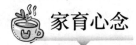

家育心念

疤痕实验对于家庭教育有何启示呢？

首先，家长多和高敏感的孩子进行对话，了解孩子的心理创伤经历。告诉孩子，及时和信赖的师长表达自己的内心感受，并且承诺孩子会好好倾听孩子的声音。每个人在成长过程中，都会受伤，而这对于高敏感的孩子都可能会在内心里留下一道疤痕。也许孩子意识中已经忘了这些事，也会有一些轻度疤痕会随着时间流逝而消失。而一些深刻的疤痕却不会自行消失，而是会在潜意识中潜藏，会不知不觉中影响着未来孩子的自我认知和人际互动。

同时我们家长需要提醒高敏感并非缺点，而是一种性格。高敏感是美国心理学家Elaine Aron博士所提出的概念，是指天生就具有敏锐感觉的人们。这种敏感并不是疾病和障碍，而就是纯粹天生具备的特质。Elaine Aron博士认为，他们知觉器官并不是对外界信息有过度反应，而是他们的认知和情绪敏感度很高。这些人士的高度发达的神经系统使得他们会敏锐察觉细节变化，进而影响情绪和心情。他们也具备一些优势，比如更关注细节变化；会深入思考后再进行信息输出；对他人的同理心也会更强，对于弱者会更加切身体会他们的处境和感受，并会带来同频的情绪，也会更容易获取弱者的信任和尊重。

其次，告诉孩子重新看待心理创伤的意义。一方面，意识到人人都会经历创伤，可能会表现在人际关系、学业表现、重大的生活事件等。比如当今孩子会面对父母冲突，甚至父母离异、家庭成员间的代际矛盾，多子女家庭结构变化等都有可能会带来创伤。当充分和他人交流后，发现自己并不孤单，还会发现每个人都有生命的韧性，会运用个性化的方法应对困境。

另一方面，重新去看创伤的意义。不可否认，内心创伤对个人而言，会是痛苦体验。但是因为有创伤体验，也让我们对生命会保持更清醒的觉察。我们会看到自己是如何在困境中一路走来，最终突破困境。在回顾中我们可能会意识到自身的力量和资源，看到自己并非在困难面前是无能为力的。在5·12汶川地震之后，许多心理学者在灾区一直进行着大量以创伤治疗为主题的项目。许多人去当地，带着对生命的尊重和关爱并留在那里，用专业技能和耐心陪伴去抚慰那些受伤的心灵。这也是创伤的意义，让我们多了机会去和生命重建联结，专心体会当下，对生命会有更深层的理解，带着这份理解，就可以去自我关爱，善待生活，珍惜明天，逐渐改变对于内心疤痕的看法。

最后，教会孩子学会理解和关爱自己。许多家长教育孩子要有爱心，去大自然，爱白云蓝天，爱青山绿水，爱身边亲友，爱各种动物等，却忘了教育孩子要学会关爱自己。很难想象，一个不能自我关爱的人，如何有能力去真正爱他人。自我关爱有宽泛的概念，包括对自我有耐心、自我接纳和关爱，或是能够清晰自我的情绪来源和背后的需求。自我关爱不是自我批评，而是可以认识到缺点和不足，会在挑战和困难面前，关爱、抚慰和激励自己。自我关爱不是压抑自己的需要，而是主动自我安慰，如同对待处于困境的亲友那样。我们在接受当下的自己之后，看看可以做些什么关爱和抚慰自己，如：

安抚和积极自我暗示；爱护和照顾自己的内心需求；感受和看到可以如何满足当下的需求；以及去像渴望中的父母一样，鼓励、安慰和回应自己。

如果一个孩子不会自我关爱，就很难具备关心和善待他人的能力。当孩子学会自我照顾、自我关爱和自我管理，就会在修复内心的那道疤痕。

我们用《当我开始真正爱自己》的片段，结束本节，我们家长可以和孩子共读共勉：

当我真正开始爱自己，我才懂得，把自己的愿望强加于人，是多么的无礼，就算我知道，时机并不成熟，那人也还没有做好准备，就算那个人就是我自己。

今天我明白了，这叫作"尊重"。

当我开始爱自己，我不再渴求不同的人生，我知道任何发生在我身边的事情，都是对我成长的邀请。如今，我称之为"成熟"。……

当我开始真正爱自己，我开始远离一切不健康的东西。不论是饮食和人物，还是事情和环境，我远离一切让我远离本真的东西。从前我把这叫做"追求健康的自私自利"，但今天我明白了，这是"自爱"。……

当我开始真正爱自己，我们无须再害怕自己和他人的分歧，矛盾和问题，因为即使星星有时也会碰在一起，形成新的世界，今天我明白，这就是"生命"！

4.16 拍球效应：
家长如何引导孩子正确面对压力？

孩子在成长的不同阶段，会面临着不同的压力：

在人际交往中，会面临着是否被他人认可和接纳的压力；在学业表现中，会面对来自同学的竞争压力；在重大考试中，会面临是否能够实现愿望的压力；在各类活动中，会面对是否可以代表一个团队获取晋级或表彰的压力；在攻读学位时，会面对来自导师期待的压力；甚至有些孩子在和自己的过去辉煌或者和理想中的自己做比较，也会面对来自内心的压力……人人有压力，事事有压力，压力会伴随人生。这些压力要么来自外界，要么来自内心，孩子如何看待压力，也会影响着未来的挫折应对，影响着身心健康。

心理卡片

今天我们来学习：拍球效应。

拍球效应（Bounce Ball Effect）指的是人们拍球时，所用的力越大，球会跳得越高。该效应的寓意是：个人承受的压力如果越大，潜能就会发挥得越大。反之，压力较小，潜能发挥程度也会越小。

有位先哲曾经说过，"压力就像呼吸一样永远存在，只有呼吸停止了，压力才消失"。如果人们一直在舒适区，毫无任何压力，就容易停滞不前，表现颓废，难以成长进步。普通体力工作者，感受的是身体疲惫和生存压力，而脑力工作者感受的则是精神紧张和发展压力。研究发现，人们所面对的适度压力会利于身心保持良好状态，并且助于发挥个人潜能，提高个人绩效与促进社会进步。

有这样的一个故事：有位老船长，航海经验丰富，经历过大风大浪。

某天出海，他的货轮在卸货之后，就在返航的途中，遭遇了风暴。当时水手们都惊慌失措，无计可施，而只有老船长保持冷静，果断向水手下了命令：打开货舱，并往舱内灌水。结果水手们惊讶地发现，随着货舱内的水位逐渐上升，船体就会逐渐下沉，货轮也行驶得越来越平稳，抵挡住了猛烈的暴风雨。看到水手们的疑惑神情，老船长解释道："百万吨的巨轮很少有被打翻的，出事故的往往是根基轻的小船。船在负重时才是最安全的，空船时则是最危险的。当然这种负重也需要根据船舶本身的载重能力而定，适当的负重可以让船只抵挡暴风骤雨的侵袭。"这就是拍球效应在起作用。当船只承担了适度的压力，结果就会发挥出稳定的本领，在风雨中前行。

孩子会面临升学和就业，面试和竞争，交友和婚恋等，每个阶段，都在面临着压力。如果没有压力，就如同猛烈的暴风雨之中那艘货轮，只有借助压力，才会稳进而行。

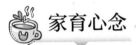 家育心念

拍球效应对于家庭教育有何启示呢？

首先，家长要意识到：给不同孩子进行不同的压力管理教育，是一项艺术。犹如许多中学为中高考的同学们，会在100天开启励志施压的讲座，或者会在考试之前一周准备减压心理讲座，同时也号召家长同步进行，配合主题宣讲。可是却忽略了孩子们对于压力感知的差异。对本身毫无毕业阶段中高考压力孩子，不是去做减压，而是要适度地进行施压；而对本身就有很大心理压力的孩子，就没必要强行励志，而是需要设法去缓解压力感。

适度压力能够成为孩子愿意学习的动力，但是压力过大过小都会没有作用。缺乏适度的压力，就不会激发独立思考能力，也会减弱创造力的培养。因此，无论减压还是施压都是艺术，方法欠妥、发生偏差，不仅会对学习无助，还会让孩子形成不良的心理倾向。对于成人来说，适当压力也可以变成改变时机和工作动力，激发更大潜能，促进个人发展。当面对其他家长的育儿宝贵经验的时候，我们难免会感到被比较的心理压力，但是需要评估个人的压力来源，明确压力极限，在能力范围内，逐渐总结和学习育儿经验，促进亲子关系的和谐互动。

其次，管理压力就是管理情绪，避免亲子沟通中的冲突和争吵。一个真正成熟和理性的人，都会善于表达情绪和需求和避免争吵。不能管理好压力，个人的内心中就会压抑和隐忍着许多的情绪。如果家长和孩子沟通时，都处于压力大的情况，开始争吵和出现语言暴力，假如此刻，有一方决定主动暂停，并且保持冷静，就是在适时中止"拍球"行为，避免拍球效应的消极影响。因为对方激动的情绪，也源于己方的不断施压。我们家长可以尝试一些

做法：

第一是表达时多用第一人称。如果过多地使用第二人称，就会给人一种"被指责"的感觉，如，"你就是这样没记性！你们的想法怎么会这样荒唐！你总是这样！"等。如果多用"第一人称"，去表达一些建议性内容，如"我的想法是怎样的……""我看见你……""我感觉到……"等。第二是要多用一些中性的情绪词汇。其实在发生争吵时，就会因急于表达，口不择言，激发矛盾。当选择用中性词汇来表达情绪时，比如"我觉得难过，因为你似乎误会了我的本意""我感到很紧张，因为我担心加重你的心理负担"等。第三是要给出方案。考虑对方的现实接受度，给出一个解决方案，询问对方的可行性，征询折中的解决途径，而不是让亲子之间的沟通压力升级。

最后，告诉孩子要正确看待压力的意义。个人面临压力的应对方式不同，会带来不同结果。如果直面困难，而非逃避、否认，不知不觉间，我们就会启动资源，强化应对压力的成就感；当我们在面对挑战时，可以调动资源和能力，也就会更自信，从而提升自我效能感，增强人际连接能力，逐渐建立强大的社会支持系统。

心理学者对压力、难度和业绩的关系这样解释：在简易情境下，需要较高压力才会产生最佳成绩；在复杂情境下，则是较低的期待和压力产生最佳成绩。就如同运动员参加比赛，会把自己调整到适度压力水平，让自己保持兴奋，从而可以进入最佳竞技状态。再如考场上，适度压力能调动学生大脑的兴奋度，从而助于考出好成绩。所以，适度压力利于完善人格发展和挖掘潜在资源，都有着正面意义。

正因为承受了压力的重荷，喷水池里才会出现银花朵朵！

米兰·昆德拉曾经说过，"压倒一个人的不是重，而是不能承受的生命之轻。"调整压力，拥抱压力，与压力共舞吧！

4.17 睡眠和心理健康：
关心孩子心理健康，请关注睡眠状况

　　"每天早晨自然醒"是许多人的期待和梦想。可作为家长的我们会发现，白天孩子可能忙于学习，回家也许会辗转难眠；明明睡眠时间不足，却天还没亮就早早醒来？中国疾控中心的精神卫生中心主任黄悦勤曾经说过："当坏睡眠严重影响了日常学习生活，并持续一段时间，这就是睡眠障碍的表现。但是，睡不好的诱因很多。"让我们一起来关注睡眠和心理健康。

🧠 心理卡片

　　人体的健康有几个关键因素，如：平和的心态、平衡的营养、适度的运动和充足的睡眠。随着经济的快速发展、生活节奏的加快，社会环境也变得更加多元化，都在对人们的身心健康产生影响。长期睡眠不足会影响人们的记忆力。有项睡眠研究，选择了两组被试，第一组成员连续有36小时没睡，第二组有足够的休息。两组都经过两个夜晚的恢复性睡眠，接受记忆力测试。测试内容分为正面、负面和中性的词汇。第二组睡够的人结果回忆出超过40%的内容，正负面的单词比例相当。睡眠不足的人记住了更少的词汇，而且记住大多是负面内容，具体来说，对正面词汇的记忆下降了50%，而对负面词汇则减少了20%。研究结果表明，睡眠不足会让人们更容易记忆起消极事件，甚至是积极事件的两倍。

　　良好睡眠可以补充人体的能量，提升自身抵抗力，促进身体和精神得以重整和焕新。研究发现，多半的失眠状况和焦虑、抑郁或心理压力密切相关。睡眠障碍同时是抑郁症的典型症状，如果失眠，抑郁症发病率会高出3～4倍。因为大部分抑郁症的人士是有失眠问题的。心理健康状态和睡眠互相影响。当今，青少年更加倾向晚睡，加之本来学习压力、青春期心理问题和同伴竞争都是影响身心健康的因素。

　　睡眠质量影响着人们的心理健康，我们来看看失眠的质量：首先是暂时失眠，这类失眠仅仅维持几天而已，通常因为情绪短时兴奋、暂时性紧张或异地时差所引起，大部分人就会自发调整，可以当作特殊的体验。这类情况，不必惊慌，经常会逐渐消失和不治而愈。其次是短期失眠，会持续几天到3周，可能是患有身心不适或有心理创伤发生。这类失眠可以通过自我调节或求助心理咨询师的帮助，会渐渐缓解得以改善。最后是长期失眠，一般会达到数年的时间，甚至形成了应对各类压力的习惯模式。通常需要专业精神科心理医生和心理治疗师共同解决。

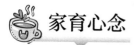 家育心念

关于孩子的睡眠问题家长有何注意事项？

首先，青少年要培养良好的睡眠习惯。睡眠不好会诱发心理疾病，形成影响身体的恶性循环。研究表明，长期的失眠会让大脑缺乏休息，无法修复和更新神经细胞，就易诱发脑功能的病变，甚至还会扰乱人体的分泌和免疫功能，带来更多负面情绪，诱发抑郁、焦虑等心理问题。睡眠不仅看睡眠时长更看重质量。睡眠充足未必是好睡眠，还取决于睡眠质量。有人睡得久，却并不会轻松愉快，反而会无精打采。睡前有些注意事项：可以回想一些令人愉悦的事，尝试正念呼吸，这会助于快速进入睡眠；有些孩子晚上喜欢吃夜宵，一般而言，人们需要2～3小时消化所有食物。如果吃得过饱，这会让孩子胃部不舒服，睡前3～4小时最好不要再进食；睡前不要进行剧烈运动，因为这会让肾上腺素提升，人更容易兴奋，睡前3小时最好停止锻炼。有人觉得自己的睡眠不够，反而一旦有了午睡，就会不限制时长；睡前少看电子产品，这样才会减少外界的刺激和屏幕的蓝光刺激，因为蓝光会抑制褪黑素的产生，这又会影响到身心健康。尽量营造安静环境，忌喝浓茶和咖啡等提神饮料。

其次，告诉孩子，要以宽容的心态面对失眠。研究表明，有许多因素影响人体寿命，睡眠会有重要影响。心理专家建议，需要以从容的心态对待睡眠。睡眠是基本生理需要，具有一定的波动性，也很正常，不必刻板要求每天都是确定的睡眠长度和模式，这样反而会让孩子有心理负担。对睡眠过于紧张，反而会影响睡眠质量。偶尔睡不着或半夜醒来也不必过于恐慌，平静等待再进入睡眠即可，这样就会减少焦虑，逐渐改善睡眠的质量。

最后，陪伴孩子感受睡眠障碍的原因，主动自我调节，不做"特困生"。情绪和睡眠密切相关。尽量保证睡眠时间，青少年最好要确保7～8小时睡眠时长。由于学业负担和青春期敏感丰富的感受性，青少年容易有睡眠问题，只要梳理出正确的睡眠观念，做好时间管理，具备独立自主和自主规划的能力，就会保障睡眠的质量。

4.18 关于做梦：
孩子经常做梦，是否需要看医生？

若萱是高一年级女生，刚开始住校，第一周给家人打电话比较频繁，自述经常做梦，例如：梦见自己在飞，后面总有人在追；梦见重要考试却忘记带准考证，而着急醒来等。家人开始担心，若萱这样做梦，会不会是心理疾病？为什么会做这些梦？

心理卡片

梦是潜意识的流露。

奥地利精神病学者和心理学家弗洛伊德指出："一切梦的共同特性，第一就是睡眠。"梦分为显性和隐性梦境。前者是梦中包含的实际图像，栩栩如生，还包含一些思想内容，而隐性梦境则是和潜意识相关，这类梦常常隐含丰富的心理意义。

潜意识是指我们清醒状态下没有意识到的那部分，如同暗礁，深藏在海洋深处。人在清醒时，意识居于主导地位，潜意识就会隐藏或压抑在内心深处；而睡眠状态下，意识渐渐退出舞台，潜意识开始唤醒，就会"做梦"。

精神分析强调梦的重要性，却需要有专业胜任力的心理咨询师进行工作。而非刚入门的初学者，逢梦必分析，却不知不觉间偏离了当事人的感受；还有自恋者会用粗浅的心理学知识，解析他人，只为显示自己的高深莫测，而忘了尊重当事人的接受程度；还有人际焦虑感强的人，也会随时随地用所谓心理学理论去分析他人。

实际上，同一个人，同样的梦，不同时期，有不同含义；不同的人，相似的梦，也有不同含义。有些人梦见蛇可能是恐惧，也有些人的认知里，蛇是吉祥的象征，那也许是代表安宁。理解梦中的情绪和感受做梦人的心理不能隔空分析，缺乏咨询情境，没见本人，不听本人的表达，全凭主观臆测，这是"野蛮分析"，充满了其本人的内心投射。

梦是愿望的达成。

人的一生有三分之一的时间是在睡眠中度过的，弗洛伊德认为，梦本质上都可以说是愿望的达成。孩子的心理单纯，梦也单纯，未曾经过修饰和变形，小孩子的梦，是直接的愿望达成，孩子的梦简单易懂；成人的梦，会经过修饰和化妆，有变形的可能，比如，在情感或职场中受到的创伤，意识中觉得需要维系关系或者保持岗位，在现实生活中就会受到压制，压抑在内心深处，就会构成潜意识的一部分。在梦中，这些期待和愿望就可能显现出来，甚至变成光怪陆离难以理解的梦境。

梦是正常的生理活动。

有观点认为，做梦是人们正常的生理活动。

健康的人在熟睡时，都会做梦，做梦的过程，是在处理白天经历的生活和工作所留下的记忆，脑力越发达的人做梦越多。睡眠中的做梦过程，全身肌肉放松，是大脑对意识清醒状态下接受的各种各样的刺激所进行信息处理和整合的过程，对白天的信息进行碎片化的处理，保留有价值信息，过滤无用信息等。梦离不开日常生活，我们常说："日有所思，夜有所梦！"梦会处理白天的所见所闻所思，如，有人白天看了电影，夜间的梦可能与电影的场景或当时的情绪相关。

不做梦的人，并不代表睡眠质量不好，可能是大脑受到损伤的影响。大脑调节中心如果受损，不宜形成梦境。有临床医生认为，有一些头晕或头痛的人，可能很少有梦，医学观察表明，痴呆和慢性脑部疾病的患者梦境少于正常同龄人。

当然，我们对梦的感受度各异，有些人记得清自己的梦，有些人感受不到或无法记住，主要看梦发生的阶段。睡眠可分为快速眼动睡眠和非快速眼动睡眠，这两个阶段互相交替进行。

快速眼动睡眠（REM）时期，睡眠时的眼球快速运动（50～60次/分）。80%的梦会发生在这个REM阶段。如果从REM阶段的睡眠中醒来，对梦会记得很清晰。

如果在该阶段结束时或者深睡眠中醒来，就会觉得自己一夜无梦，实际上梦已悄然发生。

首先，了解梦的储存功能。梦境可以锻炼人们的脑部功能，去解决清醒时的冲突，让生活更加充实。如果一个人白天时凝神聚力地思考某个问题，没有想到解决方案，或许在梦中就能继续思考，甚至解决问题。在梦中，我们可以储存所学习过的东西，过滤不重要的信息，同时研究也表明睡眠会助于记忆的储存。

其次，梦境助于帮助人们开拓创造性思维。梦可以激发我们大脑去建立新的联系，激发出有用的想法。有一项关于英国剑桥大学有卓越成就的学者的调查，结果发现70%的学者认为梦让他们受到过启发。例如，奥地利格拉茨大学有位药理学家奥托·洛伊苦苦思索一个学术问题，未能解决。1921年复活节前夜，竟然在梦中做了一个实验，证实了自己的设想，梦中惊醒，立即在纸上做了记录，又继续睡去，第二天醒来，看不懂自己的记录，过了一天，梦竟然又有了续集，终于看到并记住了清晰的实验过程。后来，他因此项研究而荣获诺贝尔生理学或医学奖。

最后，和孩子谈谈梦中的情绪。梦境有警示困境和缓解情绪的作用。梦中出现险象环生的情境，会让我们对可能出现的风险和困难有心理准备，提供一个让我们可以在现实生活中进行技能提升和困难准备的机会。如，逃离危险情境的方法、提前做好充分的物质准备、合理分配时间。

梦可以帮助人们缓解负面情绪，亚利桑那大学医学院临床心理学家鲁宾·奈曼认为，做梦的大脑如同消化系统，会去消化、筛选和加工处理白天的接受的刺激信息，也包括负面的情绪。奈曼称此理论"内部心理治疗法"。也有研究发现，在有抑郁情绪并需治疗的离异女性中，那些经常做梦，梦中呈现出原本婚姻中的消极情绪，并和咨询师表达出来，恢复较快。

有时候如果连续做噩梦，也许是身体虚弱或有病症的征兆，做必要的躯体疾病检查，能够排除疾病的话，那么需要进行心理世界的探索。

和孩子一起谈谈梦，这也许是了解孩子内心情绪世界的一个通道。有时候，遇到困惑，感受做过的梦，尤其是重复的梦，也许您会豁然开朗。因为梦可能知道答案。

4.19 福流体验：
孩子说没有幸福感，家长怎么办？

困惑再现

　　孩子有时会感叹：作业没完没了，任务每日都有，老师不理解自己，又缺少骄傲的资本，小小年纪，可能会感叹：不幸福！

　　也许是孩子在勿忙的生活中，没有全心投入去享受，所以没有感受到幸福感。谈到幸福感，就要说说这个心理名词：福流。

心理卡片

　　"福流"（Flow）这个概念是由美国芝加哥大学的心理学家米哈伊·西卡森特提出的，他一直在研究成功者的幸福感的高峰体验以及巅峰表现。Flow是20世纪70年代提出的，在中文里有许多译法，如福乐、行云流水、沉浸、心流、神迷等。曾任加州大学的伯克利分校心理学教授，现任清华大学的心理系主任彭凯平把Flow译为"福流"。彭教授认为，"福流"二字，不仅仅音和意近，而且神更近。福流有传承的意味，是"流的系统"的拓展和延伸。福流不只是瞬间产生的、排除一切的敬畏之情，还是感受到的一股暖流，流过全身，犹如探寻到了人生意义。Flow不是财富、权势、名位，而是一种全心投入、欣喜若狂、陶醉其中而无比欢乐的奇妙心理体验。

　　简而言之，福流指的是人们在做事时，达到全神贯注、物我两忘的状态——在此状态下，个体感觉不到时间存在，完成之后又会能量满满、不知疲倦并且极为满足的感受。何时会有这种福流体验呢？每每人们在做自己热爱、有挑战、又擅长而熟练的事情时，就很容易体验到心流，如运动、阅读、演奏还有热爱的工作时。

　　福流的第一个表现是全心投入。

　　当人们全神贯注地投入某件事中，就只会察觉此时此刻与任务相关的讯息，感受不到外界干扰，也不会考虑困境和苦难。庄子在《南华经》里描述了一个平凡岗位的厨师的福流体验：庖丁的厨师代替梁惠王去宰牛，手触的地方，肩靠的地方，脚踩的地方，膝顶的地方，每次碰撞都会有声音，每个声音都像音乐一样动听，每次碰撞都是协调动作，像舞蹈一样优美，并且竟然和《桑林》《经首》两首乐曲的伴奏的节奏合拍。这种眼中无牛而心中有牛，行云流水般的熟练解牛过程，就是我们传统文化中人们很早就意识到的Flow心理体验。这简直是我们文学作品中典型的Flow研究范式。

福流的第二个表现是不怕失败。因为在福流体验下，我们可以清楚地知道在做什么，有何意义，如何解决问题，怎样推进工作，是没有时间烦恼忧虑的，也不会为失败的结果而担心。正是因为人们在福流状态中，有了目标导向，并全力以赴应对可能的问题。

福流的第三个表现是忘我状态和时间感停滞。通俗来讲，我们会在意他人看法，留意是否被人忽视或嘲笑，在意能否给他人留下好印象。如果这样，显然无法进入福流状态。只有全情投入，才会有忘我感觉，会忘记时间的流逝，会无视他人的评价。

由此可见，福流体验既包含身心体验因素，也包含结果因素的影响，如短暂地失去自我、时间意识和外界影响。

 家育心念

福流体验对家庭教育有何启示呢？

首先，家长培养孩子的兴趣爱好。研究表明，人们对于自己热爱的活动最易产生福流体验，比如运动、音乐、绘画、阅读等。当孩子是因为爱好而投入某件事，就会极快地完全投入，动用各种资源，充分发挥个人优势，沉浸其中。这种福流体验包含了愉悦、神往和忘我等积极情绪，同时体会着兴奋感、意义感和充实感，让人陶醉。此刻既不会焦虑、烦闷又不会无聊，常常不会察觉时光的流逝。

其次，让孩子有意识提升注意力。注意力越集中，人们就越会关注当下，避免干扰的影响。注意力是去观察、思考、想象和记忆的最基本的能力，属于智力的基本因素之一，是记忆、观察、想象和思维力的预备状态，因而注意力又被称为"心灵的门户"。提升孩子的注意力最基本的就是要关注孩子的规律作息。当生物钟规律而健康的时候，就为孩子的注意力提供了基本生理保障。不妨建议孩子阅读时多感官并用，比如大声读书，或者做笔记、勾画重点，例如大声阅读可以让孩子口、眼和脑互相协调，为了不出错，不读丢，

读顺畅，就需要集中注意力。

提升孩子注意力还可以尝试番茄钟时间管理法。番茄钟时间管理法是由弗朗西斯科提出，他家的定时器为番茄形，所以就称为"番茄钟时间管理法"。即：把待完成任务分解为30分钟，集中精力学25分钟，休息5分钟，算是"番茄钟"，当完成4个"番茄钟"，就休息30分钟。因为平时我们想着很多事，就不愿意启动行动，习惯性去拖延。这样，有限的时间，就可以只专注一件事，自然更加集中注意力，效率也会有提升。

最后，家长引导孩子善用个人优势。心理学实验表明，当我们专注于个体优势上，效率常常会是平常的3倍，当然人们更乐意做所爱和专长的事。如有的孩子考试做题小心谨慎，经常时间不够用，如果引导孩子把谨慎态度用在考试时间管理上，就会带来提升。所以当孩子思考发掘充分利用优势，就会助于问题解决和自我提升。

第 5 章

青春期心理

5.1 叛逆心理：
孩子开始叛逆，您可以不生气

困惑再现

　　每逢假期来临，作为家长的您是不是盼望着心爱的宝贝孩子放假归来，并暗下决心计划一改往日鸡飞狗跳的家庭争吵，一定要心平气和，运用有效沟通技巧。可是假期不到三天，您是不是就发现这个目标其实很难实现呢？"母慈子孝，一派祥和"仿佛只是一个梦幻，那个处于青春期的大宝开始处处和家人唱反调。您的内心是不是有个声音："叛逆期的孩子真难搞！"

心理卡片

　　孩子成长的路上，会经历两个叛逆期，一个是2～3岁，开始对周围世界有了好奇心，动作能力和自我意识开始萌芽；另一个是青春期12～16岁，独立意识显著增强，开始要求权利和独立空间。

　　仿佛孩子不是从前的那个孩子了，突然变得不可理喻，真难管！

　　许多家长对叛逆期的孩子都有类似的共鸣，并且茫然生气、无所适从。那个似乎像个刺猬一样的孩子，听不进父母的说教，甚至关上的不仅仅是孩子房间有形的门，还包括封闭了亲子沟通的心扉。

　　如果您对与孩子的相处，感到痛苦，恰恰是需要改变的时候，是需要回顾问题形成和调整亲子相处方式的时候。行为问题的形成并非一朝一夕，只是以前您可能没有关注，仔细回想也许早有端倪。

　　孩子似乎总是选择对立的方式跟父母较劲，这是他自我意识觉醒的时刻，因为他只有用这种方式，才能被家长注意。也许他之前也尝试能够好好说话，可是得不到想要的积极回应！

　　叛逆如果会说话，它在表达什么？

　　第一，叛逆在说："我需要帮助。"

　　叛逆的孩子也痛苦，他们正处于心理断乳期，一边向往自由的天空，一边缺乏飞翔力量。可是他们感觉父母在绑住自己的翅膀，无力支持自己，总是在被控制下生活，被当作弱小的孩子，得不到成人的认同；又期待父母告诉自己可以有选择，可以为选择负责，可以被充分地倾听。父母对孩子的尊重，会让孩子更加理性地表达和更有力量地为行为负责。

第二，叛逆在说："我需要独立。"

青春期孩子生理和心理快速发展。心理上，独立意识开始增强；生理上，愈加成人化。家长的越位，比如突然打开房门，或者翻看孩子周记，要求孩子按照家长的学习计划表生活，孩子开始有不舒服的感觉，觉得自己的权益被侵犯，自己不被信任。

 ## 家育心念

有研究调查表明，59.23%的高中生对于做错事后，被家长不停地指责，最为反感。大脑认知科学显示，当被家长批评后，每每看到他们的脸，脑部与负面情绪相关的区域就会超速运动，与此同时负责情感控制和理解他人的理性区域就会"关机"。

一部分孩子迫于家长威力只能唯唯诺诺，压抑隐藏自己的情绪，未来带来更大的危机；另一些孩子开始变得桀骜不驯，明显表明的是叛逆，殊不知，叛逆的孩子未来可以有个人独立见解，能够清晰表达自我想法，不会盲从他人。

那么，对于孩子的错事，难道要听之任之？

也许可以尝试5部曲：

积极暂停，让彼此保持冷静。

就事论事，不涉及其他话题。

保持好奇，倾听孩子的描述。

问询感受，了解孩子的情绪。

探讨交流，从挫折中学习和探索更好的应对方式。

当我们静下来沟通，让孩子逐渐意识到：

这是他的人生，他要为自己的选择负责。

当养育孩子的时候，也许我们可以问问自己："如果我是孩子，我此刻会怎么想？如果回到从前，我希望我的家长怎样？"而我们常常忘了自己年少时的期待，或者隐藏了那时的感受，以爱的名义，让孩子活出自己期待的理想化样子，在孩子身上投射了理想化的自己。

孩子是谁？

他/她是他/她自己。

希望被倾听，被认同；希望是独立的个体；希望拥有自我掌控的权利。

一个青少年的成长轨迹也许就是这样，在叛逆中困惑，在困惑中沉思，在沉思中调整，在调整中成长。

谁的青春不迷茫？谁的青春没有显性或隐性叛逆的时光？

好在，现在的家长教养方式更积极，又能审时度势提升自己！

胡适给他孩子写过这样的诗句，让我们共勉：

我并不是你的前传

你也不是我的续篇

你是独立的个体

是与我不同的灵魂

你不因我而来

你是因对生命的渴望而来

你是自由的

我是爱你的

但我绝不会"以爱之名"

去掌控你的人生

5.2 自卑心理：
超越自卑，做更好的自己

 困惑再现

您的孩子是否如此：

不敢问老师问题、演讲时手心出汗、落后时懊悔不安，认为他人都风光无限，只有自己弱小可怜。

相信您很快看到了问题症结所在：自卑。

 心理卡片

自卑是什么？

我们每个人审视自己和进行社会比较时，几乎人人都有或多或少自卑的感觉。即便众人眼中的"成功人士"，也会在仰望他人和进行更大挑战时，内心感到胆怯和渺小。2021年东京奥运会上，马龙再次获得单打金牌荣耀，第25次拿到了世界冠军，当时央视主持高菡的解说词是："马龙告诉我们，漂亮的离场并不只是在巅峰时期退役，也有绝地求生，也有从零开始。他是最好的奥林匹克的象征。"事实上，即便在国球领域，马龙年少成名，也曾自我怀疑过，深深自卑过。

自卑是在社会生活中，和他人进行比较时，由于体验到缺点和不足而产生的无力的情绪体验。

自卑一定不好吗？

奥地利精神病学家阿尔弗雷德·阿德勒，人本主义心理学的先驱，也是个体心理学的创始人，他在著作《自卑与超越》中阐述的观点是：自卑是正常心理状态，是推动人类前进的动力，是全部文化的根基。"每个人童年都很弱小，都会产生悲观无助感，如果没有学会人类之间的协作，被环境摆布，经常性产生悲观，就会发展为固定的自卑情绪。"他认为人人都有不同程度的自卑感受，正是因为有了自卑感让个人认识到不足和局限，从而让个体有了对于优越的追求。人类的本能是寻求掌控感，追求完美和超越自卑。个体体验到自卑的时候，恰恰是在被追求超越的力量所驱动，从而超越过去的自己，是开启全新行动的时机。

我们看一个例子：

一个高中生A对自己英语成绩不满意，满分150分，考了95分，初中英语基础不错，尽管自己当下的英语分数不是班里最差，可是自己就是不能和那些人一样怡然自乐，无法做到心情丝毫不受影响。

为什么他会自卑？为什么有些人比他还差却无所谓呢？

真相也许是：A同学不是自卑，而是很自信！

也许交流之后，我们会发现，他不能接受95分的自己，是因为他认为自己不该属于这个范围，如果放在120～135分的一类同学中间，就不会自卑。那么他为什么无法接受这个分数段的自己呢？是因为他基础还不错，一直很努力，当他无法达到自己理想中的目标的时候，就会感到自卑，而那个目标自己认为完全可以达到，所以我们看，为什么他对于当下不满意，是因为比那些无所谓的人更自信！因为暂时没有达成目标，所以他产生了这样的自我怀疑和自卑情绪。如果A同学制定了一个合理而现实的目标，那么没有实现，自卑很正常；如果目标不合理，我们需要去修正为合理化的目标，比如看到高中英语学习方法的问题，或者看到高中分数与初中相比含金量不同的问题，同时该同学可以把当下的自卑化作一种动力，主动探索，积极行动，直至靠近目标。

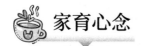

孩子如何缓解自卑呢?

第一,客观评价自己。

运用SWOT分析看到自己的优势和不足,同时看到机遇和挑战,不因优点而沾沾自喜,也不因有缺点而完全否定自己。

第二,选好参照对象。

如果你和马龙比乒乓球,和姚明比投篮,和苏炳添比短跑,那就一定会自卑。选好比较对象,物理上说判断一个物体是运动还是静止,要看参照物。那么心理上告别自卑,也要选好参照对象。这个对象不仅仅是可以努力一下赶上并超越的他人,也可以是过去的自己。

第三,积极主动与人合作。

阿德勒认为生活中所有的问题都离不开合作,你觉得不如别人,是因为你有了和他人的比较,有了自卑,就可能想改变,想改变才会有机会超越。要超越,就必须学会奉献和合作,在合作中成长和提升自我价值。比如与同学合作,在奉献中获取帮助,在互助中共同提升,在请教中让老师体会职业神圣感,在老师指导下自己得以提升,在合作中体会参与感和归属感,一起走向更美好的未来!

自负有时也是自卑。

自负和自卑犹如哈哈镜,一块照出的是夸大的自我,一块照出的是怯懦的自我。有些青少年通过自负掩饰自卑,来维持自尊心;有些是通过自负时的目中无人显示自己的优越感,来弥补其他某方面的自卑,起着对自卑进行补偿的作用,从而弥补自卑带来的失落和难过。比如,有些孩子通过学业表现,来消减家境不好的不足。如果我们看到这一点,更好地理解自负,进行适度调整,就会更利于个体的成长。这也恰恰证明自卑是超越的驱动力,是在用优越感来弥补自卑感。

海明威在《真实的高贵》中说道:"优于别人,并不高贵,真正的高贵应该是优于过去的自己!"

让我们和孩子一起超越自卑,一起向未来!

5.3 说谎心理：孩子明明没有冰墩墩，为什么偏偏说有两个？

困惑再现

　　北京冬奥会吉祥物深受广大群众喜爱，甚至奥运期间已经断货，造成"一墩难求"。可是孩子明明根本没有冰墩墩，为何偏偏说自己有两个？

　　那么，孩子在说谎，真相是什么？

心理卡片

　　孩子开始说谎是个体成长必经过程，心理学者认为说谎是认知开始发展的标志，说谎未必就是坏事，这说明他的认识能力在提升。从发展角度说，说谎是孩子的大脑正常发展的表现，是开始对他人心理状态的一种评估和理解能力的表现。个体认知功能发展越为健全的孩子，在谎言方面越高明齐备。

　　孩子2岁左右就有可能说谎，最初的谎言是"无意识谎言"，他们还无法区别真实和虚拟的世界，常常说出成人以为的云里雾里的谎言，比如"我和大猩猩是好朋友，我的玩具在月亮上"等。

　　孩子逐渐长大，自我意识开始提升，他们开始意识到对方的心理世界，会考虑到他人的感受，主要分为五种原因：

　　第一是为了获取自我心理平衡，赢得他人关注，就如同本节开篇孩子明明自己没有奥运吉祥物，却说自己有。孩子内心的想法可能是："大家都没有，如果我有，多牛！有些人有了，我如果没有，多没劲！干脆我说自己有两个好了！"第二是为了逃避惩罚，比如对家长说"我今天下午一直看电视，是因为作业已经完成了"，或者找借口对老师说："假期作业没带来检查，是忘在火车上了！"第三是为了获取欣赏和关注，维护良好形象，对小伙伴说："曾经演讲比赛获得了特等奖！"第四是为了照顾他人的内心感受，比如："你拿走我的玩具，我并没有生气！"或者"你在运动会上没有得奖，同学们都不会埋怨你，因为你已经尽力，而且还会佩服你敢于报名参加比赛呢！我听到好几个同学都说不要责怪你呢！"第五是因为有错误的示范和强化，从对他人的观察学习中，习得的语言表述模式。

成人总担心孩子小时说谎，如果不纠正，就会长大失德，影响深远。

来自多伦多大学心理学系的教授李康和团队，花费20年对孩子说谎开展了研究，结果是：孩子说谎早晚，和性格、教养方式及道德观念无关。越早说谎的孩子，情商和自制力越强。李教授的研究发现："孩子在2岁时，30%会说谎；3岁时，50%会说谎；4岁时，80%以上会说谎；再往后，几乎所有的孩子都会说谎。"

☕ 家育心念

如何面对孩子的谎言行为？

区分孩子的谎言的类别是应对孩子谎言的关键一步。

对于"无意识的谎言"，家长不必紧张不安急于纠正。

皮亚杰认为，6岁之前的孩子具有泛灵论的思维，会认为所有事物都是有生命的，有情感的，可以对话的。幼儿常分不清真实世界和想象世界，容易把自己理想中的事物和环境当成真实的世界。对于这一类的谎言，我们成年人无须烦心，无须小题大做，错误地给孩子贴上"小骗子"标签。家长甚至可以和孩子一起玩"谎言游戏"，从而促进孩子的想象力和创造力。

对于"有意识的谎言"，运用积极强化法，利用孩子的高频行为去减少孩子说谎的行为。比如有的孩子喜欢玩乐高游戏，可以在每一次不说谎的时候，进行奖励，从而可以积极强化孩子的正向行为。

对于有些孩子说谎是为了保护他人的心理感受，出于保护他人的想法的时候，首先要对于这一利他行为进行欣赏，继而要鼓励孩子换位思考，了解当下的说谎是否利于他人的未来计划。同时关注孩子的人际交往，鼓励孩子和品德高尚的同伴交往。当然家长也要以身作则，做到诚信待人，才能树立学习的榜样。关注孩子的物质要求和内心需求，多了解和关心支持，去合理满足，不为谎言制造滋生的温床。

作家米兰·昆德拉在《不能承受的生命之轻》中说道："表面是清晰明了的谎言，背后却是晦涩难懂的真相。"

让我们去穿越谎言，尝试去理解说谎背后的深层语言，陪伴孩子走向更好的明天！

5.4 白熊效应：孩子要去演讲，您还告诉孩子"别紧张"吗？

困惑再现

在教育孩子的过程中，您有没有发现：越不让孩子怎样，孩子可能偏偏就会那样。其实这并不是孩子故意或纯粹逆反，这里面有一个不容忽视的原因。

 心理卡片

何为白熊效应？

白熊效应也叫反弹效应。该效应是由来自美国哈佛大学的社会心理学家丹尼尔·维格纳展开的社会实验而来。实验参与人员被分为三组：

第一组被要求先"不要想白熊"，再"请想白熊"。

第二组先被要求"想白熊"，再"不要想白熊"。

第三组得到的指令是："如果想到了白熊，请想红色汽车"，再去"想象白熊"。

研究结果根据对实验参与人员的脑电波进行测试，结果是，三组之中，第一组被试想到白熊的次数相对后两组更多。根据这一研究，这个现象被称为"白熊效应"。为什么会出现这样的结果呢？

一方面，人们的注意力有限，尤其是稍小的孩子，他们要去抑制自己大脑里面的那股冲动，抵制着反复想"白熊"的念头会有困难；另一方面，大脑对于接收到的指令，会不能接受给出逆向信息词，即否定词语，如"不允许、不可以、一定不要"，所有否定词，大脑感知到的都是可能含义。

例如，如果您告诉孩子，演讲的时候不要紧张，孩子脑海中接收到的信息是什么呢？头脑的画面是：孩子紧张的神情和行为。

再如，不要吃得快，大脑的画面是：吃快的场面。

这也类似于另一个著名的效应：瓦伦达效应。

卡尔·瓦伦达是一位著名的钢索表演艺术家，他的技艺一贯精湛，稳定发挥，零事故。因此，面向到场的知名人士，团里派经验丰富的瓦伦达上场。他把每个动作和细节都在脑子里想了无数次，认为这个表演不仅能奠定自己的地位，还会带来收益。结果在正式表演的时候，失去重心，从十米高空摔下来，当场不幸身亡。之后，他的妻子回忆他出场之前说："这次太重要了，不能失败。"以前他只想走好钢丝，专心致志，而这次总是想着"不能失败"，结果在表演中就是失败。

☕ 家育心念

如何运用白熊效应教育孩子？

首先，运用正向表述向孩子提出要求。从"你不要"改到"你要"。

家长尽量要给孩子肯定的要求。比如：演讲时要放松；吃得慢一点。少聚焦"我不要什么"那些逆向的信息，而是关注"我要如何"的信息。因为脑波就是如此，吸引的就是逆向和否定的信息。

其次，善于正向反馈对孩子行为进行强化。从"我不喜欢你这样"改到"我喜欢这样"。当孩子费尽曲折完成一件事，家长给予反馈和总结，少用"你以后不要那样"，因为这样的表达会让孩子依然下次茫然，并感受到是一种批评和埋怨，不知如何应对；而是说："你下次还要这样做，处理得非常恰当！"把期待行为表达清楚，这样孩子才会清晰未来合理的行为取向，给出一个正向的引导。

再次，提出具体的要求而非抽象表达。因为具体的要求让孩子知道如何做。例如，当您看了电视中其他孩子对家长的孝顺行为，您可能跟孩子提了这样的要求："你能不能对长辈也好一些？"怎么样叫对长辈好一些？是洗脚？送卡片？写感谢信？给拿水果？再如，有老师在自习课上，让学生好好复习，什么叫好好复习？用什么复习方法？复习哪个章节？是个体自主复习还是小组讨论？

最后，可以和孩子约定一些积极正向手势，如做出"竖起大拇指"和"V"字形之类简洁的手势，让孩子意识到，现在的举动可以继续。可以通过家庭会议和游戏的方式，跟孩子讨论设定，从而提升孩子们对于规则讨论的积极性。

所以回到本节开篇，如果孩子要进行演讲比赛，我们要说的是"放轻松"！如果您今天失眠，越是努力想"不要失眠"，结果反而大脑可能只记得了"失眠"，反而越兴奋，而丝毫没有睡意；如果您有段痛苦经历，觉得回忆起来是伤痛，您会发现：越是努力"不要忘记"，脑海中可能留下印象深刻的是忘记。越压抑，越强化，越反弹。交给时间，自然会逐渐淡忘，而不是刻意强迫自己去"忘记"这件事，因为这样必将适得其反，越来越深刻。

5.5 焦点效应：孩子始终记得尴尬情形，原来这是焦点效应

困惑再现

您的孩子是否曾经因为在演讲时忘词而懊恼很久，甚至不再敢于参加演讲比赛？或是曾经在体育课上裤子脱线，并没有走光，可是孩子还是一直觉得大家一直会有异样的眼光？抑或假期聚餐因为不小心鱼汤洒了一身，很长时间都惴惴不安？如果您的回答是"是"，那么，您的孩子对于焦点效应的影响是"敏感体质"。无论您如何百般安慰，孩子始终难以释怀。

有没有这样的时刻，孩子拿起镜子，照了很久，开始格外关注自我形象了，您开始担心：这样会不会影响学业，分散了学习注意力？

也许您可以了解焦点效应！

心理卡片

心理学者吉洛维奇在康奈尔大学做过一个有趣的实验：他让某个学生穿上一件特别前卫的品牌T恤，先让其预估会有多少同学注意到自己的这件衣服，该同学认为肯定会有50%的人注意到自己。然后走进教室。但结果却令他吃惊，全场只有23%的人注意到了这一点。这个实验正是本节探讨的主题——焦点效应。

焦点效应（Spotlight Effect），也被称为社会焦点效应，即，人们通常会普遍高估他人对自我的关注度，在意给外界留下的何种印象，以至于会倾向于认为自己成为被关注的焦点，而实际上并非如此。该效应意味着人们会误认为自我是众人的焦点，并高估他人对我们的注意程度。

记得在一个陌生团体活动正式开始前，团体带领者让我们进行了一个热身游戏：大家围成一个圈，每人到中间位置介绍自己的名字和爱好。每个人开口说话的时候，都有紧张感，觉得所有人都盯着自己，因为环境是陌生的，成员也是陌生的。

当没轮到自己，内心慌乱，很难去听他人的介绍；当说完之后，大多数人似乎都会暗自庆幸，快速回到自己位置，假装镇定，接下来也很难去静心

听其他人的介绍，而反复回味自己刚才的发音是否标准，声音是否清晰。当全体成员说完之后，带领者让我们轮流说出其他人的名字，能准确说出几个他人姓名的同学寥寥无几。这也体现着焦点效应。

继而大家开始分享自己的感受，其中一位成员的分享让大家深有感触，他谈到："我发现原来自己并没有那么重要，可以在接下来的团体中，坦然地做真实的自己。"

那么为什么会产生焦点效应呢？

一方面，人们普遍有一种"自己就是焦点"的心理，这也是自我中心的产物，习惯于在个人立场上看问题，看待和自己相关的事件，甚至放大自己的行为在他人视角里的严重度和重要度，放大自己的一点瑕疵。这个认识过程存在着过度关注自我的主观偏见。事实上，特别关注你的人，可能是你自己而已。

另一方面，从进化心理学上说，人类祖先需要在原始生存部落抱团生活，抵抗野兽和恶劣环境，如果受到群体的排挤和驱逐，就无法在部落中存活，所以对于群体和外界成员对自己的评价在内心潜意识里格外敏感。

在销售领域，业务员会利用焦点效应，让潜在客户有唯一被关注的感觉，正是看到了人们渴求来自他人重视的心理。当客户在挑选和购买商品过程中，也希望自己的品位和选择成为关注焦点。所以销售员会有意识拉近和客户的心理距离，了解客户需求，关注客户物品和侧重点，从而顺利突破对方心理防线。

☕ 家育心念

家长如何应对焦点效应？

第一，告知孩子接纳自己的情绪，同时介绍焦点效应。让孩子了解到自己有这种心理很正常，大多数人都会有。一旦出错了，他人不像你想象的那样看重你的尴尬情形，可能是你自己放大了这个影响而已。事实是：别人并没有那么关注你的糗事。引导孩子认识到，接纳自己的当时情绪，正视外界的评价，不在内心中给"评价"加戏，客观地看待自己。

第二，回溯难堪事件的影响。陪伴孩子回忆最近的一个尴尬事件，然后鼓励孩子主动询问当时的同伴，是否对这件事有特别印象并且如何看待自己。通常情况下，他人几乎毫无印象而且也不会影响对于孩子的客观评价，通过这样去减轻孩子未来对此类事件的心理负担。培养孩子拥有正视自己的勇气，也拥有被人讨厌的勇气，未来坦然面对挫折。

第三，换位思考，在人际交往中运用焦点效应。和朋友交流中，学会让他人成为焦点而告别奉承和讨好。让孩子换位思考，体会一下他人认真倾听自己的时候，自己的内心感受。在人际交往时候，无须处心积虑夸赞对方，而是把焦点汇集在对方身上，保持好奇和愿意倾听的姿态，对方可能就会敞开心扉，畅所欲言。对于他人的高光时刻，询问细节，让对方感到自己就是焦点，从而拉近彼此的心理距离。

作家杰克•伦敦在《海狼》中写道："每一个人都把自己当作钻石，而在别人看起来，却只不过是钻石的同素异形体：碳。"人们常常误以为自己与他人不同，其实，在他人心里，你没那么重要，也没那么特殊。

英国首相丘吉尔描述过个人的一段经历：当他有一次去BBC做直播演说的途中，车半路熄火，无法启动。不得不拦了一辆路过的出租车，期望打车前往。司机立即拒绝，理由是要回家听丘吉尔的演说。当时丘吉尔天冷穿得厚，司机并没有认出。然而当丘吉尔提出用5英镑表达感谢时，司机立马答应送他前往BBC并给出解释："去他的丘吉尔吧，现在你比他的演讲重要多了，听演讲又不能帮我养家糊口。"丘吉尔发现，原来自己并没有自己想象的那么重要。

的确，很多时候，我们自以为的重要性和存在感，也许只是一种自我幻想。

如果你下次兴高采烈分享一件开心事件，他人表现淡然；你精心挑选的九宫格图片发到朋友圈，结果并没有多少人点赞：请保持坦然！每个人有自己的生活和选择，没有义务全神贯注地关注你。

那么，我们和孩子共同学习"看轻自己在他人世界里的分量"，而在有人鼓掌时心怀感恩，在自我提升路途中获取心灵的自由。

回到本节开篇提到的"孩子爱照镜子"的话题。青春期的学生正处于自我同一性发展的时期，他们想认识自我、探寻自我可以成为什么样的人。"照镜子"有个象征意义，即寻找自己，是自我意识的觉醒。爱美，爱照镜子的孩子，往往是可以接纳自己的。孩子通过照镜子爱美的方式，期待外界关注和认可自己。从表面看，孩子在镜子之中看自己，实际上，家长不妨去真诚表达对孩子的欣赏和肯定，成为孩子的另一个"镜子"。

5.6 爱情三角形：和孩子一起谈"恋爱"

困惑再现

许多大学开设的恋爱课程，都受到了学生们的欢迎。如，清华大学的心理健康系列课中的"爱，性与健康"，由心理发展指导中心团队精心打造，为大学生解开了爱和性的神秘面纱，也丰富了他们建立亲密关系的工具箱。也有其他的关于爱情话题的心理通识课程，如"婚姻与爱情""恋爱心理学"等。中国青年报报道了武汉大学"恋爱心理学"的讲座爆火，小小的报告厅无法阻挡大学生们对知识（恋爱）的向往。

这样的"恋爱教育"是不是可以更早点开展呢？比如，正巧结合情人节、纪念日或者亲友的婚礼仪式，也许是家长可以对孩子进行的恋爱第一课。

心理卡片

亲密关系是人们一直要面对的话题，我们家长常常是"谈情色变"或"谈爱色变"，常以为孩子小，不够理性。北京电影学院老师黄磊在一次节目中谈起对于教育女儿的恋爱观："她有她自己的人生。我想让她有更好的未来，就要从现在开始，让她知道什么是对的，什么是错的，把这种美好的感情往健康的方向引导。"早恋没有错，孩子是一个独立的个体，应有自己的思想和个体生命体验。早恋是人类的情感启蒙，也是最自然的一种情感。青春懵懂的年龄，见到喜欢的异性，产生倾慕之情，完全是正常感情。如果说早恋有错，只是错在缺乏正确的引导，错在培养孩子"高爱情商"家庭教育的重要一课。

心理学者斯滕伯格提出爱情三元素理论，认为爱情被分为三个部分：激情、亲密和承诺。所谓爱情三角形就是基于这个理论，三边分别代表的就是激情、亲密和承诺。激情需要两情相悦，没有感觉或者仅仅活在感觉里的爱情都不值得追寻。

激情的产生，源于荷尔蒙和多巴胺，是两人的彼此吸引，也是热恋期的关键心理元素，可是容易消退。

承诺则是契约，是对维持爱情关系所做出的保障，常依靠法律、道德等力量来保障。

亲密既生发于亲情也有爱情，是双方的正向关系，在关系中的彼此温暖，互相支持以及理解和尊重等。周恩来和邓颖超在长达50年的婚姻生活中，奉行着"八互"原则："互敬，互爱，互信，互勉，互助，互让，互谅，互慰"，爱情长久时，就是如此亲密，而同时不越界，保持适度的距离。所以，亲密是一种关系，不仅生发于亲情，也生发于长久的爱情。爱情的保质期，就在于亲密和信任。

☕ 家育心念

关于爱情，和孩子说这样四点。

首先，培养自我关怀的能力。孩子要想让别人怎么爱自己，要先学会自我关怀，珍爱自己。自我关怀不是自私，而是需要培养的一种能力，是看见自己的内心需求，决策时会考虑未来和价值观。关照自己的内心需求，减少向外索取的依赖感，这样你的眼中看到的是更独立的自己，更能坦然接受，更有能量去给予，有更负责的青春和更清晰的未来。

自我关怀时看到自己的挫折，而不是顾影自怜，是始终拥有一种希望——人人会有这样的时刻，我有勇气、有力量面对生活。

如果孩子学会了自我关怀，就拥有应变的能力，就不会迷失在激情中，而是会关心自己，关心未来，去更好地激发潜能，实现自我。正如《简·爱》中这样描述爱情："外形、财富、地位其实并不是最重要的，关键是内心的灵魂应该平等。"

其次，喜欢别人是长大的标志，并不可耻。这种情感是随着生理变化而产生的正常心理。我们越是把爱和性当成神秘的东西，孩子就会越想了解。而如果我们告诉孩子，恋爱是对另一个生命的喜欢与欣赏，是要以两人美好未来与当下成长为方向，是有能力独处，能相互支持，心向未来。

再次，接受爱情中的不确定性。马斯洛的金字塔需求理论表明，人们在解决了最底层的"吃穿住行"这些确定性物质需求后，就会出现更高层次的不确定的需求，如认知、尊重和自我实现的需求。聚焦于成长的自己，才会理性接受彼此的差异，彼此包容，探索出共同向前的相处模式。认识到恋爱就如同一次旅行，有时心情愉悦，有时路上遇到特殊情况，难免会感到失落，需要两人互相调整，共同面对旅行中的不确定，在不确定中一起努力，才会不虚此行。

最后，告诉孩子每对爱人都有独特的模样。情人节来临，孩子感受到这一天众多成人在秀恩爱和甜蜜，也对父母的亲密关系产生了好奇，甚至对家长提出这样的问题："爸妈，你们之间有爱情吗？""那你们为什么没有那样过情人节？""你们吵架是因为不爱吗？"不知不觉中，父母的亲密关系相处之道，对孩子产生着重要影响。也许您可以告诉孩子：爱有千般模样，争吵也是一种沟通，遇到冲突，也是对彼此有更多美好期待。除了争吵，还有其他更加有效的应对方式，并会示范给孩子，用心沟通，换位思考，能够不逃避，不推责，不抱怨，而是双方齐力修复关系。即便分开，也会体面，对彼此祝福，对错误放手，对孩子的爱稳定而长久。

孩子如果能够看到家长和睦相处的样子，能够见证家长理性对待情感的方式，就会从亲密关系中学到相处之道；就会在爱情来临时，更加知道如何辨识，守护和自爱。

5.7 韦奇定律：孩子在努力，为什么听了闲话，就容易停下？

困惑再现

　　孩子在专心努力、一心向前的时候，会不会听到这样的评论："这目标太难实现，不可能达成的，就是浪费时间！""环境不够好，资料不齐全，基础欠扎实，还是算了吧！""努力一个月了，成绩没有很大提升，白费力气！烤串不香吗？"孩子听到这些，会不会想要放弃？很有可能产生自我怀疑，并认同他人的言论和观点："别人说的好有道理，我竟无言以对，只能默默放弃！"也许偶尔的反面评论不会影响孩子，但是如果有5个人、10个人呢？假如多人的观点和您相反，孩子就会很容易动摇意志。为什么孩子会对能力和努力产生自我怀疑，并且开始认为这是不可能的事呢？

心理卡片

　　让我们共同走进这种心理现象——"韦奇定律"。

　　美国加州大学的经济学家伊渥·韦奇认为，即便个体已经持有自己的观点，但此刻如果10位朋友持有相反看法和观点，就会容易动摇其想法。这种现象被称为"韦奇定律"。春秋时期，孔子的著名弟子曾子就因为"韦奇定律"而受到母亲的怀疑。曾子，名参，字子舆，在他的家乡，有位族人，和他同名，在鲁国南武城动手杀了人，有一个人向曾子母亲说："曾参杀人了！"曾子母亲说："我的儿子是绝对不会去杀人的。"过段时间，又有人来告诉曾子母亲："曾参真的在外面杀了人。"她不理会，仍然劳作。接着来了第三个报信人，对曾母说："曾参的确杀了人。"此时，曾母开始紧张，停下手头活计，越墙而逃。虽然曾子孝顺贤德，母亲对他曾经非常信任，但是因为有人不断怀疑，母亲很难坚持原本对儿子的信任了，这就是受到韦奇定律的影响。

家育心念

韦奇定律对于家庭教育有何启示呢？

第一，告诉孩子要有个人主见，认识到自己的独特性。每个人都有不同的人生剧本，思维方式也各不相同。在人生十字路口都会面临选择，需要独立思考和判断。这并非去标新立异，而是根据自己的特点活成自己，而非复制他人。有主见，内心才会有坚定的观点，遇到问题不会慌，才会有组织条理性和整体大局观。缺了主见，只会盲从，即便在坚持，也会对目标很茫然，实现也会没有意义感。例如，有一个难解的数学题，你认为最佳方案是A方案，既迅速又清晰，而小组同学都认为要用B方案，你还有勇气坚持自己的观点吗？马克思说过："人是一种社会性动物，周围都有家人、亲戚、朋友和同事等人际交往圈。"在做抉择的时候，都会征询外界意见，此刻就有可能面临韦奇定律。所以，一旦慎重思考之后，选定人生目标，就不必用他人的观念来衡量个体价值。选所爱，爱所选，有行动。倾听他人的建议，利于掌握更全面的信息，利于更加深入地分析问题，但不盲目听信评判，如果听信他人，自己也会迷失方向，无所适从。只有走出韦奇定律的误区，才能迎来风雨之后的彩虹。

第二，确保个人主见在当下是理性考虑综合评估的，而非仅仅为了独树一帜。坚守主见的前提条件是主见在当下是综合评估的。个人对主见的坚守才有意义，否则盲目坚持仅仅是莽夫行为，只是为了凸显所谓的独特性而已。每个人都希望自己是个有主见讲原则的人，主见太强，会容易让人听不见有效的信息；缺乏主见，又会容易人云亦云，失去方向。

第三，重大决定之前，理性分析，选好方向，暗自努力，不必公之于众。如果在制订好计划之前告知他人，实施计划可能就会遇到一些外界的声音，容易无形中干扰自己。因为外部观点会冲击你的思考，干扰你的注意力，致使你轻易放弃。当然这个过程，还需要培养意志自觉性，对于行动的意义和价值要有清晰认识，自觉支配个体行动朝向既定的目标。为自己的人生负责，选择主动承担责任、积极自我调整和舒缓焦虑情绪，同时积极自我暗示："我的人生我负责，我的目标我坚守！"从而提高独立决策的能力。

西班牙作家但丁告诉我们："走自己的路，让别人说去吧。"这句名言引导我们和孩子共勉：理清要过的人生，选择自己的道路，专注自己的选择，承担个体的责任，让别人说去吧！

5.8 性别刻板印象：告别性别偏见，男孩女孩都可以坚强勇敢

困惑再现

作为家长，您是否说过这样的话：

"男孩子就可以选择这样挑战的目标，你是女孩，差不多就行，要有女孩子的样子呀！""女孩才选护理、幼师这类的专业，你是男孩子，选这个没出息！"

您是否常常在日常生活中听到这些话？这些言语在表达什么呢？

成人根据自己的社会经验和个人感受，这不同于性别歧视，是一种无意识中的固化观念，潜移默化地影响着孩子。

这种特别强调非生理化的性别差异，是性别刻板印象。

心理卡片

英语中有两个词表示性别，一个是sex，叫生理性别；另一个是gender，叫社会性别。生理性别是指从身体的构造方面辨识男女，是生物意义的性别；社会性别则是男女间所有的社会性的差异和关系，是文化、社会和历史的产物，是人为制造的性别，包含一定社会文化内的人们对于男女差异的认知，如：性格特征、角色分配、活动期待和规范等。就如同男孩被教育要阳刚要坚强不要哭，一个女孩被教育要温柔要细腻要包容，就是因为所在的社会传统文化的影响。

在社会中的主流性别刻板印象是：男性是保护者，是"主外角色"，负责与外界交往，要身体强壮，理性坚强，是家庭经济来源和坚定支柱；女性是受保护者，是"主内角色"，负责整洁收纳，厨艺提升，温柔包容，柔弱感性。果真如此吗？

举个例子，猜猜为什么大家排斥下面这位同学？这位同学，文静温柔，写得一手好字，桌子总是干净整齐，假期内还特意为班级做了一个"志存高远"的十字绣，乐于助人，愿意宅在室内，不爱户外运动。

这位同学为什么没有赢得大家的喜欢？猜对了！这位是男同学，拥有这些美好的特质，却遭遇了同伴的排斥，为什么？这意味着他未来不会有学业成功、目标达成、婚姻美满吗？并非具有必然联系，也许随着思想的成熟、眼界的开阔，周围人也许就能更加理解和接纳人与人的性别表现上的差异，他一样可以过上美满的生活。

当然不可回避的是，对于性别的过度类化会转化为性别偏见。借用一句广告语，性别不是男女的分界线，偏见才是。

成年人的性别刻板印象会影响对自己的性别接纳。

BBC曾经制作了一个纪录片叫作《男女不再有别》，讲述的是一项关于性别养育的研究实验，实验对象则是一群七岁的小学生。实验中这些男孩和女孩的表现差异显示：成年人养育中的日常表达会影响孩子们对性别和自我的接纳状态，会让女孩低估自己和欠缺自信，即使成年以后依然会受到影响和限制。中央电视台的纪录片《我们如何对抗抑郁》，医生选择了23名七岁的儿童进行实验。其中的数据显示，我国约1亿心境障碍的患者之中，女性多达六成，也就意味着女性更容易情绪内化，自信不足又心思细腻的女性更能感受孤独感和陷入抑郁情绪。男孩从小就被要求坚强，就不擅于情感表达，这种情绪的压抑容易导致的是攻击和暴力倾向的行为。

成年人的性别刻板印象会约束孩子的未来发展。有研究表明，人的大脑可塑性很强，让孩子做游戏，比如玩过家家的玩具，三个月之后会变得更细腻；如果玩建构类积木玩具，三个月后空间想象的能力会有效提升。

 家育心念

性别刻板印象对家庭教育有何启示呢？

首先，家长要注意语言中的可能含有的性别刻板表达。比如，常见的是："男孩要学理，女孩学理不行""男孩没有女孩语言天赋好，学不好英语"。注意，您的语言正在影响着孩子未来的发展和对自己的信心，并且逐渐影响着孩子的性格形成和能力的发展。正是由于家长从孩子儿时一直灌输此类观念，男孩就在理科方面得到更多鼓励，继而让男女生的文理成绩的差异就更加明显。1974年，乐高公司在玩具盒子里，给家长写了一封信，表达的是：切勿因为性别束缚了孩子的兴趣和爱好，意识到孩子有着独特创造力，给孩子灌

输性别平等的观念更利于孩子去激发自我潜能。所以，我们需要告诉孩子的是：你可以尝试一下，你能成为任何你想要成为的样子。

其次，家长要意识到性别刻板印象对于自己的负面影响，避免会继续代际传承。中国社会科学院的卜卫教授曾指出："想改善儿童性别不平等，要先改变儿童身边人的性别意识——即家长和教师要先有社会性别的认识。"家庭是孩子的第一个教育园地，成员的性别意识、语言模式、生活方式和理念会潜移默化地影响孩子。家长要反思自己是否受到父母的教养过程中性别角色差异限制和负面影响，在对孩子的性别教育中避免延续负面影响的同时，也要警惕过度纠正。当然社会的"男女平等"的宣传，更利于给孩子塑造平等、尊重、和谐的性别认知。

最后，家长要打破性别标签。有些家庭，父亲工作之余，也去承担家务劳动，母亲也可以走出门去，能胜任社会角色。这就在给孩子打破这样的标签"女性就应该承担更多家务"。孩子的性别印象是后天教育环境所影响的，孩子可以遵从内心的喜好，只要没有危害他人和社会，在孩子进入社会群体中之后，自然就会选择坚持或放弃。如果孩子可能感到痛苦的话，家长可以提供强大的心理支持，引导孩子调整情绪，接纳自我。

也许，我们可以换一种表达，去掉男人和女人的前缀，而留下"人"：

我们不再问："女人，你如何平衡家庭和事业？"

我们去探寻："人，你如何平衡家庭和事业？"

我们不再说："男孩，你要坚强、涵容、大气！"

我们去表达："孩子，你要坚强、涵容、大气！"

5.9 禁果效应：
为什么越禁止，孩子越好奇越想试试？

家长经常会遇到此类情形：

越不让孩子接触电子产品，孩子越是想去偷偷玩；越是听到孩子说："算了，还是不说了！"家长越是非常好奇想要了解，以至于会坐卧不宁；当孩子给家长发了一条微信消息，还没来得及看，就发现已经撤回，越是心里着急，想问问刚才撤回的消息到底是什么内容；孩子越是关门打电话，家长也越是想靠近门边，听听到底在聊什么话题。

这是为什么呢？

原来，这些源于心理上的禁果效应。

 心理卡片

禁果效应有许多别名，"潘多拉效应""罗密欧与朱丽叶效应"和"亚当和夏娃效应"。指的是越是被禁止的事物，人们就越要行动；人们越希望隐藏某个信息，就越会激起别人的好奇心和探索欲，会想千方百计来获取被隐藏的信息。

简而言之，禁果效应指你越禁止，他人越要得到，这种因为单方面禁止或掩饰而造成的引起他人逆反的现象。

为什么会出现"越禁止，越想做"的现象呢？

其实，这是正常人的正常反应。大家都有好奇心，青少年尤其如此，他们具备天生的好奇心和探索欲，加上青春期的逆反心理就会对隐瞒的事实，或者禁止的事物，更加想去接近和探求真相。这些被成人禁止的事物，反而对他们具备更大吸引力。

家育心念

首先，家长适当利用"禁果效应"。因为家长越禁止，孩子越好奇，越想得到，越想尝试。家长适当利用"禁果效应"，反向激励孩子，会促进孩子的自我突破和成长。相声演员于谦曾经讲过一件教育小事，每当孩子表现不好，不符合家长期待的时候，就会说："你这样不礼貌，如果你还这样的话，长大以后，我们就不要你去上幼儿园！"结果孩子到了该上幼儿园的年龄，送到幼儿园时，孩子非常开心和自豪，认为"上幼儿园是一件很棒的事！"，是他自己争取来的，开启了幼儿园的快乐生活。所以，通过禁果效应，我们家长可以把孩子不喜欢但是又很有价值的事物，作为禁果，以增加其吸引力；同时又要避免把孩子喜欢的事物但是又要有节制的事物当成禁果，反复强调，结果适得其反，会让孩子增强对它的好奇和投入。

其次，告诉孩子面对商业宣传，要保持理性消费。有些商家会利用"禁果效应"宣传产品，比如说："限量版，禁止每人购买三个以上！"限量销售的产品，由于发售前禁止对外宣传其款式、颜色、价格和数量等，让观众想拥有，并有拆"盲盒"的感觉，反而会让孩子对它有更多期待，更愿意等待其开启售卖，盲目消费。这是利用人们普遍的猎奇心理，会让青少年对这些秘而不宣的产品更感兴趣，反而容易引起非理性消费，结果孩子会焦急地等待商品上市，本来并非刚需，没有必要购买，结果不仅买了，还"抢到了5个"，感到庆幸！殊不知，这是商家在推广自己的产品的方式而已。这类禁果效应的商业推广，结果会让商家赚个盆满钵满。

最后，家长让孩子充分了解未知事物的两面性。不可否认的是，家长有时只为了节省时间或者说"偷懒"，家长以为只要禁止，就可以保护孩子安全和健康成长，而没有花时间耐心讲解禁止的缘由、如何利用、什么时候解禁等丰富信息，让孩子尽可能少受禁果效应的影响。因为家长越反对、越禁止，孩子越反感、越反弹。比如，孩子可能在青春期会喜欢异性，家长要做的是理解孩子的心理需求，尊重孩子的感受，一起和孩子看到这份感情如果开启，有何好处和不利因素。继而从长期来看，如何对待这样一份情感，反而会因为不是绝对的禁止，而让孩子对情感有所思考和理性选择，也会更信任家长，及时交流想法和进展。家长就可以适度分析，帮助孩子对青春负责。

家长可以看到"禁果效应"的结果，对孩子少一些禁止和指责，多一些关注、引导和保护，让孩子在活动中体验和实践，直面出错的结果，和孩子一起从错误中学习，总结宝贵的经验教训。如果家长简单地禁止，孩子就失去了自己反思和在出错后总结学习的机会。

家长禁止的项目，也许只是孩子正常的成长规律和孩子认知发展的正常阶段。不着急，别慌张，和孩子，坐下来，好好谈谈！也许您会发现，孩子自己本来就有是非曲直的判断！

5.10 鸟笼效应：
为什么孩子购物时会买无关物品？

有些家长意识到要给孩子自主消费的自由和权利，他们这种举动的缘由多样：有些家长是因为曾经年少时的经济匮乏感，不想让孩子体验那样的感觉；有些是因为自己时间紧张，赋予了孩子的购物权限；有些是因为经常出差或家庭关系冲突而对孩子愧疚，想用充沛的金钱来弥补，减少一些内疚感。

结果，可能会出现一类情况。孩子原本出门打算买书包，结果回来时向家长报告：买的是笔袋、帽子、图画本、文件夹、插花瓶等，细听孩子解释，要么是受到商场打折的吸引，"买400减40"的优惠，于是匆忙凑够400后，忘了原本要买的书包；要么是因为小伙伴推荐了这个商家的态度，结果不好意思拒绝好友的善意，来到了这家没有书包的文具店。孩子明明目前并不需要这些物品，但为什么这样越买越多？

原来是因为："鸟笼效应"。

 心理卡片

美国心理学之父威廉·詹姆斯情绪论发现的心理现象，这个现象和詹姆斯送给好朋友的鸟笼相关，被称为鸟笼效应。

1907年，心理学家詹姆斯和他的好朋友——知名的物理学家卡尔森同时退休，有一天，二人闲谈，打了个赌。詹姆斯说："我一定会让你不久就养上一只鸟的。"卡尔森却完全不以为然："我不信！因为我从来就没有想过要养一只鸟。"过一段时间，卡尔森过生日，詹姆斯借机送了一只非常"精致的鸟笼"。卡尔森一笑置之，认为这是无稽之谈："我只当它是一件漂亮的工艺品。你就别费劲了。"

生日之后，只要有客人到访卡尔森家，就会好奇他书桌边的那只精美的空鸟笼，他们不约而同地发问："教授，你养的鸟什么时候死了？"卡尔森不得不反复向访客解释："我从来就没有养过鸟。"然而访客们似乎对这个回答保持质疑，难以被说服，很难想象一个没有养过鸟的主人，家里放着这么一个精美的鸟笼。多次被客人问询，卡尔森教授上街购买一只鸟回来，此刻，"鸟笼效应"出现了。自然，他们二人打赌，詹姆斯赢了——不仅赢了赌约，也赢了对方的生活，让他在"精美的鸟笼"到来后，失去了自我判断和自我意识，偏离了自己原本的喜好。

鸟笼效应是指人们常常出现这样的情形，会在偶然获得一个原本并非刚需的物品的前提下，继续增添其他与之相关而并不需要的更多物品。当人们开始为某个可能发生的偶然事件有焦虑情绪时，就会想做些什么，添加些什么来缓解焦虑。而实际上，这些行为不仅无法摆脱焦虑，相反会让人们更焦虑。

是不是我们每个成人，包括孩子，心里都会有一个"笼子"呢？继而不知不觉间继续往里面添加无关紧要的东西，去消耗我们一些时间、情绪、精力、金钱或者占用我们的一些空间呢？关于鸟笼效应，我们可以给孩子分享什么呢？

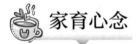 家育心念

"鸟笼效应"对家庭教育有何启示呢？

首先，和孩子分享，与人相处时，要会共情他人的感受，但是切忌过度共情。孩子能共情他人的感受，察觉他人的想法和需求，并且调整言行，是非常可贵的能力。可是如果孩子的共情力过强，也会让自己过于感同身受，过分看重他人看法，从而影响个人生活和身心健康。就会如同笼中鸟一样，受外界的评论影响，只会照顾他人的情绪，把心思总花在察言观色上，就会压抑自己的情绪，无法照顾到自己的需求。所以，能够站到他人的立场上考虑问题，是值得赞赏的本领，但是孩子也要学会和别人的情绪分离，不消耗自己的情绪，偏离自己的生活。

其次，引导孩子注意辨识生活中加减法的必要性。人们习惯于追逐物质，不断添加物品，去满足外在的观点和标准，而忘记考虑实用性和必要性。家长引导孩子了解到，是在驾驭物质的用途和价值，还是受到物质和外界声音的干扰而多做了"添加"。俗话说："淡饭粗茶有真味，窗明几净是安居。"我们和孩子一起去追求精神的富足和思想的修为，而非仅仅是无关物品的不断添加，从而学会为简单的生活做些减法，为宝贵的生命做加法。家长也可以为孩子做个榜样，家里最贵的装潢，是窗明几净，和谐温馨；最贵的衣裳，

是符合身份，得体清爽。也许我们可以和孩子分享这个鸟笼的故事，引导孩子思考为什么会出现买一只鸟的结果？原因至少有两点。第一，这是朋友送的礼物，而卡尔森其实还可以坦白地在最开始学会拒绝，要知道他人送礼物自己有两个选项："接受之后表达感激"和"拒绝之后表达感激"。第二，即便是接受了这份礼物，还是没有躲过"精美的鸟笼"的诱惑，殊不知此刻还有两个选项："保留"和"转赠或丢弃"。

试想：假如这是普通鸟笼，卡尔森还会放在书桌旁，后来引来访客们的好奇询问吗？估计他可能已经放在储物间隐蔽的角落里。我们常常会陷入"精美"和"价值"的影响，即便自己原本并不看重，却无法最终舍弃，反而受其牵制。犹如本节中开头，那个孩子去买了一堆目前不需要的东西，是忘记了自己对于他人的建议可以微笑、感谢和拒绝。对于商家的推销，自己依然可以再次审视是不是自己的刚需，除了凑够优惠金额之外，还有一个选择是不必参加，只选所需，选所爱，去掌握自己生活的主动权；也许会反思，看自己是否做到感受和感谢他人善意的建议，但是仍然有自己的选择和判断，而不盲从。

最后，让孩子设立当下阶段的生活轴心，避免不必要的行动。为了不偏离自己的生活的轨道，可以设立自己的生活的轴心，哪些是必选，哪些是备选，哪些可以弃选。行为心理学家华生认为，人的所有外显行为，都有某个心理动机。如，有些孩子就能分清哪些是自己的重要他人，而不会过度介意其他人对自己是否看重和喜欢，能够分清当下自己最重要的职责是照顾身心和努力学习，那么就不因为对一次演讲的结果不满意而耿耿于怀。

病毒面前，几乎人人开始直面生命的议题，感到恐慌和焦虑，如果意识到不必受到外在的影响，而自己做了必要的物质准备和防护准备后，依然可以静下心来，围绕自己生活的轴心做事。

如果心怀天空，就不会被鸟笼所影响，依然可以让心飞翔；

如果心有光芒，就不会一直借用物质去填满灰暗的心灵，依然可以安然前行。

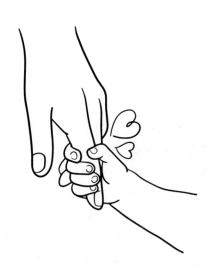

5.11 安慰剂效应：
告诉孩子去相信——相信的力量！

困惑再现

如果家长外出游玩，带回来一瓶瓶装水，告诉孩子："我去山里游玩，那里山清水秀，还有清泉！看，这是我接的山泉水。"结果可能出现这样的情形——孩子立刻去品尝那瓶已经拧开的水，并细细品味，开始盛赞："真甜！"

如果孩子偏爱某家的商品，特意叫家长出门带回来。可惜的是家长发现那家店已经销售完毕，结果就随便买了一家的，但是换成了孩子心仪的那家的包装袋，结果孩子依然给了"五星好评"。

这是为什么呢？

心理卡片

我们来了解：安慰剂效应。

安慰剂效应（Placebo Effect），是指当有些病人接受了事实上丝毫没有任何疗效的药物，但却由于内心中坚信此药有效，结果病痛有所缓解，健康就有所改善。对于那些求生欲强大且信赖权威的医疗人员的患者来说，这种效应极为明显。这些没有科学依据且无效的药物或医疗干预方式，竟然仅仅因为病患相信其"效果"，结果改善了健康状态，同时也调整了认知——这毫无疑问证明了信念的力量，的确有时精神仿佛有魔法般的力量，超越物质的效果。

在哈佛医学院，研究人员曾经做过这样的实验：研究人员选择了300位研究对象，他们是肩膀和胳膊存在长期疼痛的患者，并把这些被试分成两组。

第一组被试，医生让他们尝试一种新药，并通知他们这种药物是新研发出来的产品，疗效特别好。而对于另一组患者，研究者对他们进行定期中医的针灸治疗。

结果发现：这两种疗法效果都很好，疗程刚过1/4，几乎所有病人都表示病痛明显减轻。研究者对他们的大脑进行了扫描，也意外地发现与负责大脑疼痛的区域活动的确减少了。只有研究人员知道，所谓的新药，只是普通的玉米粉而已，丝毫不具备缓解症状有效成分；针灸时医生所使用的针是特别定制的，一旦接触皮肤，针尖即刻自动缩回，扎不进皮肤，更不可能刺激相应的穴位。

显然，安慰剂效应发生了，相信"新药"和"中医的针灸"的疗效，这一想法对大脑和身体产生了切实的、正面的影响，从而改善了症状。

家育心念

安慰剂效应对家庭教育有何启示呢？

首先，关注积极暗示的意义。安慰剂效应发生的前提是主观上的相信，如果想要孩子自我评价提高，其中一个方法就是重复自己的优势和积极品质，自我夸赞和欣赏。积极心理暗示有助于激发潜能，超越自我。当孩子面对困难和挫折，家长把握好恰当时机，如果适度、适时地进行积极暗示，就会起到预期鼓励作用。当然，家长要避免不切实际的语言，注意中肯的表达，让孩子感受到您的真诚和真正的亮点，这样才利于鼓励孩子。

其次，注意"反安慰剂效应"的奇怪现象。有研究证明，79%的医学院系的学生竟然会表现出符合他们正在研究的疾病症状，研究时这些学生接触很多类似病人，并了解具体的症状表现，结果是，越了解会越觉得自己具备这些症状，于是开始怀疑自己符合此病，最终有些竟然"如愿以偿"。科学家把这个现象称为"反安慰剂效应"。比如，有些人身体本来健康，却怀疑自己有疾病，结果可能真有问题。某个戏剧节目中有这样的情节，两个病人错拿了诊断书，结果有病的人生龙活虎，日益健康，而健康的人因为相信自己有病，而从此萎靡不振，终日消沉。这的确会出现，原因是压力、担心和恐惧会引起人体免疫力下降，进而容易患病。这就是有些患者得知自己到了病痛的晚期时，身体状态和精神面貌很快恶化，病情发展很快的原因。

最后，培养孩子的积极心理品质。研究表明，人格特质中比较乐观、性格坚韧、待人友善的人更易对止痛的安慰剂产生相应反应，这也许和医患之间进行安慰剂诱导时积极的互动有关。所以要培养孩子的积极心理品质，科学对待病症，积极治疗，防微杜渐，而避免陷入消极心理暗示，影响身心健康。《荀子·劝学》中说："蓬生麻中，不扶而直；白沙在涅，与之俱黑。"要培养一个具备积极心理品质的孩子，我们家长自身要会管理情绪，注意避开言语暴力，塑造温馨情绪氛围。父母要孩子成为什么人，自己要先成为什么人。

对孩子而言：

家是温馨港湾，可以涵容漂泊的灵魂；

家是茂盛大树，能够遮挡酷夏的骄阳；

家是夏日雨丝，利于拂去一身的疲惫；

家是心中牵挂，助于寻找幸福的密码。

5.12 贝勃效应：
为何要孩子对变化保持觉察？

困惑再现

我们看看下面的例子：孩子在学业表现上，当从55分考到75分，无论孩子本人还是外人都会觉得有很大进步了；但是假如孩子经常考90分左右，结果总算考到了满分100分，所有人都觉得这是你的能力，不会表示惊讶，也不认为是很大的进步。殊不知，从90分考到满分，这个难度远远超过55分到75分。

放学回家，家人包了最喜欢的牛肉水饺，吃第一个，美味至极，特别满足和幸福，可是吃到第5个时，发觉不过如此了。

我们怎么和孩子解释呢？

心理卡片

我们来了解：贝勃效应。

贝勃效应指的是社会心理学的一个心理现象。当人们经历第一次强烈刺激后，再继续施与同样的刺激，对其而言会变得不那么敏感和微不足道。就心理感受来说，第一次较大刺激会冲淡第二次的较小刺激。

丹·艾瑞里在他的著作《怪诞行为学》中举了一个案例：

一个人情愿多走2英里的路，仅仅因为那家店所售卖的钢笔比这家店便宜了3美元，为了这个3美元的差价，顾客愿意走上2英里。另一个例子也很类似，但结果却完全不同。一家店电脑售价为989美元，2英里外的店则是979美元，但这位顾客却不愿去走这2英里了。这就是贝勃效应在起作用，第一次的刺激，已经冲淡第二次的刺激。当顾客经历了900美元以上的强烈刺激后，再施予多出的那10美元的刺激，已经变得微不足道。

意大利的一位心理学家做过一个这样的实验：

在情人节之前的两个月，选择了两对具有大体相似的成长经历、年龄层次和交往过程的情侣，让男孩子去以不同方式送玫瑰花。对第一对情侣，男孩每个周末都会给女友送上一束玫瑰，包括在情人节的当天；另外一对中的那个男孩仅仅在情人节的当天，向自己的心爱女友送上一束玫瑰。

两个送花的差异在于频率和时机，结果也大不相同：

那个在每周都会收到男友送玫瑰的姑娘，情人节当天收到鲜花时，表现相当平静。并且她还和其他女孩做了一个比较："别人送给女友的是大把的'蓝色妖姬'，比这普通红玫瑰漂亮多了，心里真是羡慕！"另外一个只在情人节收到玫瑰的女孩，接到花时，则是表现出被呵护、被关爱的甜蜜感，随后和男友的感情也稳步推进，度过了一个浪漫的情人节。

 家育心念

贝勃效应对于家庭教育有何启示呢？

首先，提醒孩子，我们的感觉虽然很敏锐，也有惰性，切勿让它们蒙蔽我们的眼睛。在对外界信息上，当我们面对较为强烈的刺激时，不要忽略后续较弱的刺激；同样，当我们面对较弱刺激时，也不要过分解读后续较强烈的刺激。对分数的变化，我们从不及格55分，到了75分，的确有了很大突破，值得庆贺和自我鼓励与奖赏；但是对于我们从90分到100分，能维持高分本身已经很不容易，何况还取得了零失误的满分，这样的结果一定也付出了很多，认真复习，静下心合理分配时间，注意微小细节，而不应该把这个结果当成理所当然，水到渠成。在变化面前，我们家长提醒孩子始终保持清醒，理性看待刺激变化，总结收获、经验和人生智慧。再小的变化，也需要我们带着谦卑的心去看待，才可以整合资源，积累智慧，充实自己的人生百宝箱。

其次，与人相处，我们既要锦上添花，更要雪中送炭。根据贝勃效应，当他人的成就感和幸福感达到一定满意程度时，我们做的就是锦上添花，可

能无法引起对方的强烈感受和深刻印象，当然也有意义。如果对方处于困境之中，我们的雪中送炭，才会给出一个强烈的刺激，让对方印象深刻，稳固彼此的关系。

赫巴德说："一个不是我们有所求的朋友才是真正的朋友，交友不是为了向对方索取什么。"诚然，我们需要真诚待友。朋友之间，当看到对方取得成就，会羡慕却不会嫉妒；会祝贺而不是冷漠；会锦上添花，而不是置之不理。当看到对方身处逆境，会同情而不是无情；会架桥而不是拆桥；会铺路而不是封堵；会雪中送炭而不是雪上加霜。《增广贤文》中有言："穷在闹市无人问，富在深山有远亲。"如果对于穷在闹市的朋友，给予必要的物质关照和心灵抚慰，关注其基本需求和心理困扰，就是在雪中送炭；对富在深山的朋友进行心理支持和真诚问候，问询其生活经验和幸福指数，就是在锦上添花。

所以，困难的人们，需要被人关注，幸福的人们，需要被人感知和分享幸福。锦上添花和雪中送炭，都是我们内心所需。平凡安稳的生活里，朋友的问候让我们心生温暖，朋友的惦念让人心生幸福；郁闷茫然的境况中，朋友的安慰，足以唤醒面对生活的勇气和从容，穷困潦倒的处境里，朋友的出手相助，会让人一生难忘；孤独寂寞的日子中，朋友的不离不弃，会让人心怀感激，借助友情的力量学会自我激励。

最后，对亲友，多一分耐心和善意，及时表达爱意和感激。

有个"一碗馄饨的故事"：一个女孩和妈妈生气，离家出走。随意走了一天，肚子很饿，她来到一个馄饨摊前，付钱时，发现忘带钱，手机没电。最后老板免费赠送了一碗馄饨。

女孩非常感激："我们素不相识，你对我如此有情有义！我妈，对我却是那么绝情……"老板说："我只不过给你吃了一碗馄饨而已，你就如此感激，你妈却给你煮了十几年的美食，你不更应感激她吗？"

女孩听了之后，感到了父母的辛苦付出和默默关爱，回家之后，缓和了关系，重新看待和父母的关系，在沟通中，表达了爱意和感激，母女情谊升温了。我们对亲友的付出和关爱，这样平凡的一贯的刺激，已经容易习以为常，并且似乎有着更高的期望值，觉得他们的表达还不够理想如意；而陌生人的出手相助，却会因为没有意外收获的刺激信息，而感激不已。

这就是"贝勃效应"在操控着我们的感觉。

再小的变化，都很珍贵；再大的变化，都要面对。

对生活多一份觉察，就会增一份对人生的掌控和接纳！

5.13 自我服务偏差：自己优秀源于努力，他人则是好运气？

困惑再现

有些孩子如果面试顺利通过，会认为是自己有光彩的履历，谦逊又得体，有才华，也有颜值；如果是没有顺利通过，就会认为考官过于苛刻和主观，没按照标准选择人才，自己没有好运气；朋友之间发生了争执，也只是责怪他人不够理解和支持自己，缺乏朋友的尊重和真诚，自己足够耐心和热情，已经有情有义，没有维系好友情，都怪对方和环境。

为什么这样呢？

心理卡片

我们一起探讨：自我服务偏差。

社会心理学里这样定义"自我服务偏差"：当个人在加工和自我相关的信息时，会存在潜在的偏见。人们通常会主动选择一方面轻易为个人的失败和不顺开脱，另一方面又会欣然接受外界对于成功的欣赏和赞美。这种把积极的结果归于个体的内部原因，把消极的结果归于外部的原因倾向，则是自我服务偏差（Self-Serving Bias）。自我服务偏差让人们在无意之中，扭曲了对于客观事实的认知，从而为了自我感觉良好，而做出更利于自我的分析和判断。在团队合作中也会出现这样的情形，当成功时，个体常容易归因于自我的努力，而失败后，则把责任和错误归因于他人。

运动员也会出现自我服务偏差。东京奥运会乒乓球女子单打半决赛中，孙颖莎以4：0击败伊藤美诚，但伊藤美诚在赛后采访时流泪表示："自己并没有发挥出全部的实力。"她并没有承认对手孙颖莎的优秀和强大。运动员取得胜利就归因于自己的刻苦训练和良好心态，而一旦失利就会抱怨不恰当的暂停、不公平的判罚、不按套路应战的对手等。

澳大利亚一位心理学者曾对某公司高管们的自我认知度进行调查，结果发现，有90%的高管对个人成就的评价高于对其他同事的评价；有86%的高管对个人工作绩效的评价高于公司的实际人均水平；仅仅有1%的人自评个人业绩低于平均水平。后来，研究人员又对公司的平均奖金水平进行了虚构，让参与调查的高管评价个人报酬和能力的相关程度。结果发现，当奖金高于人均水平，他们往往认为自己工作努力，表现优秀，是理所应得的合理报酬；当奖金显著低于人均水平，他们就会认为个人努力，没有得到公平、公正的待遇。总之，这些高管很少可以坦然接受己不如人，更没有想法改变，只会怨天尤人，为自己找借口而已。

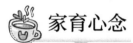 ## 家育心念

自我服务偏差对家庭教育有何启示呢？

首先，告诉孩子可以适当利用自我服务偏差调整自己的情绪。自我服务偏差会给人们带来一些帮助，在成功时自我服务偏差会增强个人的自我效能感。这一概念是心理学家班杜拉提出的，是指个人对自己在特定的情境下能够获取成功的信念。班杜拉认为，这些信念会影响着个体如何思考、如何行动及如何感受自我地位的价值，并会对个体心理状态、行为表现以及内在动机等方面产生积极影响。如果失败时，自我服务偏差会减缓自责、自罪和内疚感，助于减缓失利之后的压力感和焦虑感，同时利于降低患上抑郁症的概率。

其次，提醒孩子切忌给自己过度美化的滤镜。尽管追求自我肯定是人的天性，我们依然提醒自己保持清晰的自我认知。及时在重大事件之后，进行复盘，发现个人优势和不足，直面缺点，而非逃避，装作视而不见。成功时，尽可能总结个人主观努力、环境因素、心理状态、外界助力等，这样才会助于总结可借鉴的宝贵经验。当个体以谦虚心态及平和心境对待自身和他人，而非拔高自身、贬低他人。人生中遇见问题是很正常的，犹如人都会感冒一样。问题出现时，如果美化自己，就是对自己的滤镜性认知，远离全景式真实的自我认知，更难以提升个人能力，弥补自我的缺陷。过度滤镜式美化自己，就会在未来出现类似问题，再次踩坑，并且无疑会滋生更多难题。

最后，约定坦诚表达真实声音的小组，以合适方式彼此告知，共同进步。当个体只看到他人不足，一味怨天尤人，不仅仅会对人际交往不利，也会影响到自身健康状况。当团队真心在事件之后复盘，总结经验和教训，就会更利于团队目标的达成，内心也会愈加平静，每个人也会更快成长。如果团队中大家都会持有自我服务偏差，可能会影响团队凝聚力，更会导致团队的分裂和解散。

5.14 鸡尾酒会效应：
孩子接受的信息，只是其选择的而已

家长们有没有注意到下列情形：

孩子在看电视，您让孩子帮忙去做一件家务事，说了好几遍，孩子仿佛没听见一样，当您忽然提及孩子喜欢的活动或者美食，孩子立刻就给了回应；

当您开始进行家庭会议的时候，孩子似乎也有一个本领——能够自动化地"屏蔽"掉孩子不想、不爱听的"唠叨"；

在外出旅行，孩子在熙熙攘攘的人群之中，忽然有人喊了孩子的名字，孩子即刻转身循声望去，也许是遇到了同学，也许是和孩子重名的其他游客。孩子的听力有时不够灵敏，有时又过于灵敏，是孩子的听力出现问题了吗？

心理卡片

我们需要来了解：鸡尾酒会效应。

在鸡尾酒会上，嘈杂的人群之中，两人依然可以耳语顺利交流，尽管身处喧闹之中，但两人依然可以听见彼此，并能推进沟通，仿佛外界并没有那些噪声。为何如此呢？因为这些场合的人们已经把自己的关注重点聚焦于彼此关注的主题。并且人们更容易在人群之中辨认出自己的名字，即便对方的声音很小。为什么在如此嘈杂、充斥着各类声源混乱的鸡尾酒会中，人们会有这样的"特异功能"？

其实，这是人们注意的选择性的特点。柯林·奇瑞特意研究了这样的心理现象，在1953年把这个现象称为"鸡尾酒会效应"。

所谓"鸡尾酒会效应"，指人们的大脑会对外界刺激信息进行筛选，与自己有关的，自己关注的信息，就会迅速反应，无关内容很难进入，其他的话题自己就自动过滤，不会有所反应。到底这个效应背后有什么原理呢？英国的著名心理学者布鲁德本特认为，外面存在大量信息，但是人们处理信息的能力有限，当加工某个信息时，就会把其他声源当成背景，会视而不见，充耳不闻。

家育心念

鸡尾酒会效应对家庭教育有何启示呢？

首先，告诉孩子，人们的接受能力有限，要把有限的注意力放到关键事项上。无论孩子想要达成什么成就，都需要首先对与此相关的事情有格外的敏感和强化，孩子就会通过自我的心理暗示和强化对于此类信息格外敏感而注意收集，为目标服务。如果孩子这段时间关注的是期末心理调适，缓解焦虑，提升自信，那么无论孩子看手机、电视还是图书馆选择图书、报纸，那些学习心态调节，期末复习的方法，更容易引起关注，甚至孩子会惊讶地表述，很奇怪，这段时间心理关注的竟然"碰巧偶遇"了。其实这些信息不多不少，也不是什么奇迹，只是孩子的内心关注什么，就会更容易关注什么。所以告诉孩子：把心思放在哪里，注意力就会选择哪里，收获也会聚在哪里。

其次，人们只会对熟悉的事物更加敏感，所以要提升学习力，就是进行必要的重复。当人们学习新事物时，感觉都很陌生，反应也会显得缓慢和迟钝。当建立了个人的知识体系，最好的方法就是熟悉基本概念和定理。当孩子对基本概念熟悉到一定程度，再听到或者看到此类题型，大脑就会快速作出反应和回忆概念及联系，从而增强答题的正确率。

大脑神经科学家认为，每重复一次学习经历，神经细胞间就会逐渐建立连接直至稳定下来，更有组织。当孩子多次重复之后，神经连接就会得以强化，从而形成脑部的永久神经通路的部分。而那些没经过足够重复的神经连接因为不够充分和稳定，就会逐渐被清除。只有多次重复经历，神经元之间的突触才会形成。爱因斯坦如果没有多次重复实验，就不会有电灯、无线电等伟大发明。各行各业的行业精英，也都是不断重复训练和实践，才会有学术界、建筑界、体育界、文学界等各领域的成就和荣耀。正是在枯燥而烦琐的重复中，得到强化、启发和熟练并形成自动化输出的本领，而收获成长和宝贵体验。几乎每个有所成就的人都需要耐心地重复而获得，熟能生巧就是最好的解释，从最初的刚接触时感到"莫名其妙"，经过反复练习，达到"深得其妙"！

是不是重复的次数越多越好呢？并非如此！必要的重复的效果有目共睹，但是要保持适度。真正的过度学习是指，如果人们对某种知识的掌握到了再现之后，不会出错时，当成100%的话，那么，要保持熟练的掌握程度，还需要一定时间重复学习，用同样的注意力水平去巩固这部分知识。这种重复保持在学习程度的150%以内，学习效果最佳。如果超过了150%，孩子就会因学习之后的疲劳而出现效果不增反减的现象，学习效果会逐渐下降，反而会出现注意力的分散、学习厌倦、容易疲劳等消极状态。

最后，学会专注于最重要的事情，深度工作。和孩子说一个做事哲学理念：一次仅做一件事。这就意味着人们要回到单纯、自然、朴素和纯粹中去。这样做的目的在于：专注过程，不问结果。孩子有了这样的理念，反而就会提升专注力，每次聚焦一件事，反而更大地发挥个人的优势去克服困难，自我实现。这就意味着我们需要放空头脑，全心投入当下事情。只有人们全心投入和专注，才会带来极致的体验和深刻的启示。

当人们专注于手头事务，就会暂且无视其他刺激。这种状态下，人们的注意力更聚焦，意识更融合，无关信息影响会减弱，福流也会出现，自然更容易体会意义感，实现事半功倍！深度工作指的就是人们选择忽视外界干扰，专注于当下工作的状态。这会助于人们深化认知能力，提升个人技能，进而取得具有创造性、保质高效的成果。正如纽波特所说："一个人要想有所成就，必须具备深度工作的能力。"

5.15 禀赋效应：为什么孩子会觉得"失去后更加珍惜"？

困惑再现

孩子是否和您描述过以下场景？

孩子学着管理消费，去超市购物时有个促销活动，购满58元可以兑换一盒签字笔，孩子并不需要买那么多物品，但是觉得那盒笔估计值12元呢，不这样消费又有遗憾；

周末孩子和同学约着去看电影，非常难得的半天时间，早早到场，可是看了10分钟，发现根本不像宣传片里的那样精彩，可是并没有离开，还是看完了这部2小时的电影，似乎离开的话，觉得是一种损失，可是看完觉得不值得；

还有的时候，听闻自己可能获得市级优秀班干部的表彰，可是后来接到通知所在年级并不参与评比，忽然觉得特别失落，仿佛感觉到自己的荣誉被剥夺了。

相信孩子遇到上述情形会感到难过、失落和痛苦，可是静心想想，很多时候，明明并没有失去什么，却总也难以回到最初状态。

这是为什么呢？

心理卡片

我们来了解一下禀赋效应。

20世纪70年代，经济学家查理·塞勒（Richard Thaler）提出了禀赋效应（Endowment Effect），他在2017年曾经获得过诺贝尔经济学奖。禀赋效应是指当个人拥有某个物品或资产时，对拥有的物品或资产的价值评估超过不曾拥有的时候的一种心理现象。犹如一个人丢了100元和捡到了100元相比，会更加看重损失，获得的幸福感在损失面前，显得不值一提。人们总会对已经拥有的资产赋予更高价值。

有一个关于禀赋效应的实验：经济学家杰克·奈奇教授做了一个实验，他把参加者随机分为两组，并让他们各自做完一份问卷。之后，两组都会获得一份价值相同的礼物，一组是咖啡杯，另一组是巧克力。当分发好两组的礼物后，研究人员问是否愿意和对方小组调换，结果只有10%的人愿意互换，大多数人认为自己的礼物更有价值。

比起即将拥有的物品，人们会更加重视而不愿放弃已经拥有的物品。这种重视不仅仅体现在行动上，而且还会每次决策及付出，甚至有时及时意识到是做了错误决策，也会为能够维护自尊心而合理化已有决策，为不合理行为进行辩护。

小学课文中曾经有这样一个故事：一位樵夫在担着柴过河时，一不小心把心爱的铁斧头掉在了河中，而此刻河神缓缓飘现，拿了一把铁斧头和一把金斧头让他选择一把。我们总认为他会选更贵的金斧头，但是他稍作思考，依然选了自己使用多年心爱的铁斧头。这篇课文当然告诉孩子们诚信的美好心理品质。可是这位樵夫的选择也是"禀赋效应"的心理表现。就如同上述实验中人们如果被要求在"咖啡杯"和"巧克力"二者中选择，大多数人回答通常会是"随便"或"都可以"。可是一旦已经确定拥有了其中的一样，极少数人愿意与人交换，高估已有物品的价值而拒绝交换。

家育心念

禀赋效应对于家庭教育有何启示呢？

首先，告诉孩子，要学会理性消费，避免禀赋效应。购物前理性三问：我真的需要吗？我会在什么场合下需要它？是否可以有更好的选择？当有了这三问的回答，就会有效避免不必要的开支。许多商家就会充分利用该效应进行促销。比如有些视频客户端为了吸引新客户，首先推出30天免费试用，继而30天之后，就开始延长观看时的广告时长，有些长达120秒，大多数用户会觉得30天试用的感觉很好，没有广告，直接看到想看的节目，就会有一种厌恶损失的心理，继而愿意成为会员，充值去开通VIP的服务。这些用户明明从来不曾拥有过，可是却会有一种即将失去的感觉，就会采取行动，避免损失可能带来的痛苦。犹如二八法则，我们80%的物品效用源自拥有的20%的物品。当意识到这一点，就会避免禀赋效应的消极影响。

其次，家长提醒孩子避免安于现状，在舒适区躺平。根据禀赋效应，人们习惯于原有状态，即便并不那么可贵。其实不妨做些全新的更好尝试，以突破现状，获得成长。犹如商家不愿意在老用户上费心维护，因为用户在体验过之后，哪怕略有瑕疵，仍对原产品有一定程度的忠诚度。假如此刻问问自己：如果我从来不曾拥有过它，我是否愿意为它花费时间、精力和金钱？通常情况下，答案是：不愿意。这就说明明显是我们高估当下的状态，并非因为其内在或外在价值，而不过是因为禀赋效应而已。人们经常会去避免失去所拥有的物品和状态，容易有"安于现状"的情结，担心改变带来潜在的损失。这种心理就会让我们止步不前、失去规划，原地踏步。

最后，学会运用机会成本，来抵制禀赋效应的影响。机会成本是指我们在放弃的选项中刻意创造的最大价值。例如，本节中开头描述看了一个烂片电影，接下来可以选择及时中断观看电影之后，可以在接下来的时间内，打一场篮球，和同学沟通交流，或者去图书馆听一场讲座等。同样如果毅然决然告别一段不值得的关系，就可以安心照顾自己的内心感受，学一门语言，发展一个爱好，去结交新的朋友，多看几本好书，这些事所产生的收益也在互为机会成本。

禀赋效应并不是严重问题，问题是深陷其中而安于其中或者并不自知。当孩子学会用机会成本思考现状，及时去止损，就会展望未来，有效避免禀赋效应带来的负面影响。

人们经常说的"失去才懂得珍惜"，即便当时食之无味，也会出现之后的"依然有弃之可惜"之感。当我们投入越多的时间、精力、金钱和情感，禀赋效应就越强烈。这就是为什么有些人付出得多或者很久，犹如是孩子说的小学时的同学，堪称"老朋友"，尽管三观不合，也不愿意放弃的原因。人际相处中，如果能够张弛有度，坦诚交流，彼此温暖和支持，才是维系健康情感的最佳方式。

5.16 凡勃伦效应：为何有些孩子"只买贵的，不选对的"？

困惑再现

　　家长有没有注意到这样的现象：每每"双十一""双十二"之类的购物节日宣传，许多男孩子攀比鞋子的价格，女孩子则是购买衣物包包，并出现不理性的消费，以至于一样的产品，定价越高，孩子越想要，越想买。

　　有时我们成人也为了远离大众普通购物习惯，也格外选择一些所谓的"大牌的奢侈品"，就为了显得自己的与众不同，满足自己的攀比心理，就开始进行了炫耀型的消费。如，一双球鞋，标价到几百、几千甚至万元以上，总有人愿买。

　　为何出现此类现象呢？

　　其实，消费者不仅仅是为了体验直接的物质满足和享受，更是为了获取心理上满足。

心理卡片

　　我们来谈谈：凡勃伦效应。

　　该效应由美国的著名经济学家托斯丹·邦德·凡勃伦提出的，故称为"凡勃伦效应"。他发现：商品的价格标得越高，竟然会越畅销。这是指消费者对某种商品的需求，会因价格高而非价格亲民较低而提升，从而增加销售量。它反映了人们进行挥霍性消费的心理愿望。

　　凡勃伦在其著作《有闲阶级论》书中提到，艺术品的效用大小和价格高低密切相关。此类物品能引起人们的独占欲望，获得巨大商业价值，有时与其美感并无直接联系，而仅仅用高价格作为"诱发动机"，让购买者产生一种"优越感"的心理体验。

　　曾经在亚利桑那州有一个旅游胜地，刚好有一家销售印第安装饰品的珠宝店开业。当时正值旅游的旺季，顾客盈门，各种昂贵的银饰、宝石等首饰都很畅销。

可是只有一批光泽莹润、价格较低的绿松石无人光顾。为了成功推销出去，店主尝试了许多方法，如把绿松石放在显眼处，让推销员极力向顾客推荐等。可是结果却徒劳无功。一次计划外出进货之前，店主计划亏本降价处理店内的绿松石，就给店员留了一个便条："所有绿松石珠宝，价格乘二分之一。"外出归来，果然绿松石全部售罄。接着店员介绍，自从提价后，那批绿松石竟然成了店内热销品和招牌货。

原来，店员把便条中的"乘1/2"当成了"乘2"。大幅提价后，反而快速把它们卖掉了，这个故事就是"凡勃伦效应"在起作用。

随着社会经济的发展，人们的消费会随着收入的增加，而逐步由追求数量和质量过渡到追求品位、格调。

其实，消费者购买这类商品的目的并不仅仅是获得直接的物质满足和享受，更大程度上是为了获得心理上的满足。这就出现了一种奇特的经济现象，即一些商品价格定得越高，就越能受到消费者的青睐。

☕ 家育心念

凡勃伦效应对于家庭教育有何启示呢？

首先，和孩子一起告别"炫耀消费"，学习理性消费。随着社会的进步、经济的发展、人们生活水平的提升，消费观念也会随着收入增加，发生了购物的改变：从过去追求量和质，逐渐转移到追求品位、格调和身份上。而学生在没有一定的经济独立状况下，如果不能理性消费，仅仅盲从和攀比，就会出现没有节制的消费，有些甚至被"网贷"的陷阱所诱惑，媒体上报道了许多因为"网贷"而产生对于高消费的自责和对于有效还款的信心不足，结果酿成了一个个悲剧。

所以可以告诉孩子，如果具备条件，可以适当地追求品位和格调，切忌进行挥霍性消费。如果孩子知晓了"凡勃伦效应"，就会改变不合理的消费观念，更加注重物品的价值和商家的推广目的，而不至于用这类消费来追求自己的心理需求。

其次，在未来的职场上，要提升自己的"身价"，就需要当下的储备和努力。未来踏上社会，个人的"身价"，并不是外界所赋予的，而是个人的内在修养和能力。想让自己具有职场竞争力，提升个人的修养才会提升自我的存在价值，从而在人才市场上变得"抢手"。而在校园内的专心时光，读书的关键功能就是提示自我修养，不仅仅是求知。许多孩子质疑读书的意义，作家三毛曾经说过："许多时候，自己可能以为许多看过的书籍都成过眼烟云，不复记忆，其实它们仍是潜在气质里、在谈吐上、在胸襟的无涯，当然也可能显露在生活和文字中。"个人每天看书，也许在意识里并没有记住什么，但在潜意识里会积累这些隐性记忆，在某天需要的时候，会体现在语言表达上，与人交往中，个人决策中等。这些书中的智慧和习得会融进血液里，成为更好的自己。杨绛先生也这样告诉年轻人，你的问题就在于读书太少，而想得太多的缘故。

最后，和孩子分享，在不断讨好他人的模式中，不妨尝试停下，去提升自己的价值，看到人际相处中的凡勃伦效应。当自身价值越高，个人的吸引力就会越大。想让他人接纳和认可，与其处处小心翼翼，不如不断提升自己的价值。而自我价值，并非体现在外表上的魅力，而是内在上的丰盈和涵养。相比于颜值上的光鲜亮丽，涵养会让个人更加光彩夺目，持续散发个人魅力，从而在岁月流逝中，可以拥有智慧和理性，内心也会变得从容和淡泊。

让孩子明白：只有自己变得更好，才是解决所有问题的关键。

5.17 内向性格类型：
孩子内向并非缺陷，无须改变

　　我们家长聚在一起，是不是聊到孩子，会涉及这两个话题：孩子的学习和性格。有些家长会说："我家孩子学习还不错，但是就喜欢一个人待着，见了亲戚不知道称呼，笑笑就过去了，孩子会不会是孤僻？孩子会不会不能适应社会？我有两个宝贝，另外一个就阳光开朗，一个家庭教育出来的孩子，怎么会不一样？"于是其他家长就"如何改变内向的孩子"话题，开始献计献策。为什么呢？

　　社会节奏很快，人才市场的竞争也变得激烈，而我们普遍认为这类孩子容易适应环境，取得成功，即"热情主动""善于沟通""愿意表现"的外向孩子。并且对内向孩子又有着共识，他们一般不爱说话，不好接触、过于自我，担心孩子未来不善表达和交际，比较沉闷，与人相处总会吃亏的。

　　其实，这是对内向人士的认知偏见。

 心理卡片

　　今天我们来了解内向性格类型。

　　心理学上有个"五因素模型"，又叫"五大人格"。这是目前人们公认较为全面的有关人格分析的模型。在这个模型中，心理学家从五个维度来区分人的性格，即：尽责性（Conscientiousness）、亲和性（Agreeableness）、神经质（Neuroticism）、外倾性（Extraversion）和开放性（Openness）。外倾性也叫外向性，是日常生活中常见的描述人们性格特点的关键词。

　　对于外倾性维度的量表，高得分者是外向的，低得分者则是内向的。要区分外向和内向，并非看是否开朗、活泼和健谈，而是看这个人是更愿和他人在一起，还是选择一个人独处。

　　对内向者而言，聚会、聊天、集体出行，都是在耗费其精力和情绪。他们会在独处时，来自我充电和恢复精力。和他人在一起时，内向者容易疲倦，独处时反而自得其乐。当然，内向者并非全都喜欢安静、表现低调和不善言谈，当他们精力充沛和遇到知己时，依然可以滔滔不绝，妙语连珠。

内外向是每个人与生俱来的气质，无好坏之分，内外向取决于个体生物基因以及大脑生理结构。因为生理构造上的差异，就会让孩子表现有明显差异，如反映及行为模式，包括信息处理、反应速度、交流方式等。

内向孩子是在独处时，从自我内部吸取和补充能量的，需要经常自我对话，个人独处，和个体的情感与思想沟通，不断进行休整以进行能量积蓄。只有当有足够的独处时间和空间，他们才会保持充沛活力。假如外部刺激信息过多，环境嘈杂，或休息不好，他们无法获得所需能量，会有不安感和疲惫感。

如何判别出内向的孩子呢？

观察一下以下表现：假如一个孩子较慢地融入新的环境；在参加团体活动后，容易疲惫；需要独处的时间静养，才会恢复精力；大部分时候很安静；总喜欢先细致观察，再去行动等一般而言，这个孩子就比较内向。心理学家卡尔·荣格曾经在《心理类型学》报告中表示：内外向性格并没有优劣之分，区别仅仅在于个体获取能量的方式不同而已。外向者通过社交获取能量，他们热情奔放，给"自我充电"的方式是参与到群体中。对内向者而言，社交对他们会有负面影响，会消耗他们的精力，他们更愿意在独处中思考、充电和成长。

家育心念

家长如何陪伴内向的孩子健康成长？

首先，不再给内向的孩子贴"缺点"的标签。物理学家爱因斯坦，据说小时候就沉默、内向、喜欢独处，经常一个人躲在角落里思考问题。爱因斯坦成名后，有人向他请教成功之道，他这样说："不是因为我聪明，只是我与问题相处的时间久一点。"内向者习惯于花更多的时间独处，审视自我，反思和总结问题。

正是这种静心的自我审视与深度思考，会让他们更有专注力和思考力，也会让他们做事时更加谨慎和更易实现目标。我们家长不要再给内向孩子贴上"胆小鬼""没出息"等负面标签。因为孩子的内向不是问题，成人如何因材施教和区别对待才是真正的问题所在。

其次，告诉孩子，内向性格也有独特优势。我们家长不仅接受孩子的内向性格，更不去强迫孩子做出改变，变成家长期待的模样。可以和孩子一起分享内向的优势，让他们告别自卑感和不安。如果家长只是单方面期待孩子变得外向，犹如孩子是最美味的香蕉，您偏偏要孩子有苹果的味道。这不仅让孩子为难，更会对孩子造成伤害。

内向的孩子有许多优势。内向孩子有丰富而细腻的内心世界，对人们的情绪和事物的观察更为细致；他们因为耐得住寂寞，愿意独处，更容易激发创造性思维；他们因为有较强的内省能力，也会更自律、谦虚和有共情他人的能力。因为内向孩子不喜欢群体活动，更喜爱安静，不善于表达，所以周围同伴会对他们有偏见，认为他们怪癖或者清高。尤其是对内向的男生，他们更因为是内向性格，被他人评价为胆小，没有男子汉气概，甚至以"伪娘"被嘲笑。此时，他们就会产生自我怀疑和自我批判。此时就需要家长和老师认识不同的性格优势，引导孩子接受自我的内向气质，不再受外界的评价所干扰。当然，因为内向孩子不善于表达，就更需要家长多和老师沟通交流，及时了解孩子在校表现和理解孩子内心，陪伴孩子健康成长。

最后，为内向的孩子提供良好的家庭支持氛围。让"家"成为孩子的心灵港湾。联想一下港湾的含义，那就是提供安全感、休憩处、物品补给和爱的支持的地方。时刻让孩子知道，只要需要，爸妈就一直是稳定的存在，也会一直尊重孩子的心理需求，为孩子创设独处的安全空间，营造和谐温馨的家庭氛围。如果我们想要孩子参与集体活动，要以商量的语气，尊重孩子的内心感受和最后的选择。家长逼迫孩子去走亲访友，孩子可能会有抵触情绪，可以尽量在孩子较为熟悉的人际之间展开小范围互动，同时提前告诉孩子，只要感到不适，不要自我勉强，可以委婉找个理由，或者告诉家长，寻找机会离开现场。

孩子天生的气质类型无法改变，只有我们家长理解和尊重内向孩子的生命独特性，才会真正为孩子健康成长助力。我们爱孩子，就是"如其所是"地去关爱，去陪伴，去见证！

如果说每个孩子都是世间一朵花，那么无论别人的孩子绽放得如何美丽，都不要着急，也许你等了春夏秋，都没有绽放，也许孩子是那朵在冬季独特绽放的蜡梅，或者是并不与牡丹比美但依然开放的苔花，尽管小，也有自己独特的美丽，也有属于自己的花期！

第6章

成长思维篇

6.1 大脑可塑性：年龄越大，学习力越差？

 困惑再现

中国的春节祝福语中传递着人们对于未来的美好期许，对亲友的美好祝愿，同时也蕴含着蓬勃向上的生命力。但是否这些词语只和年轻相关呢？是否家里老人常常感叹：脑力不灵了！学东西慢了！记忆力差了！

您是否也和孩子一样认为，随着年岁增加，大脑就不具备可塑性了呢？对能力提升、知识积累和自我超越开始自我怀疑了呢？

 ## 心理卡片

不可否认的是，"60后"的大脑的确不够灵活和敏捷。当然，这也有优势，即：随着岁月累加，他们更可能做出理性的决定，更少地受到消极情绪的影响。人们从60岁开始，当做决定时，开始同时运用大脑的两个半球，而不是如年轻人一样只用一个。

研究表明，经常从事脑力劳动的人，大脑神经元之间联系频繁，会越来越灵活，同时也会越来越聪慧。当孩子下次再抱怨："担心大脑越用，越会损伤许多的脑细胞……"我们可以进行科普："不用担心，当我们越有动力，越有意识去专注，神经可塑性变化会越大；反而不够投入和专注时，神经可塑性可能会关闭。"

20世纪后半叶，医学界有了新的发现：大脑可以修复损伤，重长新的细胞、再次形成新连接，并能够再分配脑部资源，从而弥补和恢复失去的功能，即：神经可塑性。

美国一项大型研究也发现：最有生产力的年龄是50～80岁，在此之前大脑的运用并未达到巅峰。荣获诺贝尔奖的学者平均年龄是62岁；世界上100家大型公司总裁的平均年龄是63岁；美国100个大型教会的牧师们的平均年龄是71岁……

新英格兰医学杂志上刊登了一组医生和心理学者发布的研究，结果认为，人们60岁时可以达到情感和心理潜力的巅峰，并会延续到80岁。看，60～80岁，正处于人生的黄金时期。

德国马普研究所巴尔特斯与同事合作对于老年人认知进行了干预研究：

一组不进行任何特意训练，只增进对本次测验的熟悉程度，旨在让研究者去了解重复测验之于成绩的影响。

另一组设置特意准备的专门训练。研究者先探讨进行该认知能力的测验必须参与的认知加工方式，继而运用提示、及时反馈、小组互动讨论等方式，向该组成员传授提高效率的方法。

结果发现：经过专门训练，第二组被试的认知能力水平显著提高。例如，对图形关系的能力进行训练，其效果持续最长，也能很好地迁移新的任务中；对归纳注意和记忆力的训练，也提升了测验的成绩，美中不足的是该效果对于迁移到新的活动任务有所欠缺。适当的认知干预能够减缓认知衰退，甚至对衰退趋势可以逆转。

 **家育心念**

看到大脑可塑性，接受当下最好的年龄！

过积极健康的生活。适度锻炼运动，进行适当的体力及脑力活动，智力会随着年龄的增长成正比。

开启一段新的学习。无论是手工艺，还是音乐乐器、书法写作、绘画舞蹈等，都可以去尝试。

塞缪尔·厄尔曼《青春》中这样描述岁月："年岁有加，并非垂老，理想丢弃，方堕暮年。""无论年届花甲，抑或二八芳龄，心中皆有生命之欢乐，奇迹之诱惑，孩童般天真久盛不衰。人人心中皆有一台天线，只要你从天上人间接受美好、希望、欢乐、勇气和力量的信号，你就青春永驻，风华常存。"

6.2 时间管理四象限：让孩子告别拖延的四象限法则

困惑再现

假期已经过半，您是不是发现孩子的学习和生活计划欠缺稳进的开展。孩子也会感叹每天事情排得很满，到底该如何更好地利用时间？也许您责怪孩子：总拖延，不会利用时间。而孩子也在困惑："我的时间都去哪了？"

心理卡片

什么是时间管理？

现代管理学之父彼得·德鲁克说过，所有的"管理"，核心都是"自我管理"，而"自我管理"的核心，是"时间管理"。时间管理就是个体可以合理地安排时间，恰当处理事务，高效完成计划和任务并达到预定目标。培养青少年的时间管理的意识和能力需要循序渐进，需要家长根据不同成长阶段的年龄特点，给予耐心陪伴、及时鼓励和适度放手。家长可以分阶段引导孩子进行时间管理的培养。

第一阶段是幼儿期，处于指导阶段。该年龄段孩子自制力欠缺，需要具体的指导，引导孩子作息时间制定，提出必要性的要求和指导，可以从幼儿期到小学二年级，强调在尝试中管理时间，并及时给予必要的积极强化，帮助孩子看到进行时间管理的好处。

第二阶段是小学中高年级期，家长参与期。该阶段孩子开始有了一定的时间管理的基础和经验积累，但随着学习任务的增加、伙伴交往的增多，可以引领让孩子预估完成任务的时间，并且有意识地进行预留适度自主活动时间，培养孩子自主制订计划能力，提升任务完成的效率和投入任务的专注力。

第三阶段是中学期，鼓励自主期。孩子已经开始自主意识增强，逃避家长说教和指导，更容易受到老师和同伴的影响。家长从指导者变为支持者，商讨之后划清底线，比如运用手机的时间，避免之后因为电子产品使用的问题出现不满情绪。对于孩子，家长要有不带诱惑的深情，对于原则，要有不含敌意的坚决。

第四阶段是高中毕业之后，放手祝福期。孩子有了更广阔的生活，有了广泛的人际关系，会从老师和朋友的规划中更好地思考人生的意义，规划更远的未来，学业、职业、友情、人际、社团等。当孩子谈及自己的纠结，家长做一个倾听者就可以，除非受到孩子的邀请给些参考性建议。

时间管理欠佳的原因：

第一，不是孩子缺乏时间管理能力，可能是计划制定欠缺合理性。

想象一下：如果您孩子习惯起床的时间是7点，而假期来临，孩子就开始制订了一份每日作息计划。每天5点30起床，背单词和范文，继而开启上午4小时学习，下午进行3小时听力和口语，傍晚1小时锻炼身体。晚上争取在10点前休息，这样学习、运动和作息都能得到充分调整。当家长看到这样一份清晰计划，是不是开始了夸夸模式：太赞了！这个计划很充实，早睡早起，又能兼具学习和运动。孩子在当时可能也是热血沸腾，第二天，闹钟响起，叫醒的不是孩子，可能是家长；当孩子勉强起床，却无法按计划实施抑或过得匆匆忙忙，慌慌张张。

计划不合理，不是意志力的问题。有效合理的计划要包含两点：一是有一点挑战，蹦一蹦，可以实现；二是至少可以坚持30天。如果孩子制订了计划，我们可以和孩子探讨，对你而言，根据你对自己往习惯和心理品质的了解，考虑是否有实现的可能性。挑战恰到好处，能够持续行动，最后实现阶段任务，就是合理的计划。

第二，不是孩子缺乏时间管理能力，而是欠缺良好的家庭支持。

记得有个同学在心灵树洞中提到，自己每每放假，妈妈邀请朋友们到家里打麻将，家里纷纷扰扰；爸爸则是每天玩游戏，二人专注于自己的放松，常常忘记孩子需要一个安静的学习环境，以及对家庭互动的渴望。该同学同意匿名公开自己的烦恼，想让更多的家长知道：孩子希望父母能够做自己人生榜样，如果不能，请不要阻挡自己的梦想。提供良好家庭环境，并不是为难家长，去一直坐在孩子身旁近距离"物理陪伴"，而是给予孩子需要的稳定心理支持，保持适度距离，就是"你需要时，我在"的状态。

时间管理的四象限法则是美国的管理学家史蒂芬·柯维提出的理论，把任务和工作按照横纵坐标分为"紧急和重要"两个不同程度，从而划分成四个象限，第一象限：重要又紧急、第二象限：重要而不紧急、第三象限：紧急而不重要、第四象限：不重要也不紧急。

日常生活中，我们常常在DDL（deadline，最后期限）之前匆忙把任务赶完，接着又休养生息一段时间，继而再开启赶任务的情形。

关于如何更好地利用时间，实现高效学习和工作，和孩子分享以下三点。

首先，列举任务清单，分清重要紧急程度。

假期中重要又紧急的事，立即做。如，需要准时小组每日打卡、分科作业任务等。

重要而不紧急的事，多去做，投入做，有计划地做。如，联系师兄去了解专业、毕业设计的进展、健身训练。

不重要不紧急的事，避免做或者减少做。如，短视频浏览、无质量的小说、与同学闲聊。

紧急而不重要的事，请人做：如，需要拿快递、家里有人时邻居拜访。

其次，区分一二象限。我们常常误认为紧急的事情很重要，从而耗费更多时间在此之上。把它放在第一还是第二象限，重点在于放在整体规划和目标上，是否重要。有人认为电话响了，是紧急事情，如果家里有他人，可以让其他人接听，如果只有自己，可以接听，发现是很久没见的幼儿园同学，此刻接听电话之后确定一个时间再详聊或约见，而非放下正在做的第一象限的事情，开始煲电话粥2小时，任时光匆匆流逝，任务无情被打断。

所以，多花时间在第二象限，就会减少未来时刻它们变成紧急又重要的事件，时间管理高手会把65%～80%的时间分配给第二象限。来自意大利经济学者帕雷托发现：在任何特定群体中间，重要因子常常仅占少数，而不重要因子常占多数，只要我们可以控制具有重要性的少数因子就可以控制全局。因此，我们需要聚焦于可以获得最大回报的重要事情，而在非无关紧要的事上投入时间。比如，许多人会在早晨起床处理一些不重要的事情，如看朋友圈，去楼下与人聊天等。

作家歌德曾经说过："在今天和明天之间，有一段很长的时间；趁你还有精神的时候，学习迅速办事。"

本节的分享也许会让我们感到一丝焦虑，而时间管理其实就是对于未来的焦虑管理，为了未来不过度焦虑，我们一起尝试时间管理吧！

6.3 系列位置效应：背诵时，为何最熟悉的是起始段？

困惑再现

如果让孩子背诵散文名篇，比如朱自清的《春》，是不是最熟练的是第一段和最后一段？如果检查孩子记忆整个单元单词表，孩子记得最清楚的是不是第一个和最后一个？

您自己是不是也曾经这样抱怨记忆能力欠佳？

心理卡片

加拿大的学者默多克（Murdock）在1962年做了一个实验，邀请被试者去浏览一系列毫无关联的单词，比如"肥皂、氧、松树、温馨、啤酒、舞蹈、雪茄烟、火星"等，然后请这些被试者按一定顺序去学习，继而让这些被试者自由回忆，去看他们最后的记忆效果。

研究结果发现：对于最先学习和最后学习的单词，被试的回忆效果最好，而只有中间部分记忆效果最差。根据这个实验，心理学家描绘有关记忆的"系列位置曲线"（Werial Position Eurve），也是U形曲线，并把这种记忆现象称为"系列位置效应"。

系列位置效应是两个位置效应组成，"首因效应"和"近因效应"。即：人们在回忆一系列材料时，最易记住的就是第一和最后一项。

首因效应（Primacy Effect），是指在心理学和社会学的领域，最初的刺激或信息的记忆特别引人注意的认知偏差。这就是为什么我们常常叮嘱孩子在参加演讲比赛或者面试时，要注意给评委留下美好的第一印象。因为人们常常对第一面的感觉记忆最深并且会影响到之后的评判。就像我们回忆北京冬奥会开幕式，您记得最清楚的是什么？是不是最初的二十四节气倒计时的中国式的浪漫？

近因效应（recency effect）则指的是针对材料序列结束阶段的刺激材料或信息引起的人们的过度注意的认知偏差现象。学生们常常记得军训结束时和教官的难分难舍，而完全忘记之前因为枯燥的训练在心里悄悄骂教练的冷酷，和同学们一起取笑教官的口音的情节；学生们记得最清楚的大多是毕业之前的最后一次班级团体留念的难忘场景；而老师们也常常记得在学生毕业之前的最后一节课或晚自习时的美好回忆，而忘记了中间和学生们斗智斗勇的奋战历程。

另外，还可以从两个抑制机制去解释系列位置效应。当开始准备记忆一段材料，最先学习的内容易受到中间材料的干扰和影响，此类后面学习内容对前面内容有干扰的现象叫作"倒摄抑制"；类似的，最后学习的材料容易收到之前学习的内容的干扰，这个现象叫作"前摄抑制"。据此我们可以得出：中间的学习材料不仅仅受到前摄抑制还会受到后摄抑制的影响，所以更容易遗忘。

 家育心念

和孩子谈谈系列位置效应的教育运用。

缺乏深度思考和切实行动的心理学，仅仅是纸上谈兵。心理学并非介绍实验和效应乐呵一下或做个谈资，而是一种切实应用的学科。不是"高谈阔论"，而是"脚踏实地"应用的科学。那么，系列位置效应对于学习和生活有什么应用呢？

第一，重视任务起始阶段和结束阶段的影响力。

对于团队组建而言，为了充分利用该效应，可以在团队组建时重视最初阶段的精心设计，让团队能够感受到组织者的认真和用心；在结束活动时设计充满仪式感的纪念活动，让成员在今后的工作中会感念这个团队的许多优点，而冲淡那些严苛的管理。

对于学生而言，背诵文本时要变换开始背诵的位置。适当地也从中间位置尝试回忆背诵，从而克服中间的材料信息部分的记忆效果差的问题。

对于用户体验区而言，在最初和最后阶段，给用户提供最为关键的信息，展示产品的亮点环节，给客户留下最好的印象。

对于教学而言，一节课的前半段，强化之前课堂要点，创设激发学习兴趣的情境；在中间阶段学生的记忆效果较差，可以安排适当练习来检验教学效果，以及讲解作业注意事项等。课程临近结束时讲解本节课知识体系的梳理和重点信息的强调。

对于家长而言，要注意创设一个良好的学习氛围，在孩子开始和结束阶

段，切不可随意打断，干扰到孩子投入的状态。当孩子学习了一段时间，可以允许孩子休息和听听歌放松一下，从而再进入下一个系列位置效应的起点。如果学习周期过长，会让学习效率下降。

第二，合理安排学习材料的时间和顺序。

每个人的记忆能力相差无几，有区别的是记忆方法不同而已。在早晨进行背诵记忆重要的识记材料，而在临睡前进行重要知识点回忆和关键材料背诵，从而达到最佳的记忆效果。

合理安排不同学习科目，不同材料性质的顺序。同类学习材料要有间隔时间，相邻两段学习材料最好性质不一样，从而有效避开相似材料之间的彼此干扰。

被誉为"法兰西思想之王"诗人伏尔泰说过："人，如果没有记忆，就无法发明创造和联想。"

心理学不是僵化的理论，而是深度思考和实践应用的完美结合。

6.4 感恩教育：
对孩子的感恩教育，您是否避开了误区？

困惑再现

假期作业有感恩活动，有没有以下场景：孩子有时开始为您切菜；有时为您整理果盘；有时是为您放洗澡水，您开始感叹孩子有感恩之心，深深为之感动并已经发文朋友圈。孩子开始呼唤您："快！帮我拍张图片，我要打卡到班级群！"拍照结束孩子即逃离现场，剩下您的一声叹息。

事实是：这不是真正的感恩教育。

心理卡片

感恩教育的误区：
误区一：激发孩子"伪感恩"的"内疚教育"。

我们中国人认为要"知恩图报，滴水之恩，涌泉向报"，也就是说，接受他人帮助和恩惠，自己不仅仅要回报，甚至要格外加倍地回报施恩者。

　　您经历过这样的演讲吗？有不少青少年教育演说专家拿着"感恩教育"当噱头，历数家长为孩子付出的辛苦，比如，在煽情音乐的渲染之下，这些专家开始指责孩子们："您怎么这么不知感恩？您对得起起早贪黑的爸妈吗？看看他们黝黑的皮肤，看看他们鬓角的白发，看看他们粗糙的手掌，再看看他们眼角的皱纹，你还安然享受生活，你不脸红吗？你不羞耻吗？"孩子们听到这些话就陷入内疚和自责之中，有一两个孩子开始抽泣，继而更多的孩子开始流泪，哭声越来越大，演讲专家趁热打铁，开始让孩子们给家长鞠躬，甚至被要求跪在父母脚边，学校领导看此情景，不禁感叹："这专家讲得真好！感染力强！"这样的伪感恩教育，常用的套路是：先让孩子哭再开始推销书！

　　实际上，这类让孩子因自责愧疚等消极情绪而哭泣的所谓"感恩演讲"并不值得提倡，因为这激发的并非孩子们的感恩之意，而是内疚之心。

　　误区二：当成作业任务的"感恩秀"的表演。

　　孩子有一些家庭实践作业，也与"感恩任务"相关，当成作业的感恩任务已经缺少了感恩的情感，甚至还会招致孩子们的抵抗心理。《北京晚报》在2021年12月20日报道了一个感恩教育的作业事件，河南郑州一女孩给爸爸洗脚，为了完成作业，想不到的是女孩仅仅摸了一下盆里的水，即让家人录好了一段视频，即刻转身离开，只留爸爸在原地，困惑半天。原来这是老师布置的作业，让孩子们给爸妈洗脚，表达孝心。孩子爸爸称，最开始内心挺感动，还没反应过来，孩子就离开，当时的确挺意外。

　　诚然，这不是成功的感恩教育，而是形式主义的作业任务，学校是要反思这样的感恩教育的作用何在？感恩教育不是规定动作，而是孩子以自己的方式在恰当的场合进行的个性化的、走心的感恩表达。

　　误区三：缺乏边界感的盲目感恩。

　　有一些人喜欢把自己淘汰的物品，如衣服、文具、电器等送给亲友，随着人们物质水平的提升，亲友已经不需要这些赠品，可是又不好意思拒绝，反而不得已装作高兴收下，同时要表达感恩，还要时不时地回报一些礼品。内心戏是："人家心里有咱们，不该拒绝让人没面子，要好好收下并心怀感恩之情。"经历过这样的感恩教育的孩子，长大后会怎样呢？

　　成人之后，他们可能不会拒绝他人，即使很不喜欢别人赠送的物品，甚至有时觉得是负担，也会假装欣喜地接受；他人只要给出一点好处，自己就会感恩戴德，似乎永远也无法还清这份"感情债务"；对于亲密关系也很难保持客观评价，但凡他人稍稍示好，自己就变成了"恋爱脑"，失去了原则性判断，甚至还自责"矫情缺少感恩之心。"成人总担心孩子小时说谎，如果不纠正，就会长大失德，影响深远。我们来看看关于感恩的心理学研究。

研究一：感恩促进健康。

来自多伦多大学心理学系教授李康和团队，花费20年对孩子说谎开展了研究，结果发现：孩子从两岁就开始说谎，不过两岁的孩子只有30%说谎，70%还是坦白说真话；3岁的时候50%说谎，50%说真话；到了4岁的时候，80%以上说谎。从此之后大多孩子都会说谎，所以说谎是一个孩子成长历程中非常正常的事情。

当挫折事件发生，比如没有如愿考研调剂到自己想去的学校，你当然感到失望和沮丧，但如果你转念一想：其实我还是可以感谢这段复习迎考的时光，自己过得充实也有收获，同时调剂到了一个不理想学校，一方面自己可以继续努力，充分利用本校资源，更加珍惜这样的学习机会；另一方面和没有上岸的人相比，还是如愿以偿。感谢这段踏实奋斗的岁月！一旦当事人开始这样想，心情就会好转。

心理学者做过这类研究，先让被试想一件令人沮丧的事，继而再去从此事件中想一想可以感谢之处。结果显示：当被试进行主观的情绪调整，即从沮丧调整为感恩，心跳开始发生变化，从不规律甚至锯齿状的"心悸"，变为平滑、有规律又优美的曲线。可见，感恩影响了身体的生理运转，当然就会利于健康。

研究二：感恩的干预研究。

当要求被试每天进行15分钟的感恩练习，只要持续进行一个月，体内免疫抗体就会增加，与压力相关的荷尔蒙皮质醇就会降低。

还可以尝试感恩拜访的练习，这也是积极心理学的一个经典练习。静下来，想一想，在你生命中，是否有很重要但是还没有去向他/她表达感恩？拿出信纸，请你列出感恩他/她的缘由，比如过去的故事，给你带来的改变，心中对他/她的感谢。和那个人约个时间，把信读出来，对于我们中国人来说，习惯了含蓄的表达方式，做到这样当面表达的确有点难，不妨把这个文档发给他/她。研究发现：做这样的感恩练习，幸福会提升很多，抑郁情绪也会明显下降，这样的效果甚至可以维持3个月之久。

值得注意的是：这个研究有文化差异，研究幸福的学者Lyubomirsky等人做了感恩拜访和助人练习，分别是在美国和韩国，结果是：助人，提升了两国参与研究的被试的幸福感；然而，感恩拜访，仅仅对美国被试的幸福提升有效果。研究者的解释是：也许在东亚文化中，提到感恩，经常让人想到亏欠感。而亏欠感不会让人产生幸福感。

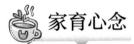

家育心念

家长如何开展感恩教育？

以上跨文化的研究给我们进行感恩教育的启示是什么呢？

对孩子进行感恩教育的时候，我们要始终牢记：感恩是一种积极情绪，而只有积极情绪才可以给人们带来舒缓愉悦的表情，即使流眼泪，也是感动的、幸福的眼泪，而不是所谓的教育演讲专家在现场，激起孩子无比内疚的情绪，加之当时集体情绪感染的场景下，而号啕大哭引起的负面情绪，这不是感恩教育，因为孩子的内心体验不是感恩情绪，而是愧疚、自责和懊悔。

从心理学角度来看，人何时会有感恩情绪呢？当事人要了解到的施恩者的意图，这是感恩的首要条件，即：施恩者帮助时要不求回报，否则就会激发他人的负债感和内疚感。纯粹的感恩，就是感谢他人的相助，对方只是不求回报，而我们恰恰珍惜相助，看到自己的收获和这份相助对自己的意义，真心地去表达感谢，足矣。

家长感恩他人和长辈的行为，对孩子就是个最好的榜样示范！也许我们也可以和孩子表达感恩，是孩子让我们再次经历了梦幻般的童年；是孩子带我们走进充满希望的春天；是孩子给了我们疲惫之中最为纯真的童言。

我们家长也许可以和孩子一起思考：曾经看过的风景，经历的路口，阅读的故事，虽有遗憾，也值得感恩，正是那一段段长长短短的时光，让我们此刻回首过往，可以倍加感谢自己和那些熟悉和陌生的人们；也让未来的路上，有了照亮前方的光芒。

6.5 焦点解决：找到原因也许没用，围绕问题想办法更可行

 困惑再现

当我们遇到问题的时候，已经习惯了去找问题原因的思维模式，并且坚信："事出必有因"，于是就开始寻找根源。似乎人们都有一个认知：只要找到了原因，似乎就一定可以解决问题。然而，很多时候，即便我们找到了，甚至穷尽了缘由，也同样无从下手。

问为什么就会聚焦找原因，找怎么办就会聚焦解决。

有这样一个笑话：某校一位班主任有天把10名学生叫到办公室，因为他们作业都没有完成。同学们到齐之后，老师开口即问："说说吧，你们为什么没完成作业？"

第一个孩子说"家里来客人太吵了"，第二个孩子说"落在公交车上了，打电话给公交公司也没找回"，第三个孩子说"记错作业了"，第四个说"被我弟弟不小心撕掉了"……终于轮到第十个孩子，这孩子再也控制不住情绪，大哭起来。老师随即又开始探索原因，问他为什么哭，他说："我花了半天时间想出的理由，被他们说完了，现在我想不出来了。"

在以上这个笑话中，有许多原因，我们即使找到，也是无法解决的，也就是说，分析问题有时和解决问题无法建立有效的联系。反而让这些孩子花费大量时间、精力和情绪聚焦于寻找原因，甚至是借口，试问，如果穿越到这个故事开头，换一种问法，又会如何呢？

某校一位班主任有天把10名学生叫到办公室，因为他们作业都没有完成。同学们到齐之后，老师的问题："说说吧，你们怎么做有助于下次按时完成作业呢？"也许孩子们会聚精会神想问题的个性化解决方案。从对原因的关注到积极探寻问题解决之路。

第一个孩子说"我可以把房门关起来，做作业就会更安静也会更专注"，第二个孩子说"下次我出门之前一定提醒自己注意随身物品"，第三个孩子说"我计划买个小笔记本单独记录每日作业"，第四个说"我觉得我可以请教邻居高年级同学疑难问题"……轮到第十个孩子，这孩子也可能有自己的解决方案："我发现在家里学习效果的确不好，下次争取充分利用在校的自习时间，而不是拖

延到回家才做。"

当开始聚焦问题解决，他们可能开始思考如何做得更好，而不是寻找何种借口，从而更利于事态的发展和目标的实现。

 心理卡片

焦点解决短程心理咨询（SFBT）的聚焦技术在家庭教育中有何启示呢？

心理咨询有许多流派，如精神分析、认知行为（CBT和DBT）、行为主义、后现代、文化流派、家庭疗法和人本主义流派等。各流派的特点不同：

精神分析流派认为人们在早年时期的成长经历会直接影响和决定成人后的心理健康状况。不少心理问题是小时候遭受过不公平对待带来的；行为主义主张人的心理模式与刺激和之后的反应密切关联。文化流派则主张每个人的心理探索都要基于一定文化之下，甚至是其个体的特定文化（local knowledge）去进行个别分析。而家庭疗法流派强调要从用系统角度看待问题，认为是家庭内部的互动维持了问题的存在；人本主义流派认为人们自我实现的潜能和需要。

焦点解决隶属于后现代流派，该技术的发展较晚，最大特点是能帮来访者摆脱对于问题的探究，不去追问细枝末节，而是针对关键目标点，其核心内容总结起来就是：不问为什么，只问怎么办。这既是一种咨询方式，也可以是一种生活方式。比如一对有冲突的夫妻：丈夫指责妻子没有好脸色，家里冷冰冰；妻子则说要不是你天天回家晚，我会这样不高兴没有好脸色？丈夫则回到最初的责备，正是你没有好脸色，家里冷冰冰，我才回家晚，不愿意回家。看，这就陷入了"鸡生蛋，蛋生鸡"的怪圈！无限循环，不停指责，以至于不欢而散。找到了原因，依然无法改变，结果"剪不断，理还乱"，仍然不可回避地去探讨解决方案。

家育心念

如果不问为什么，而问目标和办法，情形也许大不同：

你们愿意坐下来谈，似乎你们对关系的改善有所期待，是什么呢？这就聚焦于目标了。这对夫妻也许会说起初他们恩爱有加，互相体贴，他们期待回到从前；抑或看到别的夫妻互相支持彼此温暖，愿意有所调整和改变，甚至说到为了两个人好不容易走到一起，也为了共同挚爱的孩子，想寻求改变。

那么，关键问题来了：

假如能够实现你们的目标，你们分别可以继续做什么和多做点什么去改善目前情形呢？

听到这里，这对夫妻也许少了互相攻击和指责，而尝试探讨曾经有效的做法和可以做的一小步的调整。焦点解决就是避开"为什么"的怪圈，而去关注"怎么办"。其本质是转变思维，从寻找原因到可复制和可操作的方案探寻。"千磨万击还坚劲，任尔东南西北风。"抛开问题的探寻，复制曾经的成功，尝试可借鉴方案，再把成功经验添加到资源宝库中以备未来所用。

当然，这里不是主张焦点解决是最好的方式，适合的才是最好，才是有用的。我们不妨遇到问题时，尝试一下，看看是否利于孩子问题的解决？

最后和大家分享《爱丽丝漫游奇境记》中的一个故事：爱丽丝和一群小动物的身上湿了，为弄干身上的水，渡渡鸟提议大家进行比赛，就是围着一个圈跑。结果半个小时左右停下来时，身上都干了。可是，没人注意各自跑了多久和多远，身上何时干的。渡渡鸟最后说："每个人都获胜了，所有人都应该得到奖励。"

所以不是哪个流派的技术确实起了作用，而只要有效，就是有用的。而有时，也不是我们家长智慧，而是孩子到了愿意改变自己的时机，如此而已。

6.6 蔡格尼克记忆效应：向国球运动员学习，要拿全满贯所以不拖延

 困惑再现

当今，很少再有人去记电话号码，如果马上告诉您一个电话，需要您当场记住，半小时之后拨打，而手边又没有纸笔，极有可能记住这个号码，为什么呢？也许我们需要了解一下这个心理理论：蔡格尼克记忆效应。

心理卡片

蔡格尼克记忆效应指人们的一种记忆效应，对还没处理完的事，比已经完成的事的印象更为深刻。人们天生有种做事情要有始有终的驱动力，之所以不记得已经完成的工作，或者不再努力去维系在伴侣面前自己正面的形象，甚至会恶语相向，是因为愿望达成的动机已经满足；如果任务没有完成，恋人没有确定，这一动机就会让他/她对这留下深刻印象，并有设法完成的念头。在乒乓球领域，有"大满贯"和"全满贯"的荣誉，前者指的是奥运会、世乒赛和世界杯的单打冠军；后者指的是除了这三大赛之外，还包括所有世界比赛、亚洲比赛和国内比赛的冠军。有许多前辈实现了这些目标，并且教练也会时常灌注这些称号，于是许多乒乓球运动员进入国家队后，就会定下为国争光、获得"大满贯"和"全满贯"的目标，就会坚持踏实训练、努力成就更好的自己。

20世纪20年代，德国心理学家 B.B.蔡格尼克做过一项有关记忆的实验。她让参与被试人员做22件简易工作，比如，写下一首你喜欢的诗，倒数数字从55到17，或者把不同形状和颜色的珠子按一定的要求用线穿起来，等等。研究人员发现，完成上述每件任务所需时间大致相等，大概为几分钟。上述这些任务之中，只允许做完一半，在即将开始去做另一半的时候，就受到阻止而中断。随机排列允许完成和不允许完成的工作出现的顺序，实验最后，在被试不经意期间，研究人员要求他们回忆做了22件什么事情。研究结果是：被试回忆起没有完成的工作平均有68%；而对已完成的事，则只能回忆起43%。

这种对未完成的工作的记忆比已完成的工作保持较好的现象，叫蔡格尼克记忆效应。事实上：大多数人与生俱来有完成欲，要达成的目标，一天不完结，一天就不愿放手。犹如《围城》中有一句名言："围在城里的人想冲出来，城外的人想冲进去，无论婚姻也罢，职业也罢，人生的愿望大都如此。"恰恰因为没有完成，让人们有一种想要完成的内驱力，所以对想要达成的事，对"山那边的风景"，"即便还是山"，也会尽力实现。

蔡格尼克记忆效应的影响：

第一，对大多数人来说，蔡格尼克记忆效应有助于推动人们完成工作的重要驱动力。然而，有些人会走极端，驱动过弱，总是拖拉，要么半途而退，永远无法按时完成任务；有些人走向另一个极端，一直追求完美，过于强迫自己，想把繁重的任务偏要一气呵成。这两个类型的人们的内驱力都需要调整。面对未完成任务非要一气呵成，甚至偏执地将其他任何重要人和物置身事外，无法均衡或者无心处理。

第二，伤害或者迫害稳定的关系。我们容易因为关系亲密，而把耐心和关心给了外人，而对家人缺乏言语斟酌，从而因为已经稳定的关系实现了自己的"趋和心理"，从而容易言行伤人。

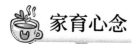 家育心念

蔡格尼克记忆效应在家庭教育中有何启示呢？

先为孩子树立一个可实现的目标。然后陪伴孩子去思考这件未完成事件的实现方案，在每一个阶段的小目标实现之后，及时进行鼓励和强化，同时及时反思和修正，并引导孩子看到未完成部分，视作对下一阶段的宝贵动力源泉。假如您发现某事一直让孩子严重分心，无法安然放下，这意味着需要选择何种方式，知道结果和快速达成，从而把主要精力运用在关键任务和目标上。如，孩子在看一场重要录播比赛，而此刻做作业时间到了，不妨跳过激烈过程，让孩子知道比分结果，这样才能安心去做作业。

引导孩子适度刻意中断学习，从而加强记忆力。孩子学习时，可以尝试合理分配时间在多种学科，分段学习，而非仅仅把大部分时间用于钻研。例如，自习时间，每45分钟学习某科目并中间休息一次，无论学了多少，大脑都会在潜意识之中不断回顾所学所思，无意中加强学习记忆，在不知不觉间就会成为隐性记忆，未来合适时候就会被提取运用。

鼓励孩子在最有精力的时刻做最有意义的事情。有时候孩子看似忙碌，仅仅在忙活，又很盲目和茫然。列出一个任务清单，把必做事情写出来，为每件事制定一个合理的完成时间，培养实际的意识，力争时间期限符合个人能力标准，不可好高骛远，让计划难以实现，反而让孩子产生"习得性无助"之感，当然引导孩子理性看待任务完成结果，很多时候，计划清单是无法照单实现的，只要我们比过去的自己有进步，就值得自我鼓励。

和孩子一起，不仅仅做思想家，还要做实干家！利用蔡格尼克记忆效应的积极影响，接受自己的不完美，用行动趋向更美好的自己，让每天的生活更有意义，这是生存的智慧，也是幸福的源泉。想到，行动，思考，调整。

犹如一句古印第安人谚语："别走得太快，等一等灵魂。"

6.7 学习动机：
孩子愿意好好学习的秘密

从小到大，我们身边总有学霸出没，对他们而言，学习是唯一重要的事情。学霸为何如此热衷于学习呢？作为家长，您的孩子为什么而学习？是学习让孩子快乐？还是学习让妈妈快乐？还是仅仅不甘于人后，为了荣誉而学习呢？是不是奖励措施您也采用了，可是孩子似乎对学习难以产生像学霸们一样的兴趣呢？

今天，我们一起了解好好学习的秘密：学习动机的分类。

 心理卡片

学生能够积极主动投入学习，最大因素就是拥有自己的学习动机。学习动机是引发和维持个体的学习活动，并引领学习活动朝向既定学习目标的前进动力机制。它并非单一结构，而是由多种心理动力的因素所构成的完整动力系统，心理学者奥苏贝尔认为，学习动机是学校情境中的成就动机，主要包括三类：认知内驱力、自我提高内驱力和附属内驱力。

认知内驱力是内部动机，即，"学习让我快乐"，指学生渴求真理、保持好奇并愿意探索外部世界，主动要求掌握知识及系统阐述并解决问题的倾向。认知内驱力也是最重要、最持久和最稳定的动机；自我提高内驱力是外部动机，"学习让我荣耀"，指个体期望通过凭自己胜任力和成就而赢得相应的荣誉、排名、地位和维护自尊的愿望。附属内驱力也是外部动机，通俗来说，"学习让我妈快乐"，指学生为了保持师长等重要他人的赞许和欣赏而努力学习的一种状态。人格健康的学生都有通过学习结果获取他人认可和肯定的需求和愿望。

动机随着孩子成长阶段发生变化。在孩子成长过程中，儿童早期阶段，附属内驱力最为明显，儿童后期以及少年期阶段，附属内驱力逐渐减弱，而自我提高内驱力开始加强。青年期阶段学习的主要动机包括认知和自我提高内驱力。

学习动机并非越强越好。

著名的耶克斯-多德森定律表明，每种活动都有最佳动机水平。动机欠缺或过度强烈，都会让工作或学习绩效下降。研究还发现动机最佳水平因任务难易程度的不同而有差异。在承担容易的任务容易时，工作绩效随着动机的提升而增强；当任务难度加大，动机最佳水平有渐进下降趋势，即，难度大的任务，需要较低的动机水平利于任务完成。

比如你去学习乒乓球第一天，教练布置今天任务——熟悉握拍姿势，大家站成一排，和教练练习下蹲、挥拍。这是简单任务，动机越强，效率就会越高。接下来，你要瞄准球桌，打到对面桌上，这是一个中等难度的任务，达成任务需要中等强度动机就可以，如果强度超过中等，就容易紧张、不安和焦虑。如果你的乒乓球教练是曾经的世界冠军邓亚萍，要求比较严格，对你说："要学会马龙的阅读比赛的能力，要学习马琳的发球。"对你来说，就是特别困难或有挑战的任务。这时，保持较弱动机水平才有利于任务完成。当然，会旋转，会马琳式发球这些也是需要时间和积累。

☕ 家育心念

如何在家庭教育中激发孩子学习动机？

第一，利用共生现象，营造学习氛围。共生是指多者在一起的相互作用，这在自然界和社会人际互动生活中出现。比如，组团结伴打卡，共同时间内从事相同活动，会产生信息刺激的作用，从而增强主动性、提高效率；但是也要注意引导，有些同学小组作业打卡，一旦一位同学开始敷衍，就会有其他人模仿学习。制定小组约定是必要的。

第二，选择榜样，借用榜样力量。选择孩子信服的榜样，可以带动孩子对学习的兴趣，要谨记的是，切勿总是"别人家的孩子好"，这反而会引发孩子的抗拒，挫败孩子的自信，也容易破坏孩子和他人的人际关系，有些孩子认为，正是优秀孩子的存在让自己总得不到家长的欣赏，反而造成孩子伙伴关系紧张。

第三，注意奖励的副作用。心理学者爱德华在1971年做了一个关于学习动机的实验。随机安排被试学生去解智力题。第一阶段，所有实验组学生解题时均无奖励；第二阶段，当学生完成一个难题，就奖励1美元，而仍然没有奖励组的学生仍像第一阶段解题；第三阶段，研究人员去观察学生自由活动状态，结果发现：奖励组的学生并不愿意主动花更多时间去解题。这个实验证明：当个体开展一项有意义感有成就感活动时，给他奖励没有激发他更多动机，反而减少活动的吸引力，这就是"德西效应"。家长不必总视作奖励视作万能钥匙，激发孩子前行的是他的内驱力！

6.8 增减效应：教育孩子中避免事倍功半，了解一下"增减"

　　家长有时会听到孩子的抱怨："小时候，我取得一点点进步，都会得到长辈的夸赞""小时候父母回来，都会给我一个大大拥抱，还会精心准备一个可心的礼物"。而此时家长开始困惑：难道孩子已经上中学了，我们还用做那些夸赞、鼓励的"哄小孩子的游戏"？

　　从心理学角度看，人们都有一个共同感受——喜欢夸赞和奖励逐渐增多，而不是递减，不分年龄，成人如此，孩子亦然。

 心理卡片

　　我们来了解一下增减效应。

　　人际交往存在着"增减效应"，指人人都期待他人对自己的欣赏和喜欢会"不断增加"而非"不断减少"。如，小学时家长对孩子嘘寒问暖，多加鼓励，结果孩子上了中学，家长对孩子听之任之，只是家长会上"争取出席"即可。或者评价孩子的时候，言语模式是"虽然+优点，但是+缺点"这样的"先褒后贬"类型，孩子对于这样的对待和评价，就会有不满和抵触心理。生活中我们也有类似的感受，犹如去食堂打饭的时候，我们常常调侃"食堂阿姨的手抖一抖，进盘的排骨难留住"，如果换一种方式，食堂阿姨先盛一点，再往里面"不断添加"，而非原来"逐渐去除"，就很好地利用了人们的这种"增减效应"的心理。

　　美国的社会心理学者阿伦森开展了一项研究：选择80名被试大学生，分成了4组，每位被试都会听到研究者选定的一位同学D对他/她的评价，共有7次。但是评价的内容顺序有别。

　　第1组：贬抑组，即这7次评价，只说被试的缺点；

　　第2组：褒扬组，即这7次评价，只说被试的优点；

　　第3组：先贬后褒，前4次评价说被试缺点，后3次为优点；

　　第4组：先褒后贬，前4次评价说被试优点，后3次为缺点。

实验研究结果显示：四组被试在听完D同学对自己的评价之后，研究人员要求被试反馈对D同学的喜欢程度。结果最喜欢D同学的小组是：第三组，先贬后褒组，而并非第二组，纯粹的褒扬组。并且被试反应当听到一味褒扬或先褒后贬，均给人不够真诚之感，而如果先贬后褒就会显得比较客观真诚。

所以，人际沟通中，对他人进行评价和奖惩的时，人们喜欢先否定后肯定，先抑后扬的模式，心理学者阿伦森把这种心理现象称为"增减效应"。

和增减效应相关的"三明治"评价法：

增减效应是关于对他人肯定和否定的思考，许多人也会想到"赞美三明治"的做法。为了预防给他人反馈时候令人抱怨，运用先赞美，再指出问题纠正，最后加赞美的做法，仿佛三明治一样有三层，被称作"三明治法"。第一个赞美起着铺垫情绪的作用，接着谈及问题和建议，最后用第二个赞美结束，起着安抚的作用。

然而，有人质疑"赞美三明治法"，认为这种在负面反馈前后添加正面反馈的做法并不明智。首要原因是这并不能让孩子或员工更善于接受负面声音，甚至会让他们感到迷茫和困惑——刚听到好话，就听到指责，继而又是好话，这就会产生抵消纠正负面表达的作用。我们都善于发现问题和展开批评，更重要的是批评之后是否有相应解决方案，这无疑非常重要，因为批评不是为了发泄情绪，也不仅仅停留在纯粹的批评和指责，而是为了推进问题解决。所以，如果我们无法提出相应解决方案或者启发性建议，那么我们仅仅只是在表现自己的优越性和高明而已。皮克斯公司就提出了这类有效的批评方式，电影制作中会听到批评的声音，皮克斯从即兴喜剧中借用了技巧，那就是"Yes（是的），and（而且）……"欢迎提出质疑，倾听者不对"质疑"再"质疑"，而是先给出批评，接下来要给出建设性建议，如何解决所提出批评的针对性建议。在组织讨论利弊，从而选择接受、拒绝还是其他思考。

家育心念

增减效应对家庭教育有何启示呢？

该效应让我们开始思考批评的方式，当面对孩子出错的时候，我们该如何指出，既能利于孩子的接纳又能够促进孩子的改进呢？

首先，不滥用表扬。犹如阿伦森的实验中纯粹进行夸赞，反而给人带来一种不真实感，毫无节制地随意表扬，容易致使孩子骄傲自大，如，孩子如果实现阶段性目标后，没有及时得到想要的表扬，就容易失落不满，缺乏前行的动力，习惯于表扬更会难以接受外来不同意见或批评。这显然是增减效应的逆向应用，给孩子太多赞美，一旦减少孩子就会心有不平。的确，"由俭入奢易，由奢入俭难。"

　　其次，改变家长的语言习惯，把"虽然有优点，但是也有缺点"换成"虽然有缺点，但是也有优点，所以你能改变缺点"，即："先贬后褒"。我们许多家长习惯于先表扬孩子，然后会说"但是，如果你要注意——"去指出问题，以至于一些孩子内心会有这样的声音："别整虚的，直接说但是后面的就行。"先指出不足，让孩子清楚需要改进之处和如何改进，然后给出恰如其分的赞赏，以增强改进的信心和勇气。孩子就会感受到家长的真诚、平等沟通的态度，而非专制和权威去压制他们。一旦有了这种平等的沟通氛围，孩子就会更容易谈及真实的想法，家长进一步因势利导，从而实现更好的教育影响。

　　最后，引导孩子运用增减效应去和同伴沟通。当对于他人想法有异议的时候，可以尝试"增减效应"，增加彼此的进一步的有效互动，不做问题的抱怨者，不受情绪的发泄者，而是问题解决的贡献者，从而让人际沟通更融洽。孩子到了恋爱的年龄，也可以通过增减效应理性看待关系稳定前后的爱人变化，不再是抱怨对方不像之前那么体贴和关爱，而付出是从普通朋友，到亲近朋友再到亲密爱人的逐渐增进的变化，调整关爱的形式，理解增减效应对心理的影响，彼此理解、支持，共同成长。

6.9 飞轮效应：开始起来很费力，但只要开始，就有意义

困惑再现

孩子面对新的学科，新的环境，新的挑战，可能会抱怨困难，想要逃避挑战。比如，老师让每天简单整理当天的学习小结和方法汇总，孩子抱怨道："太难了！很费力！每天都要写完作业来完成这个'每日行思记录册'！需要总结自己和观察到他人的好的学习策略。尽管字数没有限制，也利于总结学习经验和增加自我效能感，可是，就是很难每天总结，有同学已经不写了，我也停下吧？"作为家长，您打算此刻怎么和孩子说呢？

当然，家长首先要共情孩子此刻的感受，的确在繁重的作业任务完成之后，要再花几分钟做总结，增加了工作量，耽误了休息时间，孩子有点累。

其次，我们家长可以尝试和孩子说说这个心理效应：飞轮效应。

心理卡片

何为飞轮效应（Flywheel Effect）？大家先回想一下骑自行车的经历，在开始骑车时，启动最初几圈是最为费力气的，当旋转起来之后，骑行者只需要很小力气就可以维持自行车的前行。飞轮效应指的是要让静止的飞轮转动起来，起初要用很大的力气，费力推动，开始的每一圈都极为费力，但这份努力不会白费，接下来在加速度的加持之下，飞轮会越转越快。当达到了某个临界点，只需要用很小的力气，就可以维持飞轮的快速转动，因为它本身的重力和冲力也会促进推动。飞轮刚启动时候所需的驱动力最大，速度却最小；当高速旋转时，所需驱动力比最初启动时要小得多。这是物理领域惯性定律的延伸。

我们的日常生活也如同一个飞轮，会出现此类现象，被称作"飞轮效应"。即要想打破稳定状态（此处并非物理学概念），就会需要外部的一定的作用力。人们的习惯养成和自我改变都和飞轮效应相关。我们常说的"万事开头难""打得一拳开，免得百拳来"以及"良好的开端是成功的一半"都可谓是飞轮效应的通俗描述。如果我们的任务是：推动自己向着期望的方向前行，那么需要认识到的是要知道最初的改变和行动最为困难，费气力，费精

力，可是只要让"飞轮"转起来，再添加一些时间和增加一些力量，之后轮子会越来越快，过了某个临界点之后，就会越来越轻松，成为非常顺其自然的事情。

人际交往中会出现飞轮效应。当来到一个新的环境中，有人觉得举目无亲，无人可以信任。可是有些人就会如鱼得水，游刃有余。先从对自己表现最为善意的那一位开始交流，坦诚表达自己的需求以及自己可以为对方提供的资源和价值，建立起第一份友情，就会开启了推动飞轮的第一步；继而继续投入，去通过这位朋友链接他/她的朋友，又拓展了自己的社交圈，继而通过融入团队和利他行为，开始让自己的"社交飞轮"越来越快，适应了新环境，开启了新生活。有人则非常悲观，为了让自己理所当然地不去行动，自我安慰道："先是开头难，继而中间难，最后收尾难。"可是如果没有开始的用力和用心，也不会有看到中间难易的机会。飞轮效应并非让我们一劳永逸，而是推进我们朝向前方的行动力！

工作中也会存在飞轮效应。尤其假期返岗，人们重新启动工作，总觉得很难进入状态；面对任务，总是提不起精神，无法跟进效率，甚至会陷入紧张和焦虑之中。而如果去追寻工作的意义，探索工作的价值，就会增强兴趣，越有兴趣，就会越会提升能力，能力越强，机会和资源越丰富，就会进入飞轮的快速转动期。

☕ 家育心念

飞轮效应对家庭教育有何启示呢？

首先，告诉孩子，要心怀未来，目光长远。"万事开头难"，过了临界点，就会很轻松。当有了方向和合理目标，开始起来总觉得有挑战，只要开始，启动起来，遇到问题，想方设法，不轻言放弃，如果走过最艰难的环节，就会进入良性循环。飞轮效应也让我们明白，当下的每一步会或多或少影响未来。假如只看眼前，就会停滞不前，一直拖延。只有着眼未来，就会先动起来，逐步完善，及时调整，再改进行动。正像唐僧取经，不是有了徒弟才动身，而是取经路上收的徒弟助力自己！

其次，要关注飞轮效应的反向应用。如果达到快速运转的程度，要减缓速度就需要一定的时间。有些孩子形成了一个不良习惯，已经到了长期"践行"的程度，要改掉坏习惯，一定是一个循序渐进的过程。富兰克林曾经说过："假如有什么事情需要明天做，那么最好现在就开始做。"只要开始一小步的转变，就是让快速"飞转的车轮"慢下来，是调整方向的过程。只要和孩子确定既定的目标，就开始第一推动力，并且前期坚持形成习惯，家长可以及时鼓励孩子，给予积极心理支持。飞轮效应也是因果相关，原因会带来结果，而结果也会壮大原因，形成良性循环，逐渐靠近既定航向。

最后，让孩子明白：无论何种学习，夯实基础的必要性。俗话说："万丈高楼平地起。"有些孩子总认为试卷的后面的大题占分比重大，可以拉开分数差距，而事实上，只有基础知识扎实，学生才会有底气面对大题，无论题型如何改变，都能举一反三，灵活多变！古人说："不积跬步，无以至千里；不积小流，无以成江海"！这就是在强调基础的重要性。所以切勿舍本逐末，课前预习要点，课上重视基础，课后逐步练习，从易向难！考试之后，收集错题，分析归类，逐一突破！之后在测验中，就会发现出的题目万变不离其宗，这就是重视基础的意义！

正如著名数学家苏步青所说："扎扎实实地打好基础，练好基本功，我认为这是学好数学的秘诀。"比完美更重要的是，去行动，去完成当下的每个动作！这是飞轮开启转动的开端！

6.10 二八定律：要求孩子一路生花，还是分阶段有所主抓

困惑再现

现在自媒体信息铺天盖地，每个人都成为高手，十八般武艺，样样精通。再看人家晒的娃，琴棋书画，表演击剑，运动高手，学习榜样，厨艺惊人，出口成章……于是您开始思考：该怎么提升孩子的本领呢？孩子尽管学业表现不错，可是不会两个拿手好菜；或者看不懂师长的心思，于是家长在想：到底什么才是最重要的？去补青少年情商提升课？还是报个厨艺工作坊？抑或小小演说家？什么都想要，可能的结果有可能是：什么都没学到精要！

心理卡片

我们一起来了解：二八定律。

二八定律是什么？ 19世纪末意大利的经济学家巴莱多指出，在任何一组事物中，最关键的占少数，约20%，而其余的80%占多数，却是微不足道的。这种不平衡性在社会管理、人际沟通和经济生活中随处可见，也被人们称为巴莱多定律、80/20法则或者不平衡原则等。20世纪50年代由一名叫约瑟夫·M.朱兰（Joseph M. Juran）提出的。朱兰注意到意大利的经济和社会学家维尔弗雷多·帕累托的一个推论，即：社会中80%的财富汇集在20%的人手中，而占比80%的人仅仅拥有20%的财富。因此这个定律也叫帕累托法则。

企业管理学者认为，一个企业的80%利润来自企业内20%的项目；不必要求每个项目都着力于经济产出。

经济学家说，之所以20%的人掌握着80%的社会财富。是因为那80%的人仅仅缺少苦干态度和进取精神，总希望好运气会降临，而缺乏自己的主动争取和积极探索；而20%的人不仅仅做好手头工作，还会关注纷繁复杂的世界，目光远大，知道未雨绸缪，为未来做打算。许多公司的业务刚推出的时候，不仅仅没有利润，甚至还会亏损，如果是80%的人，他们就会很快放弃；而20%的人知道现在没利润，有价值，会用最佳的产品和最好的服务让客户认同，甚至不知不觉地习惯，这就会为之后的商业推广做好了准备，看起来没赢得利润，吸引的是关注，也是收获，对于未来是有价值的。

心理学家认为，20%的人之所以与众不同，不仅仅是因为他们集中了人类80%的智慧，除了智商的差异，还有情商（管理自己情绪和影响他人情绪的能力）、乐商（面对困难乐观面对，积极解决的能力）和逆商（面临逆境，保持进取向上的能力）。

二八定律告诉我们，看问题要看主要矛盾，要看主要矛盾的主要方面。不要平均分配时间、精力去看待、分析和应对所有问题，要抓住居于关键的少数，就会实现事半功倍之效果。

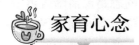 家育心念

二八定律对家庭教育有何启示呢？

首先，家长要告诉孩子，人际沟通中，尝试"二分说，八分听"。因为倾听经常比诉说更显力量。心灵导师卡耐基说过："只要成为好的倾听者，你在两周内交到的朋友，会比你花两年工夫去赢得别人注意所交到的朋友还要多。"有一次他去纽约参加一次晚宴，遇到闻名于世的植物学家。那晚，卡耐基一直都没与这位学者说几句话，全程聚精会神地听着。晚宴后，植物学家

向宴会主办方高度赞扬卡耐基，是"能鼓舞人"的人和"有趣的谈话高手"。事实上，卡耐基很少说话，只是仔细聆听，就博得了好感和赞赏。交流并不在于个人的口若悬河地诉说，而在于适时地学会用心倾听，不仅仅听到了他人表达的内容，还能感受这个表达的背后情绪，以及情绪背后的心理需求。所以，孩子要建立良好人际关系，不是多说了自己的事，而是多听了他人的话，接受了更多的外界的信息。

其次，让孩子理解，和朋友之间，要有两分距离和八分亲密。梁实秋在作品《谈友谊》中谈道："君子之交淡如水。因为淡，所以才能不腻；所以才能长久。"有些孩子认为，好朋友就应该亲密无间，无话不谈。无论多亲密的朋友，在现实生活的相处过程中，都要保持适当距离。距离会产生谦逊、牵挂和美感，做到"亲密有间"。留的两分距离，是人与人必要的界限。好的关系，并非两个圆，相遇后融合在一起，不分彼此，而是可以"内含"，可以"相交"，也可以"相离"，无论如何，都不失去自己也能尊重他人的独特个性和魅力！

再次，提醒孩子注重稀缺资源，如时间、眼光和心态等。稀缺资源在个人发展的影响上，就是20%。如果不会利用时间，和孩子一起回顾假期中一天过去所做的每件事和所花费的时间，可能会有这样的发现，一天之中的大部分时间都在微不足道的琐事中度过。要学会把精力和情绪放在主要的事情上，抓住主要矛盾和主要方面，用这一部分带来的成就感、幸福感和效能感带动80%的事情。在错综复杂情境中，拥有良好判断力，区分归入20%的因素，用心面对，余下80%的因素，适度简略。毕竟个人的时间和精力有限，想"尽善尽美"是理想化追求。如果把80%的时间和精力花在可以产出关键绩效的20%上，而这20%又可以引领其余的80%。

最后，家长反复强调全局不如突出重点。家长和孩子讲话，很容易变成唠叨，想要面面俱到，结果80%的言语不仅无效，甚至可能会起反作用，连关键的20%的效用也消失无踪。有些家长，就会理清自己的思路，清晰告诉孩子今天就说两点，用简洁清晰的关键词概括那20%，让孩子有时间进行信息理解和交流想法。继而眼睛看着孩子，体验孩子的内心，适当做出一些反馈。比如，有些家长谈到孩子体重超标，需要瘦身的话题，就会提到各类健身运动和瘦身食谱，而如果推荐两个方法，再听孩子的想法，无论是这两个中的哪一个，或者孩子有所启迪自己想到另一个，只要坚持，都能殊途同归，达到瘦身的效果。

在教育孩子的过程中，每位家长都有自己那20%的优势，发现并充分利用，您就是养育自己孩子的专家！

6.11 鲶鱼效应：因为有对手，孩子会变得更优秀！

困惑再现

有些孩子在面对比较和竞争的时候，会抱怨班级里有竞争对手，让自己会嫉妒，会心烦，会宁愿换一个班级，面对较少的竞争对手，从而让自己更加悠闲一点，从容一些。把自己的烦恼归因于竞争对手。怎么调整孩子这样的心态呢？

我们可以和孩子聊聊：鲶鱼效应。

心理卡片

挪威人的餐桌上沙丁鱼备受欢迎，可是沙丁鱼一旦被捞上来，就会很难存活。市场上的死鱼价格就会更加低廉，这个情形很让渔民困惑。为了保持沙丁鱼的新鲜，有人会在鱼舱里放鲶鱼，后者的生存力极强。因为沙丁鱼对鲶鱼心存惧怕，就会四处逃脱，结果不仅仅推迟了沙丁鱼的死亡，而且还保证了大多数能够活蹦乱跳地抵达港口。通过外界活跃个体的"中途介入"，对整个群体起到竞争机制的作用，从而更加充满活力，人们把这个现象称为"鲶鱼效应"。

巧合的是，日本渔民也发现了类似现象。北海道的珍贵鱼类——鳗鱼，与沙丁鱼类似，上岸后很难以存活。无论渔民怎样守护，它们几乎都会在半天内死亡。可人们还是想买新鲜鳗鱼，即便新鲜鳗鱼的价格会高出很多。渔民们也是无计可施。有一次，一位渔民意外让一条狗鱼掉进了鳗鱼槽。渔民上岸过了半天后，竟然发现鳗鱼保持着鲜活状态。渔夫反复尝试，结果发现正是"狗鱼"的出现，让鳗鱼开始活跃，保持紧张，加速游动，反而带来更多的氧气。因为有了这样的竞争，它们延长了上岸之后的寿命。

鲶鱼效应让我们思考如何面对竞争者和对待人生的态度。

对渔民来说，他们在于运用激励手段让沙丁鱼和鳗鱼不断游动而保持活力延长寿命，从而实现最大利益。在管理领域，管理者可以尝试引入"鲶鱼型人才"，借此改变企业沉闷缺乏活力的现状。

对个人而言，鲶鱼型人才想要自我实现，获取自己的生存空间，就会更大地激发自己的潜能，促进自我实现和自我超越。

对于"沙丁鱼和鳗鱼"型员工来说，他们的危机源于忧患意识淡薄，常常是直接躺平，一味追求稳定，然而当引进竞争机制之后，其现实生存状况发生改变，就会积极搜集资源，探寻新的出路。

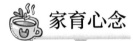

家育心念

鲶鱼效应对家庭教育有何启示呢？

首先，告诉孩子，选择合适的朋友。古语说："近朱者赤，近墨者黑"，孩子的朋友无形之中会对孩子产生极大影响。家长如何帮孩子选择合适朋友呢？可以和孩子谈谈，孩子和同伴会彼此影响，语言风格、思维模式以及价值观。同时良好的同伴还能起到矫正作用。如果孩子比较怯懦，他最好和勇敢的同伴一起，就会习得面对困难的勇气；如果孩子想法幼稚，就可以寻找成熟一点的朋友；如果孩子稍微内向，担心语言表达不够理想，就需要多和开朗的伙伴交往……当然，我们也不要过于干涉孩子的择友范围，不能以个人好恶来限定孩子的择友，始终牢记自己的言行举动对于孩子来说就是最好的学习榜样！假如孩子和不同个性的孩子认识相处，借此取长补短，即可互助成长。适当引导、鼓励孩子见贤思齐，就会促进他们的人格趋于完善。

其次，理性对待竞争对手。在当今社会生活中，竞争不可忽视，更是无法离开对手。可以和对手竞争有意义感和成就感。竞争对手的存在可以利于个体提升自我，走出舒适区，日臻完善。对手犹如一面镜子，可以照出不足和缺点。正是对手的存在，才会促进自我发展鞭策自己前行和目标不断调整与确定；竞争对手也会促进个人观念的更新以及能力的发挥；对手让自己看到能力的边界和具备开放包容的心态！要想战胜对手，就要首先战胜自己，正是这一过程，个体得到了提高和磨炼。

如果孩子的情绪聚焦在"嫉妒"，就会阻碍自己看到他人，也会失去调整反思的机会。个体越害怕的领域，可能就是自己最需要提升之处。

最后，告诉孩子，不要让无关的人消耗自己的情绪。作家苏芩说过："不必把所有人，请进生命里。"我们一贯信奉"多个朋友多条路"，一直在扩大朋友圈，殊不知，看似朋友圈里的朋友很多，可能是一片虚假繁荣，既不能共同互助合作，又不能谈心共进。著名人类学家罗宾·邓巴认为，一个人仅仅能和约150人维系较为稳定的人际关系（不包括虚拟社交），而能深交的，最多20人，被称为"邓巴理论"。我们可以和孩子一起厘清朋友圈，开启有效同伴互动，辨识真正的朋友，还是消耗我们情绪的"伪朋友"。

希腊的哲学家德谟克里特说过："很多显得像朋友的人其实不一定是朋友，而很多是朋友的倒并不显得像朋友。"真正的朋友，不会因为疏于联络，而关系疏远；真正的朋友，会为你的成就而欣喜，为你的挫折应对而助力！对于真正的朋友，我们也会愿意在需要时，不假思索地施以援手，给予耐心倾听，温情相助！

6.12 吉格勒定律：为什么家长要鼓励孩子志存高远？

困惑再现

在2019年清华大学研究生开学典礼上，邱勇校长在致辞中号召全体同学："要立大志，入主流，上大舞台，做大事业！"这给线上线下的同学们留下深刻的印象。为什么要同学们志存高远呢？作为家长，您的孩子有远大志向吗？一般而言，有远大志向的孩子的心理韧性更强，更容易实现预期目标，或者最大限度地靠近理想，实现愿望！

这是为什么呢？

心理卡片

我们一起探讨：吉格勒定律。

美国行为学家吉格勒指出：如果个人设定了高目标，那就相当于达成了该目标的一部分。有些人天赋异禀，堪称天才，事实上，被称为天才的人远远多于最后成就天才事业的人，之所以这些所谓的"天才"最后"泯然众人也"，是因为他们大多缺少一个确定的远大志向，而仅仅在某个人生阶段表现"出彩"而已，结果会昙花一现。无论个人能力多么出众，都需要目标高远，才能在遇到困难、挑战和挫折时，看到努力的价值和意义，并有持续向前的行动力！目标设定高远并不会决定我们成功的可能性，而是可以鼓励我们内心坚定，勇敢前行！

关于志存高远，文学中有许多记载。唐太宗《帝范》："取法于上，仅得为中；取法于中，故为其下。"《孙子兵法》中也有类似的记载："求其上，得其中；求其中，得其下，求其下，必败。"宋末著名诗词评论家严羽在《沧浪诗话》中记载："学其上，仅得其中；学其中，斯为下矣。"不管时代如何变迁，一旦人们目标远大，在行动的过程中就会尽可能挖掘最大潜能，即便结果没有实现预期的理想，也会达到接近水平。

1953年，心理学家曾在哈佛大学做过这个"目标威力实验"，想要了解目标对于人生结果的影响。研究团队选择即将毕业踏入社会的大学生，这些大学生在这些方面相差无几，如智力、学历、家境和居住环境等方面。研究人员跟踪调查他们每个人的人生目标，25年研究发现，这些人在大学时那些3%目标远大而清晰的人成为各行各业的精英；10%短期目标明确的人成为各领域内的专业人士；60%目标模糊的人则生活在社会中下层，尽管生活安稳，却并无成就；27%根本没有目标的人则一直过着平庸而又抱怨的人生。

从上述数据中，我们可以得知：目标清晰而又远大的人，不仅知道自己的方向，还知道坚定走好每一步，更知道坚持下去的意义。因为心怀目标，不会为过程中的不如意所烦忧，不会为小诱惑而驻足，而是形成良好的生活习惯和积极的心理品质。

家育心念

吉格勒定律对家庭教育有何启示呢？

首先，和孩子明确：制定目标的必要性。爱默生说过："一心向着自己目标前进的人，整个世界都会为他让路。"有这样一个故事：有A、B、C三组人，分别在三个村庄的十公里以外步行。A组人不知道村名和路程，只被告知紧随向导。刚走两三公里这组里有人抱怨，到了一半时开始有人愤怒，甚至有人选择停止，坐在路边不愿超前，情绪低落。B组人知道村名和路程，可是沿途没有设置里程碑，只能凭个人的经验来估计时间和距离。在大概行进了四分之三时，大家开始疲惫不堪，感觉前途漫漫，直到有人说："前面快到了！"大家才又振作向前！

C组人不仅仅知道村名、路程，还能看到每公里处设置的里程碑，人们

在前行中时时体会着成就感，行程中他们的情绪饱满，所以很快到达目标地。只有当人们有目标，才会明白当下的行动和付出艰辛的意义，还可以不断对照行动和目标，清楚了解进展速度，前行动机也会得以维持和加强，人就会愿意自觉克服困难，为目标服务。奥地利心理学家阿德勒说过："如果没有目标作为支撑只是虚幻地想象着提升自己，那么我们就像是在演戏一样，会觉得自己不是自己。"

其次，我们和孩子共勉：人要有梦想，志存高远，也就是志向远大的重要性。俗话说："心有多大，舞台就有多大。"当孩子愿意选择"取法于上"，那么至少会"仅得为中"。即：追求远大目标，至少会实现中等目标。在日常的生活中，我们学会自问：自己的目标足够高远而清晰吗？当下的自我表现可以代表真正的实力水平吗？专业度能否进一步提升？进展能让未来的自己满意吗？在反思中，及时调整，就会形成不断趋向高效的工作和学习状态。目标高远，才能有大格局，也才能成大事。"取法于上"可以激发个体最大潜能，即便无法实现目标，退而求其次，也会让内心平衡。或者说因为做了充分的准备，就会拥有更多的机会。

最后，有了目标规划，还要预设变化。一如突如其来的疫情，让在校学习的计划破灭，我们的目标规划还有何意义？当意外来临，然后打破了完美计划，还要不要规划呢？我们要和孩子谈谈生涯规划起点在何处。起点不是过去和未来，而是现在，重要目标是高远的，那么心怀目标，去了解自我现状、社会需求、当下资源，看到变化中的不变，变化的是学习的方式，不变的是远大的目标，比如让身边的人因为自己的存在更加幸福；让某一行业发生一些积极变化；提升某个群体的社会关注度等。也看到不确定性中的确定性，那就是不确定未来如何，确定的也有很多，如，自己规律的生活方式的意义；成长型思维的培养和逐级朝向目标的行动等。

当我们的目标是去看顶楼的风景，显然我们无法从一楼跃入顶层，记得还有楼梯可走。远大目标的实现绝不是一蹴而就，当孩子学会分解目标，就会增强信心，逐级递进。

6.13 链状效应：孩子小升初，家长最该看重的是什么？

　　有些家长在孩子升学到新阶段后，常常会在选择班级上看重学校升学率和班级学习成绩。实际上，真正利于孩子终身的身心健康成长，是校园文化和班级文化环境。

　　为什么呢？

 心理卡片

　　我们一起探讨：链状效应。

　　俗话说："近朱者赤，近墨者黑"，这就在强调客观环境对人的深远影响，对青少年的影响则会更深刻。从心理学角度看，这种心理现象叫作"链状效应"，指在个体成长过程中，彼此之间和环境的影响以及作用。因此，人们一直重视成长环境的选择，认为"居必择乡，游必就士"。

　　"孟母择邻"的故事，就是典型案例。为了给儿子孟珂选择适于他学习和成长的环境，孟母竟然搬家三次，从"近墓"之所搬到"市旁"，不满意之后，又搬到"学宫之旁"。最后一次，他们搬到学校旁边居住。孟子开始学会守秩序、懂礼节、爱读书。此时，孟子才愿意久住此处。可见孟母非常重视孩子的成长环境。后来，孟子成为战国时期出色的思想家及教育家，这也是孟母重视孩子教育环境的结果。《颜氏家训》中有这样的描述："人在年少神情未定，所与款狎，熏渍陶染，言笑举动，无心于学，潜移默化，自然似之。"这就说明了青少年如果在某种环境生活，耳濡目染，就会对其品德习惯的形成有一定影响。

　　鲁迅先生也曾说过："读书人家的子弟熟悉笔墨，木匠的孩子会玩弄斧凿，兵家儿早识刀枪……"这也在强调后天环境对于孩子兴趣养成和行为习惯的影响。

家育心念

链状效应对家庭教育有何启示呢？

首先，利用链状效应，让可塑性很强的孩子和不同类型的同伴相处，观察学习，收获成长。青少年的链状效应并非单方面而言，而是不仅表现在思想品德方面的彼此影响，也会在个性、习惯、情绪和兴趣等方面发挥作用。如果家长有意识地让孩子和不同性格及成长经历的同伴相处，可以取长补短。如，让胆小怯懦的孩子和坚强乐观的孩子相处，让自卑胆小的孩子和大方自信的同伴做伴，让缺乏节约理念的孩子和家境困难的孩子沟通交流，都会对孩子的品德、行为和心理品质产生直观而深刻的影响。

其次，注重孩子班级的文化氛围而不是仅仅关注学习成绩。有些家长为孩子选择班级，特别介意是不是"优秀A层班"，事实上，班级是孩子们成长发展的重要场所，也是体现班级物质文化、精神文化建设的重要阵地，无疑对于班级孩子产生重要影响。如果家长意识到这一点，就会配合班主任一起构建个性化的班级文化，以促进孩子的健康成长。有了良好班级文化，无疑会对孩子产生积极影响，自然在积极组织中，学生会有更多的积极情绪，自然更会促进孩子身心健康和学习发展。高雅、灵动、形象的教室内的物质文化，会对学生产生潜移默化的影响力以及感染力；班级的制度文化是重要的保障；班级的精神文化是灵魂。如果班主任注重这些设计，就是懂得充分利用链状效应的老师。老师就做到了"随风潜入夜，润物细无声"。让班级的墙壁说话，班级文化发声，不知不觉间影响着孩子。所以，善于为孩子择校择班的家长，会看重校园和班级文化的特色，因为这是孩子成长成才的前提，并为孩子关键时期的心理发展起着重要作用。

最后，在家庭教育中，要重视父亲的影响和作用。曾经受关注的网络剧《隐秘的角落》，剧中有个角色叫朱朝阳，10岁左右的小男生，从小父母离异，被父亲忽视，特别敷衍，而父亲只宠爱继女。正是这样的忽略，让朱朝阳的心理逐渐一点点质变，从一个成绩优秀、性格孤僻的同学，变成一个杀手。隐秘的角落里是什么？缺失的父爱。

著名的心理学家格尔迪曾说："父亲的出现是一种独特的存在，对培养孩子有一种特别的力量。"曾有一个调查，针对"父亲带娃"的研究，结论是：平均每天能够和父亲共处2小时以上的孩子，有更高的智商和情商。曾任美国总统的奥巴马在任职期间，感到最为骄傲的事，就是从来没有错过孩子的家长会，无论多忙，他都会尽可能陪孩子。他身居要职尚能抽出时间去陪孩子，我们作为家长更能想法去见证孩子成长的重要时刻。我们发现，父亲对孩子来说，是多重角色，如朋友、玩伴、导师等，对孩子产生深刻影响。德国哲学家弗洛姆说过："父亲是孩子的导师之一，他指给孩子通向世界之路。"就在强调父亲陪伴对孩子的重要性。父亲的陪伴，可以带给孩子心理上的安全感。如果孩子从小缺少安全感，孩子可能会缺乏自信和勇气面对困难等问题，等孩子成长之后，也许会影响着其与领导的关系和相处。因为领导的权威，让其想象到孩提时代的家庭的权威"父亲形象"。如果孩子同父母的关系融洽，就会把类似的赞赏与和谐带到以后人生中每段关系里，因为人生的大部分关系都是童年时期和父母关系的复制品。

值得安慰的是，如果是单亲家庭，孩子依然可以健康成长，实现梦想，只要抚养者成为孩子心理意义上的"父亲和母亲"形象，而非指纯粹的生理意义上父母。马克思说："人创造了环境，同样环境也创造了人。"作为具备主观能动性的我们，一定可以智慧地利用环境作用，创设有利物质和精神环境，促进孩子身心健康成长。

6.14 瓦拉赫效应：多把衡量孩子成就的尺子，就多些好孩子！

 困惑再现

　　经济和信息全球化的今天，家庭教育的模式也百家争鸣，例如有传统的奖惩、赏识、快乐、潜能和全脑教育等，各类家庭教育的培训课程也如火如荼，例如焦点解决、正面管教等。望子成龙、望女成凤是无数家长的期待，但是什么样的家庭教育算是成功，对孩子的未来身心和职业发展有益呢？

　　关于何为合适的教育方式，可谓是仁者见仁，智者见智。有一些家长认为孩子学有所成、名校就读是成功；有些认为身心健康，有所特长是成功；有些认为孩子守在父母身边去"养口体"是成功。

心理卡片

显然瓦拉赫效应因瓦拉赫而得名。奥托·瓦拉赫获得过诺贝尔化学奖，其成才之路具有传奇的色彩。他读中学时，父母想让他以后当文学家，为他选择文学，然而教师在一学期的期末为他写下的评语则是："瓦拉赫很用功，但过分拘泥。这样的人即使有着完美的品德，也绝不可能在文字上发挥出来。"然后，他放弃文学开始学油画。可他既不善构图，也不会调色，更缺乏对艺术的理解和敏感。油画课的评语是这样的："你是绘画艺术方面的不可造就之才。"自此，许多老师计划放弃他，觉得他没有天分，不值得浪费心力去培养。可是他的化学老师发现他做事专注，是实验者最好的品格，推荐他尝试学习化学，父母同意了。令人惊讶的是，瓦拉赫的智慧火花被激发，成了化学方面优等生。瓦拉赫的成长让人们意识到这样的道理：每个学生的智能发展并不均衡，都有自己的优势和劣势。孩子的智能一旦能充分发挥，即可有骄人成绩。于是人们称这种心理现象为"瓦拉赫效应"。

无独有偶，到了20世纪80年代，美国的著名发展心理学家哈佛大学教授霍华德·加德纳博士提出了多元智能理论（Multiple Intelligences）。这个理论已经被广泛运用于儿童教育，并且获得了成功。加德纳博士认为，人们的智能并非单一，而是多元化的，由八类组成，分别是：语言、数学逻辑、空间、身体运动、音乐、人际、自我认知和自然认知智能。而每个人都有独特的智能优势的组合。1983年，他在《智力的结构》中提到："智力是在某种社会或文化环境的价值标准下，个体用以解决自己遇到的真正的难题或生产及创造出有效产品所需要的能力。"多元智能理论认为，无所谓单纯的某种智力和实现目标的唯一方式，每个人都可以用个人的方式发掘独特的大脑资源，这种为达目的而发挥的个人才智方是真正的"智力"，正是这让人和人之间有差异。

家育心念

瓦拉赫效应给家庭教育有何启示呢？

首先，每个孩子都有独特的优势组合，不要以为弱势项目而轻视孩子的养育。犹如爱因斯坦，5岁时说话还不够利索，显然在语言文字方面的能力很平凡，后来却成为著名的物理学家；而一位有智障的孩子，显然是大众所认为的"智力"欠缺，可他却在音律方面表现很突出。有些孩子某学科学习不够理想，他可能擅长表达，人际交往的智能凸显，有管理和表达能力，可以在播音方面有所发展；也可能或者音乐智能好，对音律格外敏感，可以培养。每项智能或者组合优势可以助于孩子追寻梦想，由于遗传和环境的因素差异，每个孩子在各类智能的发展上有所差异。有些人某些方面智能普通，而某个或某组智能可能就表现较强，人人都可以去统整或融合自己的优势智能。

其次，在完成基础教育之后，可以让孩子把有限时间和心力放在优势智能领域，才能充分发挥个人才能。如果瓦拉赫把毕生精力投入文学艺术之中，他即便能获得进步和成功，但是都无法达到他在化学领域的卓越成就。当然，在基础教育阶段，比如高中文理选科之前，鼓励孩子在培养爱好的同时，也尽量保障各学科的基础合格，这才有利于以后的专业化发展。而非在义务教育阶段放弃某些学科的认知偏见，当然此处排除一些在某个学科方面的天赋异禀的特殊人才。

最后，培养孩子终身学习的能力。安东尼曾经说过："人生长期在考验我们的毅力，唯有那些能够坚持不懈的人才能得到最大的奖赏。"当我们家长帮助孩子明确方向，不断探索、自我成长，才能让孩子清晰自己的优势，并去维护和发挥优势，成为可以审时度势的而又敏锐的观察者和有效的行动者，从而成就属于自己的最好未来。

养育孩子，不仅仅是给予孩子物质的保障和心里的滋养，还要在孩子成长历程中，陪伴孩子发展自我，做好生涯规划，逐渐适应社会化的过程，预设未来，演绎自己的精彩！

6.15 理解自闭症：家长如何理解"来自星星的孩子"？

我们身边可能有这样的孩子：他们视力正常，却对外物视而不见；他们听力无碍，却对外界充耳不闻；他们表达清晰，可是经常沉默不语。仿佛外界发生的事情都和他们无关。世人称他们为来自"星星的孩子"。每年的4月2日是"世界自闭症关注日"。2022年是第15个关注日，主题为："聚焦孤独症服务：构建社会保障机制，促进服务机构高质量发展"。自闭症孩子犹如遥远天空里的星星一样，只在自己的世界里独自闪耀。

他们的早期症状如何识别呢？他们的内心世界没有情感吗？家长如何陪伴和帮助孩子呢？

心理卡片

让我们一起来了解"自闭症"。

自闭症，也叫孤独症，全称为"自闭症谱系障碍"，是严重的婴幼儿广泛性的发育障碍。自闭症主要表现为不爱表达，与人沟通交流存有障碍，同时其行为表现异于正常人群。这是因为先天的脑部功能损伤而引发的发展性障碍，一般在3岁以前就能被发现。发病一般在30个月以内，仅有个别患者是在3岁之后才发病。自闭症主要表现是社会交往、语言沟通障碍，兴趣或其活动范围狭窄和重复性的刻板行为。

2007年12月，联合国大会发起提议从2008年开始，把每年4月2日确定为"世界自闭症关注日"，旨在引起人们对自闭症人群的关注。世界卫生组织的调查表明，约100个孩子之中就有一个孩子患有自闭症。其中男孩患者的比例是女孩的四倍，有50%～75%的患者伴有一定程度的智力障碍，会给家庭及社会带来繁重的情绪压力和经济负担。《中国自闭症教育康复行业发展状况报告》的数据显示，我国自闭症人数已超过了1000万，其中0到14岁的儿童人数已经超过200万，并在以每年近20万的上升速度在增长。目前我国对于自闭症孩子早期识别欠缺、诊断不够，自闭症孩子的平均诊断的年龄较大，大多数是在幼儿园或上小学后，成年人才会因发现孩子的行为异常，而引起家长的重视，才带孩子去就诊和进行干预。

自闭症患者被人们形容成来自"星星的孩子"，因为仿佛他们拥有独特于常人的思维方式，在天边闪烁，无法被人们理解，神秘得就像来自遥远的星球。

自闭症患者外表并无异样，只是他们的沟通交流、互动方式以及行为表现和常人有别。发病可能由环境和遗传因素引起。如高龄父母、早产、多胞胎和体重过低等会增加患病风险，孕期母亲服用叶酸则可以减少患病的可能性。有研究表明，自闭症可能和家族遗传相关，某些家族的特殊基因会增加患症风险。假如父母携带一个或多个特殊基因，即便父母没患此症，也有把这种基因遗传给孩子的可能性。

1988年，美国电影《雨人》，让大众注意到自闭症人群，其中达丁·霍夫曼和"阿汤哥"扮演的"雨人"让人印象深刻，不仅有刻板行为，同时还有超强的计算才能。"雨人"的原型Kim Peek在现实生活中就是一个令医学和科学界惊叹的天才。他的大脑犹如大容量的硬盘，与人交谈时，总是会先问生日，然后就能说出那天的大事，并很快就能计算出对方的荣休年龄。自此，人们就把自闭症和天才相提并论。其实这是个对于自闭症的认识误区。如果自闭症没有及时早期诊断，也就意味着孩子无法获得及时的关键期的干预和帮助。

该病的症状表现如下：语言发育较为落后，与人互动不畅。他们经常在两三岁还不会说话。即便有部分患儿仍然有语言能力，但会缺乏与人的互动和交流。他们总说重复刻板式的语言，抑或活在自己的世界里，自言自语，单调。有时他们又喜欢模仿言语和"鹦鹉学舌"，如教自闭症孩子说"跟他说对不起！"患儿只会完全重复"跟他说对不起"。他们在行为上会有刻板行为、兴趣和活动表现减退现象。比如，会反复打开门窗，来回走动，不断地排列积木等。或者会特别依恋某个物品，难以接受外在环境改变，否则容易情绪失控。

家育心念

理解自闭症对家庭教育的启示。

首先，及早识别自闭症。在幼儿成长过程中，关注其人际互动反应、语言表达的有效性，以及是否可以灵活地运用面部表情、语音语调和身体语言。

一般而言，他们不能识别他人情绪变化，无法表达出自己的需求和恰当表达自己的情绪，也无法向外界寻求情感慰藉，在众人面前或陌生环境中显得无所适从，也不能和他人保持适度的人际距离。除了这些核心症状，儿童孤独症患者还存在自笑、情绪不稳以及冲动等行为。总之，要特别注意孩子幼儿期的"五不"现象——眼睛不看人；耳朵不听音；动作不恰当；语言不顺畅；行为不恰当。家长如果发现以上现象，及早就医。

家长是孩子健康的第一道安全防线，早筛查，早干预，早康复，才能帮助孩子未来融入和适应社会。家长切忌抱有侥幸心理，想着"再等等看"，错过最佳治疗干预。

其次，对待身边的自闭症患者，多一份等待和耐心。培养孩子社会互动，需要耐心；对孩子愿意主动尝试，家长应该给予及时而恰当的鼓励；当然还要引导孩子选择适合的简易活动，逐渐累积信心。对于有时自闭症孩子的"怪异"行为，多一点耐心，少直接攻击和指责，而是去体谅他们的挑战和困难，给予等待和温暖。自闭症患者的确在表达个人情感方面不擅长，但这并不表示他们的内心世界一片空白。美国的一位叫本杰明·吉鲁的自闭症男孩曾经写过一首小诗，表达他的内心感受："我格格不入，落落寡合，不知你是否也如此寂寞，我听到声音在空中诉说，而你没有，上天为何这样此厚彼薄。我也不想闷闷不乐，只因我格格不入，落落寡合，我假装你也如此寂寞。我仿佛天外来客，在太空漂泊，繁星触手可及，我却身无着落。我为别人的眼色而惶恐，人笑而我哭，使我畏缩忐忑。我格格不入，落落寡合，我现在懂了，你也会如此寂寞。我说我"感觉自己是孤岛上的流浪者"，梦想着有一天，岛外的世界不再苛刻。我也在试图与他人押韵合辙。或有一天，与常理再不相克。我格格不入，落落寡合。"这让所有看到这首小诗的人为之动容。

最后，家长要告别一些认识误区。

有些人错误地把自闭症患者等同于天才。自闭症孩子的认知发展经常不平衡，有少数患者的某些智能可能发展较好，如音乐智能、机械记忆、计算能力往往较好。《中国自闭症教育康复行业发展状况报告》指出，仅有5%～10%的患病孩子有过人才能；约50%智力表现正常，通过个性化的特殊教育依然可以有美好未来。而仍有很大比例的患者是存在智力障碍的。

还有些人误认为，孩子自闭症就是家长的照顾关爱不够。关于自闭症的病因有很多研究，但没有发现明确的病因。遗传和环境可能是主要因素，恰当的教养方式会促进病人的治疗和康复。

也有些人悲观地认为自闭症孩子需终身有人照顾。事实上，及早干预、调整温馨支持的教养方式，的确利于孩子的康复。另外，科学在进步，社会宣传和社区服务也在改进，自闭症孩子的未来依然让我们充满希望。

托尔斯泰说过："幸福的家庭都是相同的，不幸的家庭各有各的不幸。"对于外人来说，这个话题听起来像是个故事；而对于自闭症患者的家庭而言，失望、等待、陪伴和希望是他们真实日常。

让我们一起守护那些来自"星星的孩子"！

6.16 第十名现象：孩子得以圆梦，未必曾经是前三名

 困惑再现

有些孩子考试之后，懊悔不已："如果我这个选择题认真点，那我这次数学必会第一！太可惜，考试中粗心了！"

有些家长会过于计较孩子的排名，每次考试紧盯别人家的孩子："你是进步了，可是还是没到前三名，要继续努力，找准差距，赶快赶上同学们！"

有些老师对于得意门生也会有严格要求："看看，你这语文诗词默写和作文和第一名相比，就差了15分，一定要再努努力，才能考进年级前五名。不要辜负我对你的期望！"

无论孩子还是成人，似乎都在介意孩子在一定群体内的排名和位次，在前三名真的那么重要吗？

 心理卡片

我们一起了解第十名现象。

第十名现象是一位小学老师的发现。这位来自杭州天长小学的周武老师在从教20年后，对1990年前后毕业的150名同学进行了追踪调查。结果发现：在第十名前后，直至20名左右的学生，在之后的学习和工作中，"出乎意料地表现出色"；让人失望的是，那些当年在校备受老师看重和令家长骄傲、排名

数一数二的优秀学生，成年后却表现平凡，淡出了优秀行列，这被叫作"第十名现象"。当时处于班级金字塔之顶端的学神、学霸们，在之后发展中，却销声匿迹了。

我国在1978年恢复了高考，据统计，各省（区、市）40多年的近千名高考状元中，无论文理，大多数人成就一般，成为行业领军人物者，确实凤毛麟角！

一个50人的班级当中，后来有所成就的人通常成绩排名是在第十名前后。调查发现，他们不是靠拼命120%努力，而是仅仅用70%的精力去学习，尽管只是考到第十名左右。他们常常把余下的30%精力放在自己喜欢的事情上，比如阅读、写作、绘画、音乐、体育等，发展了自己的特长，拓展了自己的能力，丰富了当下的校园生活。看到这里，作为家长的您，还会因为孩子不在前三名而郁闷不满吗？或者反之，会从此干脆就不再对孩子进行教育管理，觉得孩子可以考到班级后十名也无关紧要了，这两种可能都会欠妥。

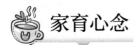 家育心念

第十名现象对于家庭教育有何启示呢？

首先，家长要意识到，任何考试，无论命题者有多么高的水平，都因为题目数量而必然存在些局限，仅能覆盖学生掌握到的知识的一部分，都只能考核学生的部分能力。尤其在平时的周练和自测中，和孩子一起树立这样的意识：不过度看重当下的分数和名次，而是重视知识的掌握，查缺补漏，看到自己的知识积累熟悉程度。当眼光放远，就会不拘泥于当下的排名，而是及时总结经验和及时调整学习方式，从而为掌握基础知识，学会灵活变通做准备。有这样两位同学：一位同学为某个单元性测试，做针对性复习，反复刷本单元习题；另一位同学则是正常学习和复习，并不针对性刷题，而是依靠平时的学习，如果得分结果都是90分，含金量却完全不同。我们不仅仅看显性的结果排名和分数，还应看学习方式的有效性和可持续性。家长需要提醒孩子培养长期隐性的问题解决能力的形成和知识体系的架构。

其次，家长不要过度解读"第十名现象"，理解到不要狂热地追求排名很好，但切记不要倡导60分万岁。如果在基础教育阶段，告诉孩子60分即可，是消极和懈怠的态度。如果满分是100分，孩子仅仅考60分，这意味着孩子

并没有掌握基本知识和能力，还需要继续夯实基础，调整学习方法。为了未来进一步提升和理解新知识，还是需要再提高。然而，如果考到了90分，还是闷闷不乐，那就是陷入消极情绪，缺少生活中适度留白，失去丰富的生活和能力的提升。

最后，引领孩子去丰富业余生活。养成阅读、反思、运动等，养成积极生活的习惯。比如，给自己留有阅读经典读物的时间。那些经典读物，能够成为人生前行的灯塔，为孩子指引寻梦的方向，助力人生持续前行，可以在经典中寻找智者的对话，从而丰富孩子的内心世界，在文人的笔下看到人生百态和古今世界。另外，教会孩子掌握一两个适合自己的运动技能。体育不仅仅强健体魄，还能助力孩子面对挫折的勇气、毅力的心理韧性。法国的思想家蒙田说过："只要失去健康，生活就充满痛苦和压抑。没有它，快乐、智慧、知识和美德都黯然失色，并化为乌有。"如果孩子有一两项体育技能，可以终身受益，这也是蒙田所提到的快乐、智慧、知识以及美德的基础。

爱好和兴趣的培养同样不可忽视，要给孩子留有一定时间空间去保持自己的爱好和特长，这利于孩子丰富业余生活，增强积极独处的能力和人际互动的技巧。有些孩子的兴趣培养是受到外在动机所驱动，如学钢琴的原因是"妈妈想让我学钢琴""学钢琴可以让我考级""学钢琴可以表演节目"等，而不是"我享受学钢琴""弹钢琴时我全然快乐""美妙的节奏让我从容放松"

等这些内在动机所驱动。运动员谷爱凌选择冰雪运动，就是内在的动机驱动。她这样说过："我不是为了奥运会而滑雪，也不是为了上斯坦福而学习，做这些事情是因为我对它们热爱。因为我喜欢做，所以就顺便开始比赛，顺便开始赢，那就让我更喜欢它。"

耶鲁大学心理学教授斯腾伯格曾经把学业表现的智力叫作"惰性智力"，他认为，"成功智力"是用以达到人生梦想和长期目标的智力。如果孩子具备成功智力，那么，孩子就会懂得何时需要适应环境，何时可以改变环境，并且何时应该选择环境，并且学会在三者之间取得平衡。

6.17 团体辅导：感受团体辅导，不妨鼓励孩子选报

困惑再现

随着社会生活节奏加快，学校同伴竞争和学业考核所带来的困扰，使孩子们承受着更大的心理压力，其实，不同行业、不同年龄段的人都会有不同程度的心理问题，包含学业发展、情绪梳理、同伴相处、环境适应、生涯规划等。

由于越来越多青少年存在各类心理困扰和行为问题，因此学校和社会对心理问题愈加重视。然而，我国心理领域中的专业人才有限，储备不足，工作方式又多以个别咨询为主，自然就产生了塑造理性平和心态的社会需求和心理优质服务提供不足之间的矛盾。

如何弥补这一问题呢？

可以试试：团体辅导。

心理卡片

团体辅导源于英文 Group Counseling，前者译为"小组、群体和团体"，后者亦被译为"咨询和辅导"。学校或社会上，在推行这一形式的过程中，常叫作"团体辅导"。

这是在团体情境下所进行的心理辅导的形式之一，以三人以上的团体形式，由具备团体带领胜任力的带领者，运用适当心理辅导策略和方法，通过团体内成员的互动，促使个体在团体中观察学习、参与体验，探讨自我、表达自我，调整认知和改善人际关系，学习新的态度和行为方式，激发个体的潜能，进而增强人际适应能力。参与团体的成员，会有共同的心理成长需求，在专业团体领导者的带领下，共同营造彼此尊重理解、信任接纳、安全温暖的团体氛围，围绕共同的主题能够自由交流，积极分享、真诚互动，认识自己的行为模式，用全新视角看待当下处境，学习有效的人际沟通方式，尝试适应性的新的行为模式，最终促进各成员的内心成长。

团体不仅仅是指两人以上的集体，而且是彼此间要有互动关系。构成团

体主要有四个条件：数量规模在二人以上、彼此有一致性的团体目标、彼此有共同的认识和会产生互相的影响。从团体动力学角度看，团体成员之间产生交互影响的作用，且有统一目标。

青少年的团体辅导是根据青少年的心理发展的特征和规律，运用心理学专业知识技能，带领者设计和组织一些团体活动，引发成员们的主观体验和内心感受，从而对成员的心理产生积极影响，以提高他们的心理健康水平。立足于青少年的心理发展特点，根据青少年的心理需要，是心理辅导的有效途径。

 家育心念

团体辅导对于家庭教育有何启示呢？

首先，辨别孩子选择合适的心理辅导形式。一般而言，个体咨询是咨询师和来访者一对一进行心理咨询，通过二者建立良好的咨询同盟，运用某个流派和心理学方法，以帮助来访者舒缓情绪，自我探索和解决一般心理问题，进而改善来访者的行为表现和态度。而团体辅导可以促进个体在团体成员中观察体验，围绕一定的主题进行自由的交流分享、互动反馈，学习全新态度和行为模式，最终促进成长。

个体咨询和团体辅导有共同之处：二者的目标都是帮助个体去处理当下的心理问题，减轻心理困扰，同时帮助自我认识和接纳，进而去达到自我的整合；二者的氛围相同，都是强调温暖抱持的气氛，鼓励当事人放下自我心理防卫，自由表达个人的感情和经验；也都强调并严守保密原则，尊重参与者的个人隐私权。

个体咨询和团体辅导也有明显差异：个体咨询是一对一，会更加深入个人的议题，只需要较小空间即可，对于针对性的问题需要个人洞察力和理解；团体辅导则是多人参与，处理人际关系更有优势，可以有和他人互动机会，得到其他成员合作互助的反馈和机会，需要比较安静更大的活动空间，有时会鉴于活动特殊内容要布置和安排一些团体活动的工具准备。其优势在于提供社会观察学习和发展社会支持的机会。

75%的研究表明，个体咨询和团体辅导疗效相当；25%的研究则证实团体辅导比个体咨询更有效果。如果孩子更喜欢面对单一的咨询师表达自我，深度探索自我，可选个体咨询；如果孩子需要获得他人的真诚回应及社会支持，

和同伴们一起探索内心世界，可以选择团体辅导的形式。

其次，在团体辅导中认识自我，体验旧有行为模式的缘由和探索新的行为模式。每个人都有独特的行为模式，即，待人接物的方式。而且个体的行为模式会重复出现，并主导行为举止，影响情绪结果和生活方式。如果孩子可以了解自己的模式，就能发挥长处，观察学习他人的有效应对方式，从而树立信心面对个人问题，缓解压力情绪，激发个人潜能。如果孩子卡在旧有的行为模式中，是因为从儿时就已经采纳了此类行为模式，当孩子在心理上发现行为模式所基于的内心感受，如基于恐惧、担心、羞愧和逃避等。当孩子开始辨识这些时，不需要去刻意改变，而是辨识其衍生的心理根源。一旦被辨识到，这些旧有卡住个人发展的行为模式就会自然消融。

最后，团体辅导的人际关系互动会让孩子更容易改善人际关系。外界的言语和行为，可能会引起孩子内在的许多反应。在团体辅导中，可以观察到他人的应对方式，看到他人的情绪感受，缓解自己的心理困扰，和成员链接新的人际关系，孩子在关系中见证、学习、成长和蜕变。孩子到了一定的年龄会思考生命的意义，在探讨中，孩子会发现"生命即关系"，和自我、外在和他人的关系。当孩子可以接受自己的一切如是，认可、接纳自己，与自己能和谐相处，那么孩子就会真正形成坚定的自我认同。如果孩子把关系的困惑看成个体内在成长的契机，那么探索关系之旅就会成为清心之旅。人具有社会属性，就会形成各种各样社会关系；人同时具备家庭属性，就会有各类家庭关系。这些人际关系的质量会影响生活、生命和人生。当孩子在团体中学会处理好内外在关系，才会绽放生命向上的力量，成就属于自己的美丽人生！

6.18 过度理由效应：为何外在奖励让孩子反而没了动力？

 困惑再现

几乎每位家长都会望子成龙，望女成凤，于是为了激励孩子，会想到五花八门的奖励措施，有按照分数奖励的，有承诺买个名牌衣物的，还有向孩子许诺，如果考进前多少名，就会带孩子假期来次旅游胜地的出行计划，甚至是出国的旅游等。而实际效果可能会让我们家长失望，似乎那些没有得到家长外在奖励的孩子，有着持续的行动力和保有学习的热情，求知的欲望。

无论是家长对孩子学业表现进行金钱奖励，还是为孩子的道德行为施加外在约束，都会让孩子倾向于认为，是在用家长的外在行为来影响和解释个体行为，让他们意识到是靠他律来推进个体行动的。一旦外在的奖励和约束停止，孩子也就没有了继续努力、遵守纪律的理由。这就是"过犹不及"，过多的理由则会掩盖、取代甚至泯灭了原本内在的理由。

今天我们来谈谈：过度理由效应。

 心理卡片

过度理由效应（Over-Justification Effect）指的是人人都倾向于让自己和他人的行为表现得貌似合理，因而总在为其行为寻找外在理由。一旦找到这些外在附加理由，例如，金钱、物质、权力等。当这些附加的外在理由代替了原有的内在理由，变成了当下行为支持的重要因素，那么行为就会从内控转向外控。这是基于社会心理学家费斯廷格提出的认识不协调理论。

过度理由效应让我们明白，个体行为的外在理由越多，相应的行为的内在理由就会越少，甚至消失。有这样一个故事：

一位老奶奶在乡村里进行休养，而房子附近总有一群喜欢嬉戏的孩子，大喊大叫的吵闹声让老人无法安心静养，老人也多次提醒孩子们，告诉他们小点声，可是孩子们屡禁不止。有一天，老人想到了一个办法，招手示意孩子们过来，孩子们围在老奶奶身边，她宣告了一件事："今后，玩耍时声音最大的孩子，得到零钱奖励最多。声音小的，得到的零钱最少。"孩子们欣然应允，当逐渐已经习惯于奶奶的零钱奖励时，老人开始缩减奖励的金额。孩子们开始抱怨，没有原来给的报酬多了，孩子们不再快乐地嬉戏，而是觉得奶奶给的奖励不公，最后一致同意："给这么一点钱，我们不给你那么大声叫了！"并且最后决定远离房子的孩子，以再也不让老奶奶听到大叫声表达"抗议"。从此，老奶奶过上了安静幸福的晚年生活。

孩子们最初的打闹嬉戏的内在理由是追求同伴游戏的快乐，是内生需求，简单又纯粹，是内部理由；老奶奶给的金钱奖励，就是在给孩子们的嬉戏行为施加外在诱因，即外部理由。当这些孩子只专注于用外部的理由来决定自己的投入程度和行为时，对原本快乐的单纯追求就被零钱奖励所遮掩。这位老奶奶就在巧妙运用过度理由效应的作用。

 家育心念

过度理由效应对于家庭教育有何启示呢？

首先，和孩子一起找寻内心的力量，探寻期待的行为的内部理由。既然局限于外部的理由，有意义行为容易消散，那我们就可以尝试掀开外部理由的面纱，回望初心，与其对话，看看自己的内心需求，未来的渴望生活，以及当下去往未来的路径。当外在的星光消散，不再闪烁，内心的灯塔依然照亮前行的路，即便是黑暗之中，风雨之时。宾夕法尼亚大学的心理学教授Angela Duckworth表示：在教养孩子的过程中，如果让孩子一直依赖外部评价或物质奖励来产生推动力，本质和训练马戏团里的小猴毫无差异。帮助孩子树立生涯发展的意识，养成坚毅品质，探寻前行内驱力，才会有源源不断的持续力量。

其次，家长要注意区别过度理由和对孩子的合理性奖励。如何辨识呢？二者的区别关键就是：家长的外在奖励和评价是否已经改变了孩子对于原本行为的态度和看法；是否成了推进孩子持续行动的主要缘由。如果您的回答是肯定的，那就说明家长的言行和物质条件奖励已经导致了孩子的过度理由效应。

家长也可以多运用精神奖励、语言表达，传递给孩子赞赏、鼓励和信任，往往会激发孩子的自尊心、意义感和上进心。我们家长要意识到奖励仅仅是策略，要注重艺术，尤其要注重孩子精神上的沐泽，激发其内在动力，而不依赖物质刺激，否则产生过度理由效应。

最后，和孩子一起探寻行为的意义。丹尼尔·平克在所著的《驱动力》书中表示："通过对过去50年的各类心理与认知研究的总结，能让人发自内心持续地去坚持一件事情的第一原因就是——意义"。

家长期待孩子能够爱上学习，可以做出符合社会期待的行为和道德表现，那么探寻意义感就至关重要。与其告诉孩子"你当然要学习！因为你是学生！"孩子的逆反心理来临时，可能一冲动背上书包回了家，卸去了"学生身份"，总可以自由自在地玩耍了。我们试图让孩子对学习存在持续动力是很困难的，因此，不妨和孩子秉烛夜话，坐下来聊一聊，让他们谈一谈未来的期待，理想中的工作，美好的愿景。当引导孩子去发现当下的学习对于之后的生活的意义，就会愿意主动采取积极行动克服困难，超越自我。

作为家长，也许我们可以身体力行，去给孩子一个示范，去寻找工作的意义。如果我们得到的所有，终有一天会成为过去，那么当下的工作有什么意义？不妨和孩子一起了解这个故事：

德鲁克曾经在《管理的实践》谈及三个石匠的故事。人们问："你们在做什么？"不同的石匠有不同的回答：第一位说"自己在敲石头，是为了养家糊口"；第二位认为"自己在做当地最好的石匠之一"，第三位则认为"自己在参与一座神圣大教堂建造"。建造大教堂对第三位石匠而言就是意义感，因为有了意义感，就产生了强大动力；因为有了意义感，就有了明确目标，因为有了意义感，就会认为当下的付出是一种幸福和成就。任正非曾经说过："我们起步太晚，成年的时间太短，积累的东西太少"，这也是在谈人生的意义，因为很晚才明确选择的意义，而我们的坚定行为是从理解到意义才会真正地开始。

疫情的出现，让我们放慢了节奏，去和孩子一起思考学习的意义和前行的动力。告别"过度"的理由，让我们的行为变得"有温度、有广度和有深度"！

6.19 破窗效应：告诉孩子小错误及时修正的必要性

困惑再现

　　日常生活中，您是否发现孩子有这样的情形？周末孩子想玩手机，本来约好只玩1个小时，结果过了3个小时，孩子还是没有停下；孩子决定跑步锻炼身体，加之也为中考体育加试做准备，于是暑假里已经坚持了15天，碰巧有天早晨起晚了，自我安慰明天再跑，结果过了一天，又为自己找到了借口，再也无法坚持跑步；开学了，孩子认识到买错题本记录和整理重难点题目，每晚都写下错题，坚持了一周，因为家里来了客人，就没有记录，结果总能为自己没有按照计划实施找到完美的"理由"，于是整理错题本的事也就不了了之，又出现了一本刚用了十分之一的精美笔记本。

　　也许，我们成人也有这样的经历，意识到瘦身的必要性，结果看到了美味佳肴，又不想委屈自己，自我安慰道："吃了这顿，才有劲瘦身！"结果计划又一次落空。

　　这是为什么呢？

　　原来这是因为：破窗效应。

心理卡片

　　1969年，斯坦福大学的心理学家菲利普·辛巴杜做了一个实验。研究人员找了两辆完全一样的汽车，把它们停在不同的地方，一辆停在加利福尼亚州帕洛阿尔托一个社区，这里居住着中产阶级；而把另一辆车停在比较杂乱的纽约布朗克斯区，这里住着低产阶级，比较混乱，他走时摘掉了车牌，打开了顶棚，结果在当天就有人偷走了车。而放在中产阶级社区的那辆车，一周来安然无恙，无人理睬。

　　后来，辛巴杜拿了一把锤子把车的玻璃敲了个洞。结果仅仅几个小时，这辆车就已经不见了。后来，政治学家詹姆士·威尔逊以及犯罪学家乔治·凯琳以此实验为基础，提出了"破窗效应"理论。该理论揭示了一个现象，如果放任不良现象存在，就会诱使人们开始效仿，甚至出现变本加厉的行为。破窗效应归属于犯罪心理学的范畴。此理论认为，任何坏事如果在最初没有引起人们警惕和及时阻止，一旦形成习惯或者风气，就难以改掉。

　　如果一幢建筑有一扇破了的窗户，没过多久，就会有人打破其他的窗户，接下来会有人闯入建筑，偷走里面的物品，甚至最终会成为一些违法活动的聚点，也许还可能导致一些风险，如火灾等。这就是因为有了第一扇破窗，这是整个事件最终恶化的开端。人们面对"此类的第一扇破窗"，人们经常自我洗脑："打破窗是没问题的，不是我的责任，我即便再拆下一个门帘，反正不是第一个，必定不会得到指责和惩罚。"许多人这么想，于是破窗多了一个又一个，即便后来被追责，人们也会如此辩解："最初并不是我先这么做的。"但不能"五十步笑百步"，无论错误影响的大小，都无法改变后来违法行为的本质。人们总是盯着事物的阴暗面，却很少及时反思自己的言行，结果就变得目光狭隘和内心阴暗，不知不觉间加入了破窗的行列。

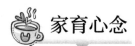

家育心念

　　破窗效应对于家庭教育有何启示呢？

　　首先，告诉孩子，加强自我修养，勿以恶小而为之。《中庸》有言："修身，齐家，治国，平天下。"修身是做人做事的前提。无论未来要成就怎样的事业都需要加强自我修养。这是一切能够成大事者都会恪守的做人原则。传说，宋代的大文学家司马光为了能够提高道德修为，就在书房里放了两个小罐子，一红一黑。当他每做一件善事，就会放粒红豆在红色罐子里，当做了一件恶事，或者动了一个邪念，就会放粒黑豆在黑罐里。通过不断自省，起初，黑豆比红豆多，渐渐地，红豆就越来越多……所以，孩子如果能够做事情之前，养成用心思考、理智判断的习惯，以客观事实为基础，学会的缜密思考的习惯可以让孩子在面对第一扇破窗，不仅不会成为让事情恶化的推手，还会想办法去修补这一扇破窗子，避免破窗效应的出现。

　　其次，让孩子在制订计划时结合自己的个人经验，去合理制定目标。许多人认为计划一旦制订，就要去严格地遵循，稍有违背，就认为是失败而完全放弃。其实，计划就像作文大纲，只是设定了一些目标和方向，在具体实践中还要与时俱进，持续优化调整，最好是一手用铅笔计划，一手用橡皮进行修正适合自己的节奏。苏格拉底曾经说："不经过检视的人生是不值得过的"，及时反思进度，找到适合的替代方案和朝向既定的方向，就会是有意义的生活。预留一些机动的时间，给自己预留一些可以放松和奖励自己的空间，包括做好如何应对突发事件的预案。人们经常习惯去高估个人能力，并低估所计划的事情难度。大多数人都会出现这样的情况：计划完成所用的时间会超过原定计划的时间。如计划的假期跑步，结果因为小雨天气而中断，如果之前预估到，可以设计其他室内运动去弥补天气带来的影响；再如原定的每天写错题集，为了应对偶尔亲友来访影响计划，比如，可以设计出每周五天整理记录，而不是每天都整理，避免突发事件给自己带来挫败感，结果无法继续，提早放弃。

最后，要孩子意识到阻止自律的经常是一些小诱惑和小妥协。家长要温和地提醒孩子及时发现问题，及时修补。迟子建在《群山之巅》里这样写道："生活并不是上帝的诗篇，而是凡人的欢笑和眼泪。"我们作为普通的凡人，都有这样那样的不完美。学会及时修补"破窗"，就是为人做事的大智慧。之所以提醒家长注意说话的语气，是因为过于严厉的语气、过度的管制、严厉的惩罚，似乎使孩子表面屈服，去假装按照指令行事，内心却会惊恐万分，做事情的效率不会提升，此时的行为是担心被处罚而形成的。正如简·尼尔森在《正面管教》中提到的，孩子一旦被过度严厉管教或者惩罚，会出现"4R"反应，即：愤恨（Resentment）、报复（Revenge）、反叛（Rebellion）和退缩（Retreat）。

只有父母学会运用积极语言，才会唤醒孩子内心蕴含的力量，助力孩子的成长成才。当家长培养孩子的自律时，家长需要告知达成自律时候，会获取一些好处。所谓习惯，其实就是每个人应对环境的模式之一，而人们的本能都是趋利避害。

我们家长需要思考：如果孩子有了自律行为，会得到什么好处？如果只是盯着孩子的问题，认为做好就是本分，无须赞赏，不去讨论成就体验，结果孩子就会有这样的感觉，并没有自主权，只是为了照顾家长的情绪和需要而已。哪怕孩子有天想为自己的行为负责一下，也会觉得被父母扫了兴，就会不利于孩子培养自律的习惯。

沃尔特·米歇尔曾经说过，"让孩子获得一种放眼未来的能力，找准投资回报的动机"。当孩子意识到注意细节，及时修正，放眼未来的能力，就会逐渐自我管理，朝向自我实现。

6.20 登门槛效应：帮助孩子培养好习惯，其实没那么困难

困惑再现

世界读书日是每年的4月23日，2022年的读书日是第27个世界读书日，许多家长秉持"粗缯大布裹生涯，腹有诗书气自华。"期待孩子能够选择好书，自觉读书，爱上读书。可是孩子们却难以抵制手机、电视、电脑等诸多具备诱惑力的自媒体或APP，这让家长感叹：

如何培养孩子良好的读书习惯呢？

如何让孩子从电子媒体前转移注意力，开始进行健身和养心的生活方式呢？

也许您需要了解：登门槛效应。

 心理卡片

1966年，美国的社会心理学家弗里德曼和弗雷瑟做了一个实验：研究团队首先随机采访了一组当地的家庭主妇，对她们分别提出了一个要求，把一个小招牌挂在家的窗子上，对于这样的小要求，这些家庭主妇都欣然同意了。又过了一段日子，研究人员再次登门拜访，这次的要求有点让家庭主妇为难，要把一个很大的招牌放进庭院里，不仅招牌块头大，占地方，而且外形又不太美观，结果仍然有50%的家庭主妇同意了。与此同时，另一波研究人员随机访问另一小组家庭主妇，没有经过小要求的过渡，而是直接提出了放置难看的大招牌的要求，而这一组却只有不到20%的家庭主妇同意这个要求。根据这个实验，心理学家认为的这个"无压力的屈从"现象，被称为登门槛效应，也有其他领域人们称之为"得寸进尺效应"。

还有一个类似的实验：实验人员安排助手去两个居民社区，在第一个社区，任务是直接劝说居民在其门口竖一块大标语牌，写着"小心驾驶"，只有17%的居民欣然接受这个要求。在第二个社区，助手先让居民们看一个关注交通安全的请愿书，并邀请他们在上面签字，所有人都接受了这个很容易的要求。过了几周，助手再提出竖立大牌子的请求，结果有55%以上的人同意了。

社会心理学认为，人们为了确保认知上的协调，或想给外界留下前后一致的印象，就会主动维护前后一贯以及首尾一致的个体形象，即便他人的要求有些过分，也会接受。

的确，人们通常都不愿同意较高难度的要求，因为它可能费时、费力又难以见效。相对而言，人们乐于接受较小而又容易完成的要求，当实现了较小要求后，人们才会更有可能接受较大要求。正如明代的洪自诚在《菜根谭》中说道："攻人之恶勿太严，要思其堪受；教人之善勿太高，当使人可从。"

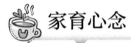

家育心念

登门槛效应对于家庭教育有何启示呢？

首先，家长要意识到，要培养孩子的习惯，从小处着手，逐渐让孩子体会小小成就感，才利于激发其兴趣和信心去实现更大的改变。如果对孩子提出的要求过高、过多和过难，孩子可能很快就会拒绝，因为听起来超出了自己的能力，很快就有了畏难情绪。如果家长先提出一个只要和孩子本身过去相比，略有提高的小要求，孩子会愿意接受这样的挑战，也更容易获取成功，当孩子达到这个要求后再通过鼓励逐步向其提出更高的要求，孩子往往更容易接受并力求实现。之后家长再及时进行鼓励、赞扬和讨论实现之后的好处和感受，孩子就会对此类任务产生了意义感，更利于其内驱力的产生。这个提出小要求的过程，也在契合"最近发展区"的理念，相对于老师而言，家长可以更加细致地观察和评估判断自己孩子的认知发展和行为习惯，以及明确孩子的最近发展区，才会有助于孩子从一小步的改变开始，踏上自我成长之旅。如，家长根据对于孩子的了解，要培养孩子的读书习惯，如果孩子的主观能动性较差，可以先设置一个基本读书目标限定较少的页数和较短的时间，从最初的小改变开始，逐渐带来大的改变，直至养成爱上阅读的习惯。最初降低门槛，允许孩子可以完成得不够好，缺乏深度思考和读后写作，但每天都会有一个和过去相比，明显的可量化的节点变化，这个节点所对应的要求又非常低，只需要达成即可。

其次，告诫孩子，要保持适度的善良。作家三毛说过："不要害怕拒绝别人，如果自己的理由出于正当。当一个人开口提出要求的时候，他的心里根本预备好了两种答案。所以，给他任何一个其中的答案，都是意料之中的。"的确，如实地告知别人自己的真实情况，而不是勉强地接受，就会让他人对你抱有很大的期待，而结果可能会不尽如人意，这个善意的举动对于他人来说事实上是一种伤害。如果坦率地拒绝，就会让对方有第二手的准备，这个看起来是拒绝，其实是助于对方启用更加有效的资源。罗素说："在一切道德品质之中，善良的本性在世界上是最需要的。"我们告诉孩子要善待他人，也要根据个人的能力和当时的形势。对于无法施以援手，要及时告知，避免错过对方真正获助的机会，这个貌似"拒绝而显得不善良"的决定，是另一种善良；另外，对于不善良的人，我们的过于善良，会导致对方的过度索取。所以莎士比亚的名著《哈姆雷特》中有这样的感叹："过度的善良反而会摧毁它的本身。"

记得有这样一个故事：有个小伙子，每天早上上班途中，都会给路上的一个乞丐十块钱，过了一段时间他逐渐减少，从十块降到五块，再后来，只给一块钱。乞丐心生奇怪，有一天当小伙子又给了一块钱时，生气地问："过去你都是给我十块，后来给我五块，现在变成了一块，怎么越来越吝啬了？"小伙子回答："以前我单身，所以可以给你十块；后来我结婚需要养家，只能给你五块了；而今我要养育孩子，只能给你一块了。"这个乞丐听后勃然大怒："你怎么能用我的钱去养活你的家人呢？"看到这里，我们会发现，有时持续的善良，对于一些人来说，会成为过度索取的理由，并且理所当然地索取。这样的善良，则助长了不良的习性和社会风气。

最后，家长是否运用登门槛效应，取决于不同孩子的性格特点和行事风格。如果对于一个接受概率较低又缺乏自信的孩子，不妨采用这个效应。先提出一个小的要求，让孩子逐渐形成一个小的习惯，感受到成就感和意义感，才逐渐升级困难级别，激发孩子的挑战想法，并且讨论这段付出的收获和意

义，就会助于孩子实现自我的突破。假如对于一个接受概率较高、喜欢冒险、愿意挑战而非常自信的孩子，如果家长再用登门槛效应，孩子可能会因为难度不够，挑战级别太低，反而不愿意行动。不妨试试"拆屋效应"，提出一个极高的要求，然后适度降低一点，孩子就会看到锚定的目标，进而激发出个人的潜能，接受挑战，展开行动。

6.21 半途效应：如何引领孩子养成善始善终的习惯？

困惑再现

孩子是否会遇到这种情况：

立誓要好好读经典读物，可是刚看几页，就已经看不下去了，各种小动作不断，一会儿要吃的，一会儿要喝的，一会儿上厕所，很快就忘了誓言。

下定决心锻炼身体，做一些适合的有氧运动，看到网上直播刘畊宏跳的《本草纲目》毽子操，觉得有趣，坚持了三天，就只看不练了，显然，很难实现自己最初的心愿。为什么会出现半途而废的现象呢？

我们来了解：半途效应。

心理卡片

半途效应（Halfway Effect）是指在激励的过程中近乎达到半途时，由于个体的心理因素和外界环境因素的交互作用，而影响朝向目标的行为的负面影响。事实表明，个体目标行为的中止期大多会发生于"半途"阶段，过程的中点附近区域，是极其敏感和脆弱的活跃区域。

半途效应和蔡戈尼效应冲突吗？

后者又叫蔡戈尼克记忆效应，指人们天生有行动有始有终的驱动力，如果工作没有完成，这会让当事人留下深刻印象，并设法实现。人们对于自己在思考的事情和进行的行为，一旦停止，不会思考也随着瞬间消失，反而会有想要完成的期待和动机。这个效应的前提是，任务符合个人兴趣，并且个体认识到实现目标的意义，对于目标的达成个体既有信心又有能力。

而为什么会出现半途效应呢？

半途效应的产生主要有两个原因：一是目标设定是否合理。目标越接近自己的实际和与个人利益密切相关，就越容易坚持下去；反之，个体就会容易中途放弃。所以目标的设定要恰到好处，过难过易都不利于个体的兴趣的培养和动机的激发。二是个体的意志力是否坚定。个体意志力较弱的，就容易受到半途效应的影响；对于意志品质较为坚韧的人来说，就会发扬许三多的"不抛弃不放弃"的精神，坚持到底，实现目标。

家育心念

半途效应对家庭教育有何启示呢？

首先，家长告诉孩子：定大目标，迈小步子。如果目标的设定是由易入难，就不容易出现半途效应，反而会激发蔡戈尼克记忆效应，即便中途暂时停止，也会维系行动的兴趣，增强克服困难的信心，维系持续行动韧性。孩子可以通过分解大目标逐步实现阶段性任务，可以尝试列个任务清单，把目标拆分为一个个待办事项，再逐项完成，就会避免半途效应的出现。家长也可以做个示范，给自己设定一个可实现目标，每天开始一小步，即便每天练一个字，看一页书，每周学一道菜，点点滴滴的改变就在丰富生活，成就别样的精彩生命，给孩子树立一个积极的身边榜样。"定大目标"就要求我们志存高远，做事之前先做事前评估和心理准备，预计过程中可能出现的困难和挑战，并且不追求短期实现；"迈小步子"就是要扎实推进，朝着目标方向前进，走好每一步，每达成一个小目标，就及时总结、反馈或给予强化，逐渐树立自信去实现原定的"大目标"。

其次，通过小事锻炼孩子的意志力，必要的时候寻求他律。我们常说，一个行为，坚持21天，就会转变成习惯，所以从日常生活中的小事做起，逐渐学习和培养意志力，哪怕仅仅是早睡早起，也并不容易；哪怕是开始逐渐减少碳水摄入，也不容易实现。但假如，量化成早睡5分钟，或少吃一类面包，也许就会把任务简单化。有时，自律不是那么简单，不妨请亲友来监督孩子。如果孩子决定晚上11点准备休息，是孩子的一个近期计划，因为孩子发现熬夜到凌晨，对身体不利。那么，孩子可以尝试把过年亲友给的红包1000元拿出来，交给爸妈，一天做不到，会损失50元，看看自己有是否更容易克服半途效应的可能性。

战国时，魏国有个人叫乐羊子，妻子非常贤惠。一天，乐羊子走在回家路上捡了一块金子，非常兴奋，回家，他就立刻把金子拿给妻子炫耀。妻子温和地说："我从前听人说'壮士不饮盗泉之水；廉洁的人不食嗟来之食'。路上捡来的金子，怎么可以拿回家来呢？"乐羊子很受启发，然后把那块金子归还原处。有一年，乐羊子离家很远去拜师求学。有天，妻子发现他突然返回家中，就停下织布，惊讶地问："你的学业这么快就完成了？"乐羊子回

应说："学业还没有完成，可是我在外面，天天想念你，所以回来看看。"妻子听后，拿起织布机上的一把剪刀，嚓嚓把她已经织好的布剪成两段，乐羊子忙去阻拦，妻子说道："这织布机上的布，是一丝丝地累积成尺、成丈、成匹，是长期辛劳的结果，现在我把它剪断了，就等于前功尽弃，白白浪费了时间。你读书求学，不是也和我纺线织布一个道理吗？"乐羊子深受感动，立刻离家，踏上拜师求学之路。几年之后，乐羊子终于学成归来。他就是通过外人的约束和监督，以及及时的自省和调整，避免陷入了半途效应。

最后，帮助孩子强化行动的意义，不问成功，先看收获。人们愿意坚持去做一件事情，就是由动机驱使的，并且看见这份行动背后的意义。有孩子会问，尽管上那么多年学，读那么多本书，最终还是回到平凡的城市，做一份平凡的职业，过平凡的日子，这么辛苦读书折腾，有何意义？可以和孩子分享：读书的确辛苦，并且无法即刻变现。然而，在未来，就会发现，读书时所付出的辛苦，会给自己带来相应的回报；另外，读书并非狭义的捧起书来读，而是终身学习，不断自我提升的过程。读书可能不能为你做加法，也许会帮助你做减法。也许不能添加财富、权位和名利。但是，读书和持续学习会帮助我们减少愚昧、茫然、焦虑和浮躁等。这是另一种收获和意义。坚持读书成长的我们，即便有一天，跌入烦琐之中，依然能够洗尽铅华，悦纳自我，在平凡的日子里坦然走过；面对同样的工作，却会有别样的心境；面对同样的烦恼，却会有不一样看问题的角度，同样是哺育后代，却有不一样的养育心情。

要告别半途效应，还要不畏失败，方能持续行动。选择适合自己的路径，持续推进。比如，那些考研没有"顺利上岸"的同学，为复习准备所付出的经历就没有意义吗？如果仅仅是沉溺于暂时的失败，就会陷入自怨自艾之中，换个角度，这个过程也有意义：失利让我们开始看到学习方法的问题；也会帮助我们看到为梦想全心投入的勇气和努力弥足珍贵。当下的复习中的全心投入和复习经验都会在未来某一刻为自己助力。这条考研之路的旁边还有他路，只要在路上，就会看到不一样的风景，就有无限可能。

参考文献

[1] 克里斯托弗·彼得森. 积极心理学[M]. 徐红, 译. 北京: 群言出版社, 2000.

[2] 韩辉. 高中家校社合作共育现状、问题与策略研究[D]. 武汉: 华中师范大学, 2022.

[3] 张坤霞. 家校合作教育研究[M]. 徐州: 中国矿业大学出版社, 2009.

[4] 彭聃龄. 普通心理学[M]. 5版. 北京: 北京师范大学出版社, 2019.

[5] 廖波. 普通心理学[M]. 北京: 航空工业出版社, 2012.

[6] 郑雪, 严标宾, 邱林, 等. 幸福心理学[M]. 广州: 暨南大学出版社, 2004.

[7] 曾光, 赵昱鲲. 积极心理学在教育中的应用[M]. 北京: 人民邮电出版社, 2018.

[8] 马丁·塞利格曼. 真实的幸福[M]. 洪兰, 译. 沈阳: 万卷出版公司, 2010.

[9] 唐红艳. 基于积极心理学的中小学校德育探究[J]. 教学与管理, 2019.

[10] 樊富珉, 何瑾. 团体心理辅导[M]. 上海: 华东师范大学出版社, 2010.

[11] 斯特芬·麦迪根. 叙事疗法[M]. 刘建鸿, 王锦, 译. 重庆: 重庆大学出版社, 2017.

[12] 周志建. 故事的疗愈力量: 叙事·隐喻·自由书写[M]. 北京: 五洲传播出版社, 2017.

[13] 迟毓凯. 学生管理的心理学智慧[M]. 上海: 华东师范大学出版社, 2012.

[14] 刘儒德. 教育中的心理效应[M]. 上海: 华东师范大学出版社, 2013.

[15] 樊富珉. 结构式团体辅导与咨询应用实例[M]. 北京: 高等教育出版社, 2015.

[16] 许维素. 尊重与希望: 焦点解决短期治疗[M]. 宁波: 宁波出版社, 2019.

[17] 约翰·惠特默. 高绩效教练[M]. 林菲, 徐中, 译. 北京: 机械工业出版社, 2013.